U1019601

国家出版基金项目
NATIONAL PUBLICATION FOUNDATION

《春秋》经传真精神

国学经典真精神·五经系列丛书◇丛书主编 廖名春

陈鸿超◎著

广东高等教育出版社
Guangdong Higher Education Press
·广州·

图书在版编目（CIP）数据

《春秋》经传真精神/陈鸿超著. —广州：广东高等教育出版社，2019. 12
（国学经典真精神/廖名春主编. 五经系列丛书）
ISBN 978 -7 -5361 -6685 -1

Ⅰ. ①春… Ⅱ. ①陈… Ⅲ. ①中国历史 - 春秋时代 - 编年体②《春秋》 - 研究 Ⅳ. ①K225. 04

中国版本图书馆 CIP 数据核字（2019）第 294658 号

《春秋》经传真精神
CHUNQIU JINGZHUAN ZHENJINGSHEN

出版发行	广东高等教育出版社 社址：广州市天河区林和西横路 邮编：510500　　营销电话：（020）87553335 http://www. gdgjs. com. cn
印　　刷	佛山市浩文彩色印刷有限公司
开　　本	787 毫米 ×1 092 毫米　1/16
印　　张	15. 5
字　　数	206 千
版　　次	2019 年 12 月第 1 版
印　　次	2019 年 12 月第 1 次印刷
定　　价	52. 00 元

（版权所有，翻印必究）

总　序

廖名春

中华民族的伟大复兴，文化复兴不可或缺。而文化复兴的核心内容，就是要传承和发展中华优秀传统文化。这样，重新释读、重新认识、重新评估以“五经”“四书”为代表的经学基本典籍，以及作为其重要辅翼与补充的诸子著作，也就是我们所谓的“国学经典”，恰逢其时，十分必要。

比如《周易》究竟是卜筮之书还是义理之书？《尚书》的性质是什么？《诗经》究竟是民间歌谣还是别有内涵？《春秋》是否断烂朝报？《周礼》是否后世伪作？《论语》有无宣扬愚民之说？“仁”字究竟何意？凡此种种，皆关乎经典价值甚重，而迄今迷雾重重。这不能不影响到对于传统文化内涵的准确把握，不能不影响到对于优秀文化的传承与发扬。

本丛书以“国学经典真精神”为主题，系统阐释“五经”“四书”

及诸子著作的精神与内涵。针对当前多数国学类普及读物中常识性错误过多，而专业论著或者一味琐碎考据，或者流于空谈的情况，通过实证研究，破除旧有误说，以期还原经典本来面貌，揭举经典真正内涵，发挥其在当下文化建设中的应有作用。这对于传承中华民族的优秀传统文化，保持中华民族的精神内聚力，有着重要的价值和意义。

当然，把握并讲清楚国学经典的真精神并不容易，有很多问题尚需继续讨论。本丛书作者所言也仅仅是百家争鸣中的一家之言。但真理越辩越明，希望通过我们的工作，激发大家对探讨国学经典真精神的兴趣，使我们对中华传统文化，对我们的国学经典的认识更加科学，更加理性。这样，我们中华民族的优秀传统文化在新时代里，不但能立足中国，也必能放之四海。

导　言

作为儒家典籍“五经”之一，《春秋》是一部蕴含着孔子深刻政治思想的著作，是历代文人学士的必读书目，对中国古代政治、思想、学术、文化产生深远影响。直到今天，《春秋》及“三传”（《左传》《公羊传》《穀梁传》）对于了解古代学术，认识古代社会，理解古人观念仍具有重要作用。然而，千百年来，《春秋》及“三传”的相关问题堪称盘根错节、纷繁复杂。如《春秋》与孔子究竟有无关系？作为《春秋》“三传”之一的《左传》是否出自左丘明之手？《公羊》学派所发挥的《春秋》义法如“大一统”“三科九旨”“新周故宋”等，究竟应该如何理解？这些问题自古以来可谓聚讼纷纭，莫衷一是，相关的研究论著更是汗牛充栋，浩如烟海，使这些历史悬案愈加扑朔迷离，疑云密布，往往令人不敢问津，望而却步。

本书正是在以往研究的基础上，对《春秋》及“三传”中的性质之谜、成书疑案、经学之争、历史影响等重要问题做出清晰明了的介绍与梳理，希望能够拨开历史迷雾，还原《春秋》经传真精神。为避免艰深晦涩，本书在满足学术性的同时兼顾易读性，力求以简明的语言把历史疑案的来龙去脉讲明白，并给予公允的评析与解释，勾勒《春秋》经传学术发展的基本脉络。

近些年来，我有幸得见大量出土文献问世，这其中，有相当一部分出土文献可以与《春秋》经传相互印证，引起诸多学者的关注与讨论。因此，编写过程中我还注意吸收这些最新学术成果，使读者能够以此了解学界的最新趋向。

当然，通过这样一本小书把《春秋》经传学术史上的疑难问题梳理清楚并不容易。由于篇幅、笔者学识等所限，论述中难免挂一漏万，敬请读者批评、指正与谅解。

《春秋》学是一个博大精深、历久弥新的研究领域，本书只是涉猎了《春秋》经传的冰山一角，但希望借此有助于读者得窥《春秋》学的门径，掌握科学的研究方法，为日后深入探究打下基础。

陈鸿超
2020 年 1 月于温州大学

目录

第一编 《春秋》之谜

一、《春秋》经传的性质

“春秋”的四层含义

“《春秋》”作为书名，有四层含义。从史书《春秋》到孔子所修《春秋》，再到诸子《春秋》、儒学《春秋》，有一个历史演变过程。

“《春秋》”的第一层含义是编年体史书。“春秋”一词最初源自人们对季节的认识。自然季节循环往复、周而复始，“春秋”便被赋予时间的含义。如《楚辞·远游》：“春秋忽其不淹兮，奚久留此故居。”① 简单地说，历史是指过去时间里发生的事实，于是人们后来就把记载过去的史书叫作“《春秋》”。从目前的史料来看，至少在东周时期，“春秋”就已泛指史书。如墨子说：“吾见百国《春秋》”②；《国语·晋语七》中记载：“羊舌肸习于《春秋》”③；《国语·楚语上》记载申叔时谈及王室公子教育时说：“教之《春秋》，而为之耸善而抑恶焉，以戒劝其心。”④ 相信很多读者会有疑问，完整

① 黄灵庚：《楚辞章句疏证》，中华书局，2007，第1766页。
② 孙诒让：《墨子间诂》，中华书局，2001，第226页。
③ 徐元诰：《国语集解》，中华书局，2002，第415页。
④ 徐元诰：《国语集解》，中华书局，2002，第485页。

的四季为“春、夏、秋、冬”，为何史书命名不采“夏”“冬”，却只取“春”“秋”？这也困扰了后世诸多学者，他们提出种种解释，较为合理的主要有以下两种。[①] 一种是错举说。比如晋代杜预在《春秋左传集解序》中说：“故史之所记，必表年以首事，年有四时，则错举以为所记之名也。”[②] 杜预认为“春秋”是“春夏秋冬”的节取，由于“春”是一年记事的开始，必须要有，所以错杂地取“春”“秋”两字，即孔颖达疏云：“言春足以兼夏，言秋足以见冬。”[③] 当然，词汇省称的现象即便在今天也很常见，比如我们会把北京大学简称为“北大”；在用“风霜雨雪”一词时可以简略为“风雨”；在表达“东南西北”四方位时可以简省为“东西”或“南北”。[④] 因此，“春夏秋冬”简称为“春秋”也可能是一种历史语言习惯。另外一种观点是上古春秋两季说。例如于省吾先生在《岁、时起源初考》中认为，上古时期只有“春、秋”两个季节，没有“冬、夏”，《春秋》一名“保持着旧日称一周年为春秋的习惯传统作风”。[⑤] 这一说法也有一定道理。从目前的商代甲骨卜辞来看，还未有用作夏季之“夏”和冬季之“冬”的辞例。[⑥] 用“春秋”来指代史书，可能是商代的习惯，后世继续沿用，成为约定俗成的称谓。[⑦]

《春秋》成为专门的书名，与孔子有关。按儒家传统说法，《春秋》是

---

① 还有一些说法比较主观。例如《春秋公羊传注疏》引《三统历》说：“春为阳中，万物以生，秋为阴中，万物以成，故名《春秋》。”（见阮元校刻：《春秋公羊传注疏》，载《十三经注疏》，中华书局，1980，第 2195 页。）又引《春秋说》说：“春作秋成，故名《春秋》。”（见阮元校刻：《春秋公羊传注疏》，载《十三经注疏》，中华书局，1980，第 2195 页。）这些说法比较牵强附会，不足以服众。

②③ 阮元校刻：《春秋左传正义》，载《十三经注疏》，中华书局，1980，第 1703 页。

④ 例如，唐代杜甫《无家别》诗：“我里百馀家，世乱各东西”；宋代晁补之《鱼沟怀家》诗：“生涯身事任东西，药笥书囊偶自赍。”就以“东西”概括“东南西北”四方位。

⑤ 于省吾：《岁、时起源初考》，《历史研究》1961 年第 4 期。

⑥ 商代卜辞虽然“冬”字常见，但都是当作“终”字来用。

⑦ 可参见吴天明：《〈春秋〉书名语源考》，《中南民族大学学报（人文社会科学）》2008 年第 5 期；朱彦民：《〈春秋〉何以名“春秋”》，《管子学刊》2017 年第 2 期。

孔子以鲁国国史为底本（后世称之为《鲁春秋》），经过重新加工修改而成。这部《春秋》以编年体裁，记录了从鲁隐公元年（前722年）至鲁哀公十六年（前479年），共244年所发生的重大历史事件（《公羊传》和《穀梁传》所依据的《春秋》经文只记载到鲁哀公十四年）。正因为孔子的关系，《春秋》不仅是一部编年体史书，同时又是一部儒家经典，寄托了孔子的政治理想与价值观念。由于后来儒学兴起，孔子这部《春秋》对后世影响巨大，"《春秋》"遂成为专名。所以"《春秋》"的第二层含义即指儒家五经中的《春秋经》。

孔子所修《春秋》不同于以往的史书"《春秋》"，其目的并不为单纯记录历史，而是通过历史阐发自己的政治理念。因此，"《春秋》"在孔子这里被赋予思想内涵。受此影响，后来战国秦汉时人也把战国诸子借史说理的著作称为"《春秋》"。如果我们翻看《晏子春秋》《吕氏春秋》之类著作，会发现它们并非编年体史书，但这些著作之所以被称作"春秋"，也正是因为它们通过历史评论表达自己的政治思想。所以，在孔子作《春秋》之后，"《春秋》"的词义发生了变化，"《春秋》"不再单纯指记录历史事实的史书，而是把秉持孔子《春秋》精神的史著叫作"春秋"。① 这是"春秋"的第三层含义。

"《春秋》"的第四层含义是特指《春秋》传书。所谓传书，与《春秋》经文相对，是指后世儒门弟子解释《春秋》经文的著作。《春秋》经文非常简练，仅用1万6千余字记录244年的历史。纵观《春秋》经文，可以说《春秋》属于"三无产品"——无人物对话，无细节描写，无具体评论，基本上都是极其简短的条目。如《春秋·隐公元年》的经文：

① 尽管这些自称"《春秋》"的著作不一定都归入儒家，但它们的创作都秉持《春秋》"借史言理"的理念。

春，王正月。

三月，公及邾仪父盟于蔑。

夏，五月，郑伯克段于鄢。

秋，七月，天王使宰咺来归惠公、仲子之赗。

九月，及宋人盟于宿。

冬，十有二月，祭伯来。公子益师卒。

如果现在我们不做说明，相信很多刚接触《春秋》的读者很难看出孔子所作的这部《春秋》有什么特别之处。古人也是如此，在孔子去世之后，因《春秋》文字过于简质，后人不易理解，所以出现了解释《春秋》的作品，后世称之为“传”。《汉书·艺文志》记载为《春秋》作传者共有5家：

《左氏传》30卷；

《公羊传》11卷；

《穀梁传》11篇；

《邹氏传》11卷；

《夹氏传》11卷。①

实际上，春秋战国时期流行的传书远不止上述5种。可惜在经历秦代“焚书坑儒”后，很多传书都已失传。进入汉代以后，由于《邹氏传》师承中断，《夹氏传》没有文字记载，所以这两家后来也失传了。目前存世的仅有《春秋公羊传》《春秋穀梁传》《春秋左传》。习惯上，合称《春秋三传》。自唐代颁布《五经正义》，三传皆被列为儒家经典。而人们经常把《春秋》传书也简称为“《春秋》”。

比如《史记·梁孝王世家》云：

---

① 班固：《汉书》，中华书局，1964，第1713页。

> 故《春秋》所以非宋宣公。宋宣公死，不立子而与弟。……故《春秋》曰："故君子大居正，宋之祸宣公为之。"①

这里所谓的"《春秋》曰"，在《春秋》经文中未见，出现在《公羊传·隐公三年》："故君子大居正，宋之祸宣公为之也。"② 可见这里的"《春秋》"即指《公羊传》。

又比如《史记·淮南衡山列传》：

> 胶西王臣端议曰："淮南王安废法行邪，怀诈伪心，以乱天下，荧惑百姓，倍畔宗庙，妄作妖言。《春秋》曰：'臣无将，将而诛。'"③

其中所引《春秋》之言，即指《公羊传·庄公三十二年》："君亲无将，将而诛焉。"④

除此之外，"《春秋》"当然也可以指《左传》，比如《战国策·楚策四》：

> 虞卿谓春申君曰："臣闻之《春秋》：于安思危，危则虑安。"⑤

虞卿所引《春秋》之言在《春秋》经文中不见，而独见于《左传》，对应的是《左传·襄公十一年》魏绛对晋侯曰：

> 《书》曰："'居安思危。'思则有备，有备无患，敢以辞规。"⑥

可见，虞卿所谓的《春秋》很可能指的就是《左传》。

---

① 司马迁：《史记》，中华书局，2010，第2091页。
② 阮元校刻：《春秋公羊传注疏》，载《十三经注疏》，中华书局，1980，第2204页。
③ 司马迁：《史记》，中华书局，2010，第3094页。
④ 阮元校刻：《春秋公羊传注疏》，载《十三经注疏》，中华书局，1980，第2242页。
⑤ 刘向：《战国策》，上海古籍出版社，1985，第582页。
⑥ 阮元校刻：《春秋左传正义》，载《十三经注疏》，中华书局，1980，第1951页。

又比如《史记·十二诸侯年表》关于"《左氏春秋》"记载的完整表述：

孔子明王道，干七十余君，莫能用。故西观周室，论史记旧闻，兴于鲁而次《春秋》。上记隐，下至哀之获麟。约其辞文，去其烦重，以制义法。王道备，人事浃。

七十子之徒，口受其传指；鲁君子左丘明，惧弟子人人异端，各安其意，失其真；故因孔子、史记，具论其语，成《左氏春秋》。铎椒为楚威王傅，为王不能尽观《春秋》，采取成败，卒四十章，为《铎氏微》，赵孝成王时，其相虞卿上采《春秋》，下观近势，亦著八篇，为《虞氏春秋》。吕不韦者，秦庄襄王相，亦上观尚古，删拾《春秋》，集六国时事，以为八览、六论、十二纪，为《吕氏春秋》，及如荀卿、孟子、公孙固、韩非之徒，各往往捃摭《春秋》之文，以著书，不可胜纪。汉相张苍历谱五德，上大夫董仲舒推春秋义，颇著文焉。[1]

文中"铎椒为楚威王傅，为王不能尽观《春秋》……及如荀卿、孟子、公孙固、韩非之徒，各往往捃摭《春秋》之文"所谓的《春秋》，也很可能指的是《左传》。因为《春秋》经文一万六千余字，《公羊传》和《穀梁传》也才四万余字，阅读量不大，似乎用不着删拾捃摭，甚至快速翻阅一遍也并不难。只有《左传》卷帙浩繁，体系庞大，近十八万字，符合"不能尽观"的特征。

因此，广义的"春秋"既能包括史书和孔子所修的《春秋》，也能包括《春秋》传书及诸子思想性著作。由于自汉代以后，儒学成为中国学术的主流，具有无可替代的影响力，所以，一般学术意义上的"春秋"就是指《春秋》经和传。这也是我们这本书要讲解的对象。

① 司马迁：《史记》，中华书局，2010，第509－510页。

二、《春秋》经传内容的基本特征

（一）《春秋》的体例

《春秋》全文共计约一万六千字，以鲁国十二公为序（即隐公、桓公、庄公、闵公、僖公、文公、宣公、成公、襄公、昭公、定公、哀公），按四季年月记事。对这一体例，杜预曾有精辟的概括："以事系日，以日系月，以月系时，以时系年。"①

我们知道，鲁国历史远比《春秋》悠久。鲁国始建于西周初年，始封君为周公旦的嫡子伯禽，而于鲁顷公二十四年（前256年）被楚国所灭。那么，《春秋》为何不取材完整的鲁国历史，而是要始于"隐公"，终于"哀公"？在古代经学家眼中，这当然不是孔子随随便便的选择，而是有深层次的原因。先来说《春秋》为何终于"哀公"。最开始，《春秋》经文和三传是单独流行的。但是由于《春秋》太过简略，后人阅读离不开《传》书的解释，《春秋》和《传》分开刊行多有不便，久而久之，《春秋》经文便和

① 阮元校刻：《春秋左传正义》，载《十三经注疏》，中华书局，1980，第1703页。

传文合在一起，按年组合，《春秋》经文列于前，传文附于后。若细心的读者比对三传所附的《春秋》经文，一定会惊奇地发现《左传》所据的《春秋》经文比《公羊传》和《穀梁传》所据的《春秋》经文多出两年，即到鲁哀公十六年“孔子卒”为止，而《公羊传》和《穀梁传》的《春秋》经文则只记到了鲁哀公十四年“西狩获麟”。一般而言，我们把《左传》所附的《春秋》称为《春秋古经》，把《公羊传》和《穀梁传》所附的《春秋》称为《春秋今经》。《春秋古经》为何止于哀公十六年是不难理解的。因为孔子于鲁哀公十六年去世，此后自然没有办法续写《春秋》，但问题是孔子不可能自己写自己“卒”，所以有学者认为这部分经文很可能是后人添上去的，到底是谁所添，已无从可考。而《春秋今经》以鲁哀公十四年孔子“西狩获麟”为记事的终点：

十有四年，春，西狩获麟。[①]

对于这条简短的经文，《公羊》《穀梁》二传的解释有所不同。《公羊传》认为“麒麟”是仁兽，有圣王时才到来，没圣王就不来，而现在捕获麒麟，不合正理。所以孔子感伤曰：“吾道穷矣！”[②]《穀梁传》的解释则较

---

① 阮元校刻：《春秋公羊传注疏》，载《十三经注疏》，中华书局，1980，第2352页。

② 《公羊传·哀公十四年》：何以书？记异也。何异尔？非中国之兽也。然则孰狩之？薪采者也。薪采者则微者也，曷为以狩言之？大之也。曷为大之？为获麟大之也。曷为获麟大之？麟者仁兽也。有王者则至，无王者则不至。有以告者曰：“有麇而角者。”孔子曰：“孰为来哉！孰为来哉！”反袂拭面，涕沾袍。颜渊死，子曰：“噫！天丧予。”子路死，子曰：“噫！天祝予。”西狩获麟，孔子曰：“吾道穷矣！”《春秋》何以始乎隐？祖之所逮闻也。所见异辞，所闻异辞，所传闻异辞。何以终乎哀十四年？曰：备矣！君子曷为为《春秋》？拨乱世，反诸正，莫近诸《春秋》。则未知其为是与？其诸君子乐道尧舜之道与？末不亦乐乎尧舜之知君子也？制《春秋》之义以俟后圣，以君子之为，亦有乐乎此也。（见阮元校刻：《春秋公羊传注疏》，载《十三经注疏》，中华书局，1980，第2352页。）

为简洁，只是侧重于诠释“麟”之于“中国”的含义。[①] 由于二传的解释也有些含混不清，所以历代注疏家在此基础上又各自进行了不同的演绎。因此，“西狩获麟”留给后人无数解释和无限遐想。然而不管怎么样，虽然诸家不同，但都认为“西狩获麟”是一个极为重要的事件，此事导致孔子“绝笔”《春秋》。

《春秋》为何始于“隐公”，历来更是众说纷纭。归纳而言，大体有以下三种：一种是听闻所限说。这一说法认为，孔子准备《春秋》的可靠史料上限至隐公时期，比如《公羊传·哀公十四年》就说：“《春秋》何以始乎隐？祖之所逮闻也。”[②] 意思是说，隐公时期是孔子父祖所能听闻的最远时代，隐公以上事迹模糊不清，所以孔子没有采纳。第二种是隐公时代变革说。该说认为，隐公所处时代为周平王东迁后不久，自隐公之后，春秋争霸，社会发生巨大的变化。如清代顾炎武说：“自隐公以下，世道衰微，史失其官，于是孔子惧而修之。”[③] 但这一说法又牵扯出一个问题，我们知道，平王东迁是东、西周分界的一个重要标志。相对于西周，东周不仅仅只是地理上的差别，更意味着一个变革时代的开始。而平王东迁之时正值鲁惠公时期，为何《春秋》不从鲁惠公开始，却要从鲁惠公之后的鲁隐公开始？为了解答该疑问，有学者解释说，社会政治的变化是一个逐渐的过程。东周建立之初，世风还未发生本质变化，直到平王末期，随着王室权威的衰落，礼崩乐坏、诸侯争霸的趋势才开始显现。而平王末期正好处于鲁隐公时期，所以《春秋》便从隐公开始。比如唐代的啖助说：“始于隐公者，以为幽厉虽衰，雅未为风，平王之初，人习余化，苟有过恶，当以王法正之。及代变风移，

---

① 《穀梁传·哀公十四年》：引取之也。狩地不地，不狩也。非狩而曰狩，大获麟，故大其适也。其不言来，不外麟于中国也。其不言有，不使麟不恒于中国也。（见阮元校刻：《春秋穀梁传注疏》，载《十三经注疏》，中华书局，1980，第2451页。）

② 阮元校刻：《春秋公羊传注疏》，载《十三经注疏》，中华书局，1980，第2353页。

③ 黄汝城：《日知录集释》，上海古籍出版社，2006，第179页。

陵迟久矣，若格以太平之政，则比屋可诛，无复善恶。故断自平王之末，而以隐公为始，所以拯薄俗，勉善行，救周之弊，革礼之失也。”① 第三种说法是隐公让国之说。该说认为，鲁隐公是让国的贤君，为孔子所推崇，所以《春秋》以隐公为始。如杜预在《春秋经传集解序》中就说：“隐公，让国之贤君也。考乎其时则相接，言乎其位则列国，本乎其始则周公之祚胤也。若平王能祈天永命，绍开中兴；隐公能弘宣祖业，光启王室，则西周之美可寻，文武之迹不坠。是故因其历数，附其行事，采周之旧，以会成王义，垂法将来。”② 尽管这一说法不一定言之凿凿，但对后世史书创作产生深远影响。比如司马迁就效法《春秋》，在编写《史记·世家》时把吴太伯世家居于世家之首，因为吴太伯同样是让位的贤君，他为避让周先祖季历继位，迁居于吴。

除了以上三种传统说法之外，新近发现的出土资料也给我们提供了新的可能性。清华大学于2008 年 7 月收藏的一批战国竹简，其中有一篇被后来整理者命名为“《系年》”的史类文献。《系年》全篇共分为23 章，简要记述了从西周初年到战国前期的历史，其中有许多事件不见于传世文献，其第二章记载了两周之交，平王东迁的史事：

周幽王取妻于西申，生平王，王或取褒人之女，是褒姒，生伯盘。褒姒嬖于王，王【简 5】与伯盘逐平王，平王走西申。幽王起师，围平王于西申，申人弗畀，缯人乃降西戎，以【简 6】攻幽王，幽王及伯盘乃灭，周乃亡。邦君诸正乃立幽王之弟余臣于虢，是携惠王。【简 7】立二十又一年，晋文侯仇乃杀惠王于虢。周亡王九年，邦君诸侯焉始不朝于周，【简 8】晋文侯乃逆平王于少鄂，立之于京师。三年，乃东徙，

---

① 陆淳：《春秋集传纂例》卷一，清英武殿聚珍版丛书本刻本。

② 阮元校刻：《春秋左传正义》，载《十三经注疏》，中华书局，1980，第 1708 页。

止于成周，晋人焉始启于京师。[①]

以往我们据《史记》等传世文献的记载，只是知道幽王被犬戎所杀后，诸侯立太子宜臼为平王，为避戎寇，东迁洛邑，由此开启东周时代。[②] 而清华简《系年》则揭露，在西、东周之交，曾有过“平王”“携惠王”两王并立的时期。直到晋文侯杀携王于虢，迎立平王，才结束两王并立的局面。如果细看《系年》对“携惠王”的记述，可知“携惠王”曾获得“邦君诸正”的拥立，在位长达二十一年。如此看来，“携惠王”并非得位不正。当然，历史总是“胜者为王，败者为寇”，平王和携王叔侄相残争位，最后以平王集团获胜而收场。因此，后来我们见到先秦史书，大都以平王为正统，少有言及“携王”之事，因为这对周王朝来说，并不十分光彩。所以，平王东迁的过程并非我们过去想象的那么简单。那么，《春秋》若从鲁惠公开始，必然要涉及这段历史。我们知道，孔子作“《春秋》”秉持“崇周尊鲁”的思想，在文中有很多地方特意顾全周王朝的颜面。比如僖公二十八年记载“天王狩于河阳”，一个“狩”字显示出王室的威严和排场。然而，事实则截然相反，此时的东周天子早已虎落平阳，权势不再，所谓“狩于河阳”并非周天子主动巡狩，只不过是受晋文公应召前来盟会。在孔子看来，晋文公以臣子身份召见天子，不合礼法，有失天子威仪，所以用“天王狩于河阳”来为尊者讳。[③] 所以，《春秋》跳过“鲁惠公”，直接从“鲁隐公”开始，也可能

---

① 李松儒：《清华简〈系年〉集释》，中西书局，2015，第36页。为方便阅读，本书所引出土文献释文皆采用已释读的现代字。

② 《史记·周本纪》：幽王举烽火征兵，兵莫至。遂杀幽王骊山下，虏褒姒，尽取周赂而去。于是诸侯乃即申侯而共立故幽王太子宜臼，是为平王，以奉周祀。平王立，东迁于洛邑，避戎寇。平王之时，周室衰微，诸侯强并弱，齐、楚、秦、晋始大，政由方伯。（见司马迁：《史记》，中华书局，2010，第149页。）

③ 《左传·僖公二十八年》：是会也，晋侯召王，以诸侯见，且使王狩。仲尼曰：“以臣召君，不可以训。”故书曰：“天王狩于河阳。”言非其地也，且明德也。（见阮元校刻：《春秋左传正义》，载《十三经注疏》，中华书局，1980，第1827页。）

是孔子有意回避周王朝这段“叔侄相残”不光彩的历史。

（二）春秋笔法

《春秋》叙事非常简洁，全文共计一万六千余字，每年事件的平均容量仅为六十六字，每件史实只用一句话记载，几乎已达到不能再简省的地步。那么，《春秋》如此简短，孔子是如何融入思想的呢？传统认为，孔子是通过“一字褒贬”“微言大义”的春秋笔法来实现他“惩恶扬善”的政治理想。比如《春秋·隐公元年》：

> 三月，公及邾仪父盟于眛。①

表面上看，这只是朴实无华的记事。但是，“公及邾仪父”中并列连词为何用“及”？为何记载邾国国君要称名？其实都是有讲究的，是《春秋》有意为之。比如《公羊传》就解释这段经文说：

> 及者何？与也，会及暨皆与也。曷为或言会，或言及，或言暨？会犹最也；及犹汲汲也；暨犹暨暨也。及，我欲之，暨，不得已也。仪父者何？邾娄之君也。何以名？字也。曷为称字？褒之也。曷为褒之？为其与公盟也。②

也就是说，“及”“会”“暨”含义相同，但是在《春秋》中，孔子赋予它们不同的寓意。“及”在此处表明是鲁国主动与邾国会盟。另外，邾国国君之所以称名，是为了表示称赞，有点类似我们现在的“点名表扬”。《春秋》惩恶扬善，有表扬，自然也有批评，比如《春秋·隐公二年》：

---

①② 阮元校刻：《春秋公羊传注疏》，载《十三经注疏》，中华书局，1980，第2197页。

无骇帅师入极。[1]

这里的“无骇”是指鲁国的司空展无骇。为何《春秋》没有加上无骇的氏，只是简称无骇呢?《公羊传》解释道：

无骇者何？展无骇也。何以不氏？贬。曷为贬？疾始灭也。[2]

按《公羊传》释义，《春秋》之所以没称氏，是为了贬抑。因为这是《春秋》记的第一件灭国之事。甚至有时《春秋》一句简短的记事，包含多处褒贬，比如《春秋·隐公元年》：

郑伯克段于鄢。[3]

这段经文仅五个字，但几乎每个字都含有深意，见《左传》解释：

书曰：“郑伯克段于鄢。”段不弟，故不言弟；如二君，故曰克；称郑伯，讥失教也；谓之郑志。不言出奔，难之也。[4]

这里《春秋》称“郑伯”，是批评郑伯失教，称“克”有贬意，是批评共叔段与郑伯对抗，有如二君；称“段”不称弟，是批评共叔段与哥哥争位，没有做好弟弟的本分。可见，“郑伯克段于鄢”，这简短的一句话，除了作为介词的“于”和用作地名的“鄢”，几乎无一字不含褒贬。

除了用字外，《春秋》对历史选择记与不记，同样有深意。《春秋·庄公二十二年》记载：

冬，公如齐纳币。[5]

---

①② 阮元校刻：《春秋公羊传注疏》，载《十三经注疏》，中华书局，1980，第 2202 页。
③ 阮元校刻：《春秋左传正义》，载《十三经注疏》，中华书局，1980，第 1714 页。
④ 阮元校刻：《春秋左传正义》，载《十三经注疏》，中华书局，1980，第 1716 页。
⑤ 阮元校刻：《春秋公羊传注疏》，载《十三经注疏》，中华书局，1980，第 2236－2237 页。

《春秋》为何要记载此事？《公羊传》解释：

纳币不书，此何以书？讥。何讥尔？亲纳币，非礼也。[①]

一般而言，《春秋》常事不书，纳币是当时各国之间常理。这里《春秋》特意记载此事，是为讥刺鲁庄公亲自到齐国纳币。因为周代婚礼，除迎亲外，当事人是不应出面的，而鲁庄公到齐国纳币显然有违礼制。

另外，我们知道，《春秋》是根据鲁国国史《鲁春秋》改编，但《春秋》对《鲁春秋》中的记载是有选择的，不是全部照搬。那些没有被孔子选中的史料，同样体现了孔子的思想倾向，比如《左传·隐公元年》：

夏四月，费伯帅师城郎。不书，非公命也。[②]

《春秋》隐公元年经文没有记载此事，是因为“费伯帅师城郎”并非国君的命令，这一行为不被孔子认可，所以《春秋》没有予以记载。

因此，孔子对《春秋》的加工手法是“笔则笔，削则削”[③]，利用简练而隐晦的曲笔对历史人物进行褒贬，由此形成“微而显，志而晦，婉而成章，尽而不污，惩恶而劝善”的叙事特点。

想必读者不禁要问，为何孔子不直接表明态度，而是采用如此晦涩的“春秋笔法”呢？综合过去学者的研究，原因可能有以下几点：

其一，“春秋笔法”虽然出自孔子所作的《春秋》，但这种笔法并非孔子凭空发明，而是作为史官传统的记事手法用在史录中。比如《春秋·宣公二年》：

---

① 阮元校刻：《春秋公羊传注疏》，载《十三经注疏》，中华书局，1980，第2236－2237页。
② 阮元校刻：《春秋左传正义》，载《十三经注疏》，中华书局，1980，第1715页。
③ 司马迁：《史记》，中华书局，2010，第1944页。

> 秋九月乙丑，晋赵盾弑其君夷皋。①

《左传》在解释《春秋》时道出了此事的来龙去脉：

> 乙丑，赵穿攻灵公于桃园。宣子未出山而复。大史书曰："赵盾弑其君。"以示于朝。宣子曰："不然。"对曰："子为正卿，亡不越竟，反不讨贼，非子而谁？"宣子曰："乌呼，'我之怀矣，自诒伊戚'，其我之谓矣！"孔子曰："董狐，古之良史也，书法不隐。赵宣子，古之良大夫也，为法受恶。惜也，越竟乃免。"②

从《左传》中，我们可以知晓，弑杀灵公的直接凶手并非赵盾，而是赵穿。但是，在董狐看来，晋灵公被杀的根本原因起于赵盾，而且赵盾身为正卿，逃亡还未出国境，回来后又不惩罚杀死国君的凶手。因此，赵盾在国君被杀一事上是负有主要责任的，故而记载"赵盾弑其君"。孔子对于董狐"书法不隐"的做法深表赞赏，并于《春秋》中采纳了董狐的记载。

《春秋》除了吸收当时史官的笔法外，从我们目前的出土资料来看，《春秋》也保留了不少早期史官笔法的痕迹。例如刘源先生发现殷商甲骨文记事笔法与《春秋》有不少相似处：

> 《春秋》僖公二十六年及文公十五年皆书"齐人侵我西鄙"、文公七年书"狄侵我西鄙"、襄公十四年书"莒人侵我东鄙"。其中"某侵我某鄙"的记述方式，早已见于殷墟甲骨文，如罗振玉旧藏一版大骨（即《殷虚书契菁华》第一片，《合集》6057，现藏国家博物馆），其上契刻宾组大字卜辞，有"沚戛告曰：土方征于我东鄙，𢦏二邑，方亦侵我西鄙田"的记载。上述诸例中的我均指我方，在《春秋》中指鲁，

---

① 阮元校刻：《春秋左传正义》，载《十三经注疏》，中华书局，1980，第1866页。
② 阮元校刻：《春秋左传正义》，载《十三经注疏》，中华书局，1980，第1867页。

> 在殷墟卜辞中指沚戛的属地；鄙是边地，鄙中有邑，小邑规模略同于村落。《春秋》虽未见殷墟甲骨中“某征我”的辞例，但与之相近的“某伐我”“某伐我某鄙”之类记载史不绝书，如庄公十九年“齐人、宋人、陈人伐我西鄙”、僖公二十六年“齐人伐我北鄙”、文公十四年“邾人伐我南鄙”、襄公八年“莒侯伐我东鄙”等，此类文字与殷墟卜辞相比，笔法也基本一致。……《春秋》记载天象、物候的文字也延续了殷代史官的笔法。如庄公三十一年“冬，不雨”、僖公二年“冬，十月，不雨”、僖公三年“六月，雨”等例中“雨”“不雨”的简单记录，在殷墟卜辞中也很普遍，两相比较，完全一致。《春秋》记载日食30余次，皆用“日有食之”，殷墟卜辞记载日食、月食，亦用“日有食”“月有食”“日月有食”，基本一致。桓公元年、襄公二十四年记载洪水用“大水”，殷墟卜辞亦有同例，如“今秋禾不遘大水”（《合集》33351），《左传》桓公元年传例说“凡平原出水为大水”，用来训诂卜辞亦较恰当。宣公十六年记载农业丰收用“大有年”，所谓“有年”的说法，也是继承自殷代史官，殷墟卜辞常见“受有年”，其例甚多，此不烦举。[①]

因此，春秋笔法不是孔子凭空创造出来的，而是借用了《鲁春秋》的叙史框架，吸收过去史官的笔法，再结合自己的思想，将之系统用于《春秋》中。

其二，孔子将《春秋》作为教学的提纲，所以记事简略含蓄。《礼记·经解》引孔子言六经：“孔子曰：入其国，其教可知也。其为人也，温柔敦厚，《诗》教也。疏通知远，《书》教也。广博易良，《乐》教也。絜静精

① 刘源：《〈春秋〉与殷墟甲骨文》，《光明日报》2013年8月12日第15版。

微，《易》教也。恭俭庄敬，《礼》教也。属辞比事，《春秋》教也。……”[①]一般认为，六经是孔子教授学生的教材。和我们今天老师教课一样，孔子在以《春秋》作教本的同时，定然配合详尽的讲解。因而，《春秋》不必冗长烦琐。另外，先秦时期，主要的书写材质为简牍，而竹简的制作相对麻烦，[②]又比较笨重，不易搬运，阅读颇有不便。所以，为了便于教学与传播，客观上也需要《春秋》用最简洁的文字表达最丰富的内涵。

其三，孔子为避祸及为尊者讳、为贤者讳、为亲者讳，所以采用春秋笔法。一方面，孔子有感于乱世“礼崩乐坏”，故而作《春秋》，以求“乱臣贼子惧”。但是，以当时的环境，“乱臣贼子”不可能善罢甘休，比如，当时齐国的崔杼弑君，连杀三名秉笔直书的史官，可见当时“乱臣贼子”的猖狂。所以孔子采用隐晦的“春秋笔法”也是为了能够保护自己。另一方面，孔子翻阅鲁国国史档案，发现在“恶行”人物中，有地位尊贵的人，有贤能的人，甚至有他的亲人，所以孔子借用“春秋笔法”委婉地表达，这样既能满足个人情感，又不违背自己作《春秋》的意愿，含蓄地表明自己的思想立场。

正如孔子自己所言“后世知丘者以《春秋》，而罪丘者亦以《春秋》”[③]，后世对《春秋》这种简洁隐晦的书写方式可谓毁誉参半。一方面，古代众多学者对《春秋》推崇备至，例如司马迁就说：“至于为《春秋》，笔则笔，削则削，子夏之徒不能赞一辞”；“《春秋》推而至隐”；“辞微而指博”。[④]荀子说：“《春秋》之微也，在天地之间者毕矣。”[⑤] 朱熹说：“《春秋》之书，亦经世之大法也。”[⑥] 另一方面，《春秋》也饱受质疑和非议。这包含两

---

① 阮元校刻：《礼记正义》，载《十三经注疏》，中华书局，1980，第 1609 页。

② 古代竹简书籍制作需要经过裁、切、烘（杀青）、书写、钻孔、编连等诸多工序。

③④ 司马迁：《史记》，中华书局，2010，第 1944 页。

⑤ 王先谦：《荀子集释》，中华书局，1988，第 12 页。

⑥ 朱熹：《朱子语类》卷八十三，明成化九年（1473 年）陈炜刻本。

个层面。一是质疑《春秋》是否存在所谓的“春秋笔法”。确实，《春秋》经文简洁隐晦，如果没有现存《春秋》三传的解释，《春秋》看上去只是普普通通的史书。三传虽然都肯定《春秋》的“微言大义”，但是对于《春秋》经文的解释却存在大量的差异。由于《春秋》过于简略，经文的解释有极大的演绎空间，难有标准答案，导致三传“各执一词”，长久以来争论不休。这不禁让人怀疑是否确有春秋笔法，比如宋代的王安石就批评《春秋》为“断烂朝报”，[①] 认为《春秋》只是破烂的官方文告。郑樵更是直接批判道：“凡说《春秋》者，皆谓孔子寓褒贬于一字之间，以阴中时人，使人不可晓，三传唱之于前，诸儒从之于后，尽推己意而诬以圣人之意，此之谓欺人之学。”[②] 在郑樵看来，《春秋》的基本精神就是记实事，本身不存在所谓的“一字褒贬”。二是批评《春秋》笔法存在大量“隐瞒、避讳、虚美”的现象，不符合历史事实。比如我们上文所提及《春秋·僖公二十八年》“天王狩于河阳”的例子。按《春秋》记载，读者会理解为周襄王到河阳巡视狩猎，但事实上则是晋文公“挟天子以令诸侯”。这种“为遵者讳”的表述掩盖、颠倒了历史真相，所以刘知几在《史通·惑经》中就批评《春秋》笔法，将其归纳为“十二未谕”和“五虚美”。[③]

那么，我们该如何看待上述两种质疑呢？首先，《春秋》笔法确实掩盖了部分“历史”真相，但是，《春秋》对历史的加工是作者的情感“修饰”，而不是史实“改动”。比如上文所引的“天王狩于河阳”，这条经文包含了“周天子到河阳去”的基本历史信息，人物、地点、行为并未有更改，至于是天王主动去巡狩，还是被动去盟会，《春秋》则根据“尊王”的思想情感用“狩”字予以掩盖。又比如《春秋》记载“赵盾弑君”，虽然弑君者是赵

① 脱脱：《宋史》，中华书局，1977，第10550页。
② 郑樵：《通志二十略》，中华书局，1992，第1905页。
③ 蒲起龙：《史通通释》，上海古籍出版社，1978，第398－414页。

穿并非赵盾，但此事最初是由晋灵公厌恶赵盾所起，在赵穿弑君后，赵盾又未做惩处，似乎表明默许的态度，所以赵盾对弑君应负有责任。其实，类似的历史叙述方式在其他史书中也常见，比如《明史》记载："明之亡，实亡于神宗。"① 大家都知道，明朝末代君主是崇祯，明朝应是"亡于崇祯"才对，但神宗万历作为明朝享国时间最长的皇帝，长期荒废怠政，连续28年不上朝，导致内忧外患，实质上已埋下亡国的种子。《明史》正是认为万历在明朝灭亡上负有主要责任才如此记述。所以，从这个角度反过来看，赵盾与晋灵公之死有莫大的干系，《春秋》据董狐所记"赵盾弑其君"也并非信口开河。

另外，孔子讲授《春秋》的内容，不仅仅包括作为教本的《春秋》，也应包括孔子的讲解。可以料想，孔子在传授"春秋"课程中，必然会具体讲授所了解的历史真相，解释为何会采用"春秋笔法"。以往，我们总是把《春秋》经作为孔子《春秋》教学的全部，但孔子完整的"春秋"课程很可能已包含了对历史事实的叙述以及对自身思想的解释。

再有，当代史学理论揭示，虽然追求客观真实是任何历史作品的目标，但它们无法根除作者于史学作品中的主观思想。从这一点上说，原有的《鲁春秋》就带有鲁国史官的思想倾向，其尚不能保证对所有历史的记载都真实可靠，再苛求《春秋》笔法的客观，这显然是不切实际的。因此，"虚美、避讳、曲笔"这些现象在《春秋》之前，乃至《春秋》之后的史书中常见，并非《春秋》独有。过去对《春秋》笔法真实性的批判虽然揭示了人为作品在反映客观事实上的缺陷，但这不能成为否定《春秋》史学造诣的原因。

因此，尽管《春秋》的曲笔含有明显的主观色彩，但它并没有脱离"历史叙述"，没有背离"历史史实"，没有篡改基本的"历史信息"，而是

---

① 张廷玉：《明史》，中华书局，1974，第295页。

在历史的基础上构建儒家的政治思想体系。

我们再来看历史上对《春秋》有无“微言大义”的争议。从我们今天掌握的材料来看，《春秋》一些经文确实含有一贯的“书例”，这之中包含作者的思想倾向。例如，臣子杀害国君一律称“弑”，以示为臣“大逆不道”。如《春秋·僖公十年》：

晋里克弑其君卓及其大夫荀息。[①]

这里《春秋》是谴责里克“弑其君卓”。清华简《系年》第六章正好记载了相同的事件：

其大夫里之克乃杀奚齐，而立其弟悼子，里之克又杀悼子。……[②]

以此为例，可以发现，在当时一般的史书中，“弑”和“杀”没有做如此严格的区分。又比如《春秋》对各国国君按“公、侯、伯、子、男”五等爵，有严格的称谓，比如，“王”只能是周天子的称谓，宋君称“公”，楚君称“子”，郑君称“伯”等。那么，这是当时史书的惯例，还是《春秋》“有意为之”？我们从先秦的一些记事史料来看，和《春秋》这一严格的称谓是有差异的。

比如一些青铜器记事铭文对称谓就常有“僭越”，如乖伯簋铭文：

归夆敢对扬天子丕丕鲁休，用作朕皇考武乖几王尊簋……[③]

这里乖伯称先父为“乖几王”，显然与《春秋》称谓书例不符。

另外，当时的史书也没有按照《春秋》这样的称谓，例如清华简《系

① 阮元校刻：《春秋左传正义》，载《十三经注疏》，中华书局，1980，第2253页。
② 李松儒：《清华简〈系年〉集释》，中西书局，2015，第4页。
③ 中国社会科学院考古所编：《殷周金文集成（修订增补本）》，中华书局，2007，第2719页。

年》第十二章：

> 楚庄王立十又四年，王会诸侯于厉，郑成公自厉逃归。……①

这里对楚国国君称"王"，郑国国君称"公"，显然与《春秋》称"楚子""郑伯"体例不同。因此，与当时一般史书相比，《春秋》这些称谓具有特殊性，其原因可能有以下两点。

首先，《春秋》是据鲁史所修，这些称谓可能为鲁史原有。鲁国国君为周代礼乐文化的制定者周公旦之后，所以鲁国也成为周礼的保存者和实施者。这不仅体现在鲁国政治、社会方面，也反映在史书层面，《左传·昭公二年》记载韩宣子聘问鲁国，在鲁太史家看到《易象》和《鲁春秋》后，说："周礼尽在鲁矣！吾乃今知周公之德与周之所以王也。"② 从这句话可以得知，鲁国史书的内容应是体现了周人正统的政治观念，因此，《春秋》认同《鲁春秋》的做法，称谓很可能源自于《鲁春秋》。

其次，孔子可能根据原始史料做了统一的调整。春秋诸侯争霸，社会动乱，"邪说暴行"流行，突出表现在对称谓的僭越。所以，孔子希望通过规范称谓，纠正"名分"的方式，宣扬"正名"的政治理念，③ 以期恢复周礼的权威，重新树立社会秩序。

总之，不论是出于何种情况，都反映了《春秋》对"称谓"的理解及宣扬正统的观念。所以，我们认为《春秋》确实有特殊笔法。但是，我们也无须过分夸大《春秋》笔法，认为《春秋》字字有褒贬，句句有深意。过

---

① 李松儒：《清华简〈系年〉集释》，中西书局，2015，第7页。

② 阮元校刻：《春秋左传正义》，载《十三经注疏》，中华书局，1980，第2029页。

③ 《论语·子路篇》云：子路曰："卫君待子而为政，子将奚先？"子曰："必也正名乎！"子路曰："有是哉，子之迂也！奚其正？"子曰："野哉，由也！君子于其所不知，盖阙如也。名不正，则言不顺。言不顺，则事不成。事不成，则礼乐不兴。礼乐不兴，则刑罚不中。刑罚不中，则民无所措手足。故君子名之必可言也，言之必可行也。君子于其言，无所苟而已矣。"（见阮元校刻：《论语注疏》，载《十三经注疏》，中华书局，1980，第2506页。）

去一些经学家千方百计地为《春秋》经文寻求解释，其实多为牵强附会。比如，汉代谶纬学兴盛，当时一些经学家便将《春秋》记载的灾异与人事、政治联系起来，对《春秋》经文进行过度发挥。例如《春秋·定公元年》：

冬十月，陨霜杀菽。[①]

经文中的“冬十月”是周历，换算成夏历是“八月”，还在秋季，此时，陨霜杀耐寒之菽，实属反常的气候，所以《春秋》予以记载。《公羊传》解释这是灾异所以《春秋》书之；[②]《穀梁传》认为之所以记载“菽”，是列举重要的东西。[③] 而作为《春秋》纬书的《春秋考异邮》则进一步演绎，把这一自然现象与季氏的政治命运联系到一起，解释说：“公即位，陨霜杀菽。菽者，稼最强，季氏之萌。”[④] 意思是说，陨霜杀菽，是上天的警示，预示着鲁国权臣季氏即将兴起。这种仅凭主观臆想、随意将客观事实与星象灾异相联系的做法，显然与孔子不语“怪、力、乱、神”思想相违背，偏离了经书本意。

实事求是地讲，《春秋》笔法有些地方是比较明显的，过去的一些解释合情合理，但有些地方则比较隐晦，诸家解释尚存在争议。《春秋》到底在哪些地方运用了《春秋》笔法，究竟代表怎样的思想，还是一个尚未完全解开的谜团，有待我们进一步考察。

尽管古代学者对《春秋》笔法的解释莫衷一是，但不可否认的是，《春秋》笔法对中国古代的书写创作产生了极其深远的影响。比如在文学方面，

---

① 阮元校刻：《春秋公羊传注疏》，载《十三经注疏》，中华书局，1980，第2335页。

② 《公羊传》解释云：“何以书？记异也。此灾菽也。曷为以异书？异大乎灾也。”（见阮元校刻：《春秋公羊传注疏》，载《十三经注疏》，中华书局，1980，第2335页。）

③ 《穀梁传》解释道：“未可以杀而杀，举重；可杀而不杀，举轻。其曰‘菽’，举重也。”（见阮元校刻：《春秋穀梁传注疏》，载《十三经注疏》，中华书局，1980，第2443页。）

④ 孙瑴：《古微书》卷十，清文渊阁四库全书本刻本。

《春秋》笔法中的“属辞比事”“简言达旨”“隐义藏用”等手法受到了古代文论家的赞誉，成为诸多文学创作的模仿对象。①

而史学方面，《春秋》更是成为后代诸多史学作品的模仿对象和创作目标。例如，司马迁对《春秋》推崇备至，把《史记》作为继承孔子著《春秋》的事业来看待。不少学者指出，《史记》“寓论断于序事之中”就是“《春秋》笔法”的继承和发展。② 因此，邹方锷说：“《史记》书法，《春秋》书法也。”③ 章学诚说：“纪传正史，《春秋》之流别也……马《史》、班《书》以来，已演《春秋》之绪矣。”④ 又比如欧阳修主持所修的《新五代史》仿照“《春秋》笔法”，设立遣词造句的“褒贬”义例，⑤ 在字里行间中寄寓对五代历史的价值评价。例如，在记述五代两国交战用“攻”，以强攻弱用“伐”，天子率兵攻战用“征”，投敌反叛用“叛”，以下谋上用“反”，等等。

所以，尽管历史上对《春秋》笔法批评质疑声不断，但不可否认，《春

---

① 张金梅：《“〈春秋〉笔法”与中国文论》，中国社会科学出版社，2012。

② 顾炎武首次将《史记》的笔法概括为“寓论断于序事之中”：“古人作史，有不待论断而于序事之中即见其指者，惟太史公能之。《平准书》末载卜式语，《王翦传》末载客语，《荆轲传》末载鲁句践语，《晁错传》末载邓公与景帝语，《武安侯田蚡传》末载武帝语，皆史家于序事中寓论断法也。”（见黄汝城：《日知录集释》，上海古籍出版社，2006，第1429页。）《史记》在很多地方，并不直接评论，而是借用叙事来表达自己的观点，与《春秋》笔法一脉相承，白寿彝先生也指出：“司马迁‘于序事中寓论断’的最好例子，不一定是放在篇末，而往往是放在篇中；不只是借着一个人的话来评论，而有时是借着好几个人来评论；不一定用正面的话，也用侧面或反面的话；不光用别人的话，更重要的是联系典型的事例。”（见白寿彝：《司马迁寓论断于序事》，《北京师范大学学报（社会科学版）》1961年第4期。）关于对司马迁《史记》中“春秋笔法”更细致的研究，可参见王俊杰、赵金广：《司马迁与“春秋笔法”》，《西安石油大学学报（社会科学版）》2016年第2期。王俊杰：《“春秋笔法”在〈史记〉中的五种表现形式》，《理论月刊》2017年第4期。刘金文：《“春秋笔法”研究：以〈史记〉为例》，曲阜师范大学博士学位论文，2016。

③ 转引自杨燕起、陈可青、赖长扬汇辑：《史记集评》，华文出版社，2005，第132页。

④ 叶瑛：《文史通义校注》，中华书局，1985，第572页。

⑤ 为了追求一字褒贬，《新五代史》在遣词造句中有严格的义例，例如，在记述五代两国交战用“攻”，以强攻弱用“伐”，天子率兵攻战用“征”，投敌反叛用“叛”，以下谋上用“反”，等等。

秋》的诞生标志着历史私人撰述的出现，它超越了官方史书所限定的叙述框架，形成了独特的《春秋》笔法，使得历史叙述更具有思想性和艺术性。随着古代儒学的兴盛与发展，《春秋》笔法受到了古代主流文化的认同，成为中国古代书写文化的一大特征。

（三）《公羊》《穀梁》两传的基本概述

《公羊》《穀梁》属于《春秋》学中今文两传。这两传有共同的特点，在汉初以前都是通过口耳相传的方式流传的。《汉书·艺文志》说："及末世口说流行，故有《公羊》《穀梁》《邹》《夹》之传。"① 到西汉建立之时，社会上尚有《公羊传》《穀梁传》《邹氏传》《夹氏传》以口传的方式流行。后来《邹氏传》和《夹氏传》失传，只剩下《公羊传》和《穀梁传》。《公羊传》和《穀梁传》据汉人记载皆源自孔子的弟子子夏，② 经过了先秦时期的口授流传，大致于西汉景帝时期用汉代的隶书写定于竹帛，所以被称为今文经。今文《公羊》《穀梁》两传都采用问答体解经，保留了口传授课时的痕迹。比如《公羊传》解释《春秋·隐公元年》开篇"元年春，王正月"这条经文：

> 元年者何？君之始年也。春者何？岁之始也。王者孰谓？谓文王也。曷为先言王而后言正月？王正月也。何言乎王正月？大一统也。公何以不言即位？成公意也。何成乎公之意？公将平国而反之桓。曷为反之桓？桓幼而贵，隐长而卑，其为尊卑也微，国人莫知。隐长又贤，诸大夫扳隐而立之。隐于是焉而辞立，则未知桓之将必得立也。且如桓立，则恐诸大夫之不能相幼君也，故凡隐之立为桓立也。隐长又贤，何

①② 班固：《汉书》，中华书局，1964，第1715页。

以不宜立？立适以长不以贤，立子以贵不以长。桓何以贵？母贵也。母贵则子何以贵？子以母贵，母以子贵。①

《穀梁传》解经的体例与《公羊传》也是类似的：

虽无事，必举正月，谨始也。公何以不言即位？成公志也。焉成之？言君之不取为公也。君之不取为公，何也？将以让桓也。让桓正乎？曰：不正。《春秋》成人之美，不成人之恶。隐不正而成之，何也？将以恶桓也。其恶桓，何也？隐将让而桓弑之，则桓恶矣；桓弑而隐让，则隐善矣。善则其不正焉，何也？《春秋》贵义而不贵惠，信道而不信邪。孝子扬父之美，不扬父之恶。先君之欲与桓，非正也，邪也；虽然，既胜其邪心以与隐矣。已探先君之邪志，而遂以与桓，则是成父之恶也。兄弟，天伦也。为子受之父，为诸侯受之君。已废天伦，而忘君父，以行小惠，曰小道也。若隐者，可谓轻千乘之国。蹈道，则未也。②

以上读者可以明显感受到，今文传书在解经时是根据经文设问，再作回答，仿佛是老师和学生上课时一问一答的记录。

想必很多刚接触《春秋》学的读者都对《公羊传》和《穀梁传》的书名很好奇。为何要以“公羊”“穀梁”这么奇怪的名字命名呢？有一个笑话，曾经有个搞怪的学生在回答何为《春秋》三传时答道：“《公羊传》《母羊传》《小羊传》。”当然，这仅仅只是一个笑话，但代表了初学者对《春秋》传书的兴趣与了解往往是从书名开始的。实际上，《公羊传》的名称来源于公羊氏。徐彦疏引戴宏“序”曰：“子夏传于公羊高，高传其子平，平

① 阮元校刻：《春秋公羊传注疏》，载《十三经注疏》，中华书局，1980，第2196页。
② 阮元校刻：《春秋穀梁传注疏》，载《十三经注疏》，中华书局，1980，第2365页。

传其子地，地传其子敢，敢传其子寿，至汉景帝时，寿乃与齐人胡毋子都著于竹帛。”[①] 这条世系说明《公羊传》最初由孔子的弟子子夏传给公羊高，公羊高五世传给子孙公羊寿，公羊寿与他的弟子胡毋生把原本口耳相传的《公羊传》书于竹帛，所以，传统观点认为，《公羊传》的命名，与公羊氏五代相授有关。

然而，《公羊传》内容中不仅有“子公羊子曰”，还有“子司马子曰”“子女子曰”“子北宫子曰”“高子曰”“鲁子曰”等记载，这些人物之间的关系虽因史料所限无法考证，但都可认为是《公羊传》的先师，这样一来，似乎表明《公羊传》传授不尽出自公羊氏，所以近代以来，诸如崔适、钱玄同、徐复观等学者认为，戴宏所记的《公羊传》流传世系并不可信。[②] 因此，另一种观点认为，“《公羊传》的得名始于公羊寿与胡毋生将其著于竹帛，公羊寿与胡毋生有师生关系，胡毋生尊其师，而著名为《公羊传》”[③]。

《穀梁传》的命名与穀梁子有关。穀梁子名什么，历来众说纷纭。有名“喜”、名“嘉”、名“赤”、名“俶”、名“寘”、名“淑”六种说法，因收于《五经正义》之故，最正统的是杨士勛《春秋穀梁传序疏》中载：

> 穀梁子，名淑，字元始，鲁人。一名赤。受经于子夏，为经作传，故曰《穀梁传》。[④]

对于以上六个人名，有些学者认为这些人名不是一个人，但都属于穀梁氏，《穀梁传》大概如《公羊传》一样祖孙父子相传。[⑤] 另有学者认为，这

---

① 阮元校刻：《春秋公羊传注疏》，载《十三经注疏》，中华书局，1980，第2190页。

② 可参见崔适：《春秋复始·序证》，上海古籍出版社，2007；钱玄同：《重论经今古文学问题》，康有为：《新学伪经考》，中华书局，1988，第438页；徐复观：《儒家思想的转折及天哲学的完成》，《两汉思想史（第二卷）》，华东师范大学出版社，2001，第199页。

③ 黄开国：《〈公羊〉学发展史》，人民出版社，2013，第51页。

④ 阮元校刻：《春秋穀梁传注疏》，载《十三经注疏》，中华书局，1980，第2358页。

⑤ 皮锡瑞《经学通论》中说：“岂一人而有四名乎？抑如公羊之祖孙父子相传，非一人乎？”

些人名为同声假借，实际上都指同一人。比如吴承仕在《经典释文叙录疏证》中说：

> 尗与赤声相近，寂寞之寂，前历反；赤，音昌石反，是其比，尗又与喜声近；饎，昌志反，字亦作𩞁，与“饎”同音。寘即置之异文，置、喜同部。赤、淑、俶、寘、喜，五文声转通作，故字异而人同。《汉书》颜《注》本或作“嘉”，则喜形之讹也。[1]

相较而言，后一种说法更为可信。在先秦古书中，我们常见人名同音假借的现象，甚至在《春秋》经文中也常见，由于今、古文传书所据的《春秋》经文版本不同，也同样出现了同一人名不同写法的现象。比如《公羊传·文公七年》所据的《春秋》经文：

> 戊子，晋人及秦人战于令狐，晋先眛以师奔秦。[2]

《左传·文公七年》所据的《春秋》经文：

> 戊子，晋人及秦人战于令狐。晋先蔑奔秦。[3]

从上可见，相同的人物，今文传书所本的《春秋》称为“先眛”；而古文传书所本的《春秋》称为“先蔑”。这是因为“眛”“蔑”在上古音近可通。所以穀梁子的不同名称也可能属于这一情况。

与之前《公羊传》的情况一样，在《穀梁传》中，不仅有“穀梁子曰”，同样也有类似“沈子曰”“尸子曰”之类的其他经师的说教，因此，对于《穀梁传》是否为穀梁子所作历来也是备受质疑。

---

① 吴承仕：《经典释文序录疏证》，中华书局，1984，第 117 页。
② 阮元校刻：《春秋公羊传注疏》，载《十三经注疏》，中华书局，1980，第 2268 页。
③ 阮元校刻：《春秋左传正义》，载《十三经注疏》，中华书局，1980，第 1845 页。

那么，《穀梁传》的命名是否正确呢？其实，古书命名并不一定与作者画上等号。余嘉锡先生说："古书之命名，多后人所追题，不皆出于作者之手。"[①] 以作者命名的古书往往有两种情况。一种是托名所作，广为流传后成为习惯的名称，比如说《黄帝内经》，当然是借了黄帝的名，与黄帝没有什么直接关系。还有一种情况是，古书以最初的传授者命名。徐中舒先生说："古代学术，最重传授系统，谁是最初传授者，谁就是作书的人。"[②] 例如先秦子书，《孟子》《墨子》《庄子》等，其内容很难说都出自书名作者之手，而应是其后学或其学派共同参与编写的成果，只是主体思想或主要内容最早出自原作者。从《穀梁传》的情况来看，因为穀梁子除《穀梁传》之外，在历史上并没有显赫的事迹，因而后一种可能性更大。

《公羊传》和《穀梁传》都属于今文传书，都是口耳相传而来。细心的读者可能会问，哪部传书成文更早呢？由于历史上并无明确记载，故学界多有争议。一种观点认为，《公羊传》成文早于《穀梁传》。比如像刘敞、陈澧、杨伯峻、顾颉刚、沈玉成等古今学者皆推测，《穀梁传》中部分内容参考了《公羊传》，所以比《公羊传》成文晚，比如：

> 庄三年五月经云"葬桓王"。《左传》说："葬桓王，缓也。"《公羊传》说："此未言有崩者，何以书葬？盖改葬也。"《穀梁传》说："传曰，改葬也。……"周桓王死于鲁桓公十五年，至此已经七年，而《春秋》书葬于此年，所以《左传》解释为改葬。哪一种说法符合事实，可以不论，《穀梁传》所书"传曰"，则显然是指《公羊传》。[③]

而另一种观点认为，《穀梁传》相较于《公羊传》更为古朴，所以应比

① 余嘉锡：《目录学发微·古书通例》，中国人民大学出版社，2004，第197页。以我们现在出土的资料来看，确实很多简帛文献原本并无篇题。

② 徐中舒：《〈左传〉的作者及其成书年代》，《历史教学》1962年第11期，第35页。

③ 谢金良：《〈穀梁传〉开讲》，华东师范大学出版社，2013，第46页。

《公羊传》早出。比如钟文烝《春秋穀梁经传补注·序》：

> 《公羊》五传其至其玄孙，当汉孝景时，始著竹帛。穀梁作传，亲授荀卿，则撰述亦不同。今观《穀梁》“陨霜不杀草”之传（案：见僖公三十三年），据韩非书，乃夫子答哀公问《春秋》之语，而《公羊》无之；《穀梁》引“尸子”、“公子启”、“蘧伯玉”、“沈子”之外，有称“传曰”者十。《传》者，七十子所记，其来甚古。《仪礼·丧服传》，亦有此例。而《公羊》又无之。[①]

尽管双方观点都有自己的内在证据，但以此并不能完全说明问题。

首先，“《公羊传》早出”之说虽然有严密的正反引证，但仔细推敲，并不一定完全可靠。不可否认，《公羊传》和《穀梁传》有一些雷同的内容，过去一些学者认为是《穀梁传》借鉴了《公羊传》。比如，《春秋·僖公十七年》：

> 夏，灭项。[②]

对应《公羊传》传文：

> 孰灭之？齐灭之。曷为不言齐灭之？为桓公讳也。《春秋》为贤者讳。此灭人之国，何贤尔？君子之恶恶也疾始，善善也乐终。桓公尝有继绝，存亡之功，故君子为之讳也。[③]

《穀梁传》传文：

> 孰灭之？桓公也。何以不言桓公也？为贤者讳也。项，国也，不可

① 钟文烝：《春秋穀梁经传补注》，中华书局，1996，第1-2页。
②③ 阮元校刻：《春秋公羊传注疏》，载《十三经注疏》，中华书局，1980，第2255页。

灭而灭之乎，桓公知项之可灭也，而不知己之不可以灭也。既灭人之国矣，何贤乎？君子恶恶疾其始，善善乐其终。桓公尝有存亡继绝之功，故君子为之讳也。[1]

这段文字十分相似，尤其是"恶恶也疾始，善善也乐终"以下几乎雷同，所以按不少学者的思维习惯，推断是一家照搬了另一家。但事实上，我们忽视了一个问题。先秦时期流传的传书并不只有《春秋》三传，还有《邹氏传》《夹氏传》等其他传书。今日我们已无法知晓汉初还在流传的《邹氏传》《夹氏传》的具体内容，更别说先秦时期流行的其他传书。所以不排除《公羊传》和《穀梁传》这段文字为当时大多数传书所共有，或者也有《穀梁传》摘自其他传书的可能。因此，我们目前无法确实《穀梁传》这段话就一定取自《公羊传》。又比如拿我们之前举例的"庄三年五月"的传文来说，尽管《穀梁传》所书"传曰"与《公羊传》雷同，但《穀梁传》所谓的"传"并不一定指《公羊传》，也可能是指其他传书。

所以，《公羊传》和《穀梁传》雷同的部分并不一定为《公羊传》所独有，有可能先秦流传的其他传书也有。如果是这样的话，过去一些认为《穀梁传》抄袭《公羊传》的证据就需要重新思考了。

其次，中国早期文献不是一开始就形成定本，而是在流传中不断增益删改形成的。尤其是随着近些年出土典籍日益增多，我们对古书成书及流传的情况有了更多了解。李学勤先生曾在《对古书的反思》一文中举例道：

古书开始出现时，内容较少。传世既久，为世人爱读，学者加以增补，内容加多，与起初大有不同。如阜阳双古堆和定县八角廊都出过一种竹简古籍，审其内容，大多述孔子及其弟子言行。查《汉书·艺文

① 阮元校刻：《春秋穀梁传注疏》，载《十三经注疏》，中华书局，1980，第2398页。

志》，记述孔门事迹的书有《论语》、《家语》，此书体裁与今《家语》接近，许多内容同于《说苑》等，也与今《家语》一致。今本《家语》久为人所怀疑，指为王肃伪作。从新发现看，《家语》还是有渊源的，只是多经增广补辑而已。①

所以，早期文献的成书时间是一个非常复杂的问题。今文两传尽管传统上均认为师出子夏，但在口耳相传中，必然掺杂着传授者新的阐释，导致在内容上存在不少出入。到形成文本之后，在传抄流传中，定然又有新的附益产生。因此，如果按文献最终形态的成书标准来看，我们并不能单纯就《公羊传》或《穀梁传》内容是否古老、是否有附益的成分来判断它们成书的先后。

因此，就目前的材料，我们还难以准确判断《公羊传》和《穀梁传》的成书先后。尽管这个问题至今还是历史悬案，但是它们形成文本时间应差距不大，都大致成文于西汉初期。②

现在我们简要概述下《公羊传》和《穀梁传》的思想特点。大家可以发现一个有趣的现象，现今专攻今文两传的学者大多具有哲学或思想史专业的背景，这也间接说明了今文两传具有极大的思想发掘空间。一方面，今文两传的创作受到春秋战国时期社会变革的深刻影响；另一方面，今文两传在汉初就被立于学官，受到汉代统治者的推崇，这使它们与现实政治颇有联系。因此，今文两传都致力于阐发《春秋》的政治思想，热衷于为现实社会构建政治理论体系。

这点尤为突出的是《公羊传》。古往今来，大批学者为《公羊传》阐

---

① 李学勤：《简帛佚籍与学术史》，江西教育出版社，2004，第30页。

② 有关《公羊传》和《穀梁传》成书先后争论的详细论述，可参见谢金良：《〈穀梁传〉开讲》，华东师范大学出版社，2013，第39－51页。

发、总结出诸多思想特点，例如《春秋》王鲁说、[①] 大一统说、[②] 孔子为王说、[③] 孔子改制说、[④] 天子一爵说、[⑤] 天人感应说、[⑥] 夷夏之辨说、[⑦] 经权

---

① 王鲁说，是指孔子作《春秋》，以鲁国当王之法。《公羊》学家认为，东周平王东迁之后，王室权威不再，周朝名存实亡。孔子作《春秋》假鲁以代行王之法，取代周朝成为新的正统。董仲舒最早明确提出《春秋》王鲁说："故《春秋》应是作新王之事，时正黑统。王鲁，尚黑。绌夏，亲周，故宋。"（见苏舆：《春秋繁露义证》，中华书局，1992，第 187－189 页。）

② 大一统说，指国家政治统一，天下诸侯皆统系于天子。见于《公羊传·隐公元年》："何言乎王正月？大一统也。"徐彦疏："王者受命，制正月以统天下，令万物无不一一皆奉之以为始，故言大一统也。"（见阮元校刻：《春秋公羊传注疏》，载《十三经注疏》，中华书局，1980，第 2196 页。）

③ 孔子为王说，是说《公羊》学认为孔子为素王，所谓素王，是说孔子虽无帝王之位，却有圣王之德，能够代天立法。最早提出孔子为"素王"的是董仲舒，他说："孔子作《春秋》，先正王而系万事，见素王之文焉。"（见班固：《汉书》，中华书局，1964，第 2509 页。）

④ 孔子改制说，是指《公羊》学认为，孔子作《春秋》的目的是为改周制，为后世立法。董仲舒说："西狩获麟，受命之符是也。然后托乎《春秋》，正不正之间，而明改制之义。"（见苏舆：《春秋繁露义证》，中华书局，1992，第 157 页。）

⑤ 天子一爵说，是指"天子"与公侯伯子男一样，是爵位的一个级别。"天子一爵"的观念，最早见《孟子》中载："天子一位，公一位，侯一位，子、男同一位，凡五等也。"（见朱熹：《四书章句集注》，中华书局，1983，第 316 页。）在《公羊传》中，见于成公八年何休解诂："天子者，爵称也，圣人受命，皆天所生，故谓之天子。"（见阮元校刻：《春秋公羊传注疏》，载《十三经注疏》，中华书局，1980，第 2293 页。）

⑥ 《春秋》中记录了很多异常的自然现象。《公羊》学认为，《春秋》之所以记录这些自然异象，是因为人的行为能感应上天，并通过自然异象来预示灾祥。董仲舒言："臣谨案《春秋》之中，视前世已行之事，以观天人相与之际，甚可畏也。国家将有失道之败，而天乃先出灾害以谴告之，不知自省，又出怪异以警惧之，尚不知变，而伤败乃至。以此见天心之仁爱人君而欲止其乱也。……"（见班固：《汉书》，中华书局，1964，第 2498 页。）

⑦ 夷夏之辨指古人对于"华夏"和"夷族"的区分，但在儒家的观念中，这并不是一个简单的以种族或地域为界限的问题，而是对中国文化认同的问题。《公羊传》集中体现了这一点，比如《春秋·昭公二十三年》记载："戊辰，吴败顿、胡、沈、蔡、陈、许之师于鸡父。胡子髡、沈子逞灭，获陈夏啮。"《公羊传》解释说："此偏战也，曷为以诈战之辞言之？不与夷狄之主中国也。然则曷为不使中国主之？中国亦新夷狄也。……"（见阮元校刻：《春秋公羊传注疏》，载《十三经注疏》，中华书局，1980，第 2327 页。）一方面，《公羊传》认为此战为偏战，但吴国地处南夷，取胜言"败"，不言"战"，意为内外有别，不让夷狄之国入主华夏；另一方面，《公羊传》以为中原诸夏礼崩乐坏，在夷狄面前不堪一击，沦为新的夷狄。

说、[1] 张三世说、[2] 通三统说、[3] 大复仇说[4]等。这些说法有些确实反映了孔子作《春秋》的思想，有些有可能是《公羊传》借孔子思想进一步发散，还有一些则明显带有后世演绎的成分。比如《公羊传》夷夏之辨说以文化而不是血缘作为划分华、夷的主要标志，与孔子的思想一脉相承。[5] 比如大一统说，虽然孔子有感于周王室的衰微，渴望恢复周初稳定的政治秩序，但从

---

① 所谓“经权”，“经”是指常道，“权”是说变通。在《公羊传》看来，“经”是不变之理，是礼义王法；“权”是变通，是对“经”的灵活运用，由此提出“反经合道”思想。如《公羊传·桓公十一年》云：“权者何？权者反于经，然后有善者也。权之所设，舍死亡无所设。行权有道，自贬损以行权，不害人以行权。”（见阮元校刻：《春秋公羊传注疏》，载《十三经注疏》，中华书局，1980，第2220页。）对《公羊传》“经权”思想的详细论述，可参见葛荣晋：《中国古代经权说的历史演变》，《孔子研究》1987年第2期。

② 张三世说是“《公羊》学”的一种社会历史学说。董仲舒、何休等汉代学者根据《公羊传》对《春秋》“所见异辞，所闻异辞，所传闻异辞”的阐释进一步发挥，认为社会进程是沿着“据乱世”“升平世”“太平世”的方向发展。

③ “通三统”，又称“存三统”“存三正”“通三正”。“三统”是指夏、商、周三统。“《公羊》学”认为，新受命的统治者在更改旧制与订立新制时除依照自己的那一统外，还必须参照前朝之统。而更改旧制订立新制，例如设计新的服色、礼乐等，其中最为突出的当属制定历法。夏建寅，以今农历一月为正月；商建丑，以农历十二月为正月；周建子，以农历十一月为正月。《公羊传》均承认夏、商、周三统合法性，通过对历日的特殊记载，体现新统与旧统的连续性。在每一年的一、二、三月的记载上，都记作“春王正月”“春王二月”“春王三月”。例如《公羊传·隐公三年》传云：“春，王二月己巳，日有食之。”何休《解诂》云：“二月、三月皆有王者，二月，殷之正月也；三月，夏之正月也。王者存二王之后，使统其正朔，服其服色，行其礼乐，所以尊先圣，通三统，师法之义，恭让之礼，于是可得而观之。”（见阮元校刻：《春秋公羊传注疏》，载《十三经注疏》，中华书局，1980，第2203页。）

④ 所谓“大复仇说”，是指符合“《公羊》学”价值观的“复仇事迹。”例如，在《公羊传》看来，子为父复仇，臣为君复仇是天经地义。可见《公羊传·隐公十一年》曰：“子沈子曰：‘君弑，臣不讨贼，非臣也。子不复仇，非子也。葬，生者之事也。《春秋》君弑，贼不讨，不书葬，以为不系乎臣子也。’”（见阮元校刻：《春秋公羊传注疏》，载《十三经注疏》，中华书局，1980，第2210页。）又比如，《公羊传》认为，君国一体，百世之后仍可复仇，而作为宗族基本单位的家则不可以，冤冤不可相报无尽。《公羊传·庄公四年》曰：“远祖者，几世乎？九世矣。九世犹可以复仇乎？虽百世可也。家亦可乎？曰不可。国何以可？国君一体也。先君之耻犹今君之耻也，今君之耻犹先君之耻也。国君何以为一体？国君以国为体，诸侯世，故国君为一体也。”（见阮元校刻：《春秋公羊传注疏》，载《十三经注疏》，中华书局，1980，第2226页。）

⑤ 《论语·宪问》记载孔子说：“管仲相桓公，霸诸侯，一匡天下，民到于今受其赐。微管仲，吾其被发左衽矣！”（见阮元校刻：《论语注疏》，载《十三经注疏》，中华书局，1980，第2512页。）“微管仲，吾其被发左衽矣！”翻译为现代汉语，意思是说：“若没管仲，我们中原人都要变成披发与左扣衣襟的夷狄了。”这句话虽然主要为孔子盛赞管仲之言，但是间接说明在孔子的意识中，华夷之辨超越了地域和血缘的界限，中原人若丧失礼俗，同样也会沦为夷狄。

目前的史料来看，很难说他那时已经形成“大一统”的观念。一般来说，系统的“大一统”理论是战国秦汉儒生根据孔子的思想进一步发展而来的。再比如孔子为王说、孔子改制说则显然不是孔子原有思想，而是带有后世圣化孔子的痕迹。

与《公羊传》肆意发挥不同，《穀梁传》的思想相对墨守简约。比如《春秋·庄公四年》：

> 纪侯大去其国。

《公羊传》解释云：

> 大去者何？灭也。孰灭之？齐灭之。曷为不言齐灭之？为襄公讳也。《春秋》为贤讳。何贤乎襄公？复仇也。何仇尔？远祖也。哀公亨乎周，纪侯谮之。以襄公之为于此焉者，事祖祢之心尽矣。尽者何？襄公将复仇乎纪，卜之曰：“师丧分焉。寡人死之，不为不吉也。”远祖者，几世乎？九世矣。九世犹可以复仇乎？虽百世可也。家亦可乎？曰：不可。国何以可？国君一体也；先君之耻犹今君之耻也，今君之耻犹先君之耻也。国君何以为一体？国君以国为体，诸侯世，故国君为一体也。今纪无罪，此非怒与？曰：非也。古者有明天子，则纪侯必诛，必无纪者。纪侯之不诛，至今有纪者，犹无明天子也。古者诸侯必有会聚之事、相朝聘之道，号辞必称先君以相接，然则齐、纪无说焉，不可以并立乎天下。故将去纪侯者，不得不去纪也。有明天子，则襄公得为若行乎？曰：不得也。不得则襄公曷为为之？上无天子，下无方伯，缘恩疾者可也。①

---

① 阮元校刻：《春秋公羊传注疏》，载《十三经注疏》，中华书局，1980，第2226页。

以上可见，《公羊传》除直接解释《春秋》文意之外，还进一步发挥，大篇幅地阐发其“复仇说”，而《穀梁传》按《春秋》经文逐字解释，显得简明扼要：

> 大去者，不遗一人之辞也，言民之从者四年而后毕也。纪侯贤而齐侯灭之。不言灭，而曰大去其国者，不使小人加乎君子。[①]

综观《穀梁传》全文，其内容大都比《公羊传》简短凝练，所以范宁总结《穀梁传》道：“清而婉，其失也短”[②]，这个评价是十分准确的。

另外，相较于《公羊传》，《穀梁传》有比较强烈的民本思想，可摘录几处如下：

> ①《春秋·庄公三年》：五月，葬桓王；《穀梁传》：其曰王者，民之所归往也。[③]
>
> ②《春秋·僖公二十六年》：公以楚师伐齐国，取穀。公至自伐齐；《穀梁传》：以者，不以者也。民者，君之本也。使民以其死，非其正也。[④]
>
> ③《春秋·僖公十五年》：十有一月壬戌，晋侯及秦伯战于韩。获晋侯。《穀梁传》：韩之战，晋侯失民矣。以其民未败而君获也。[⑤]
>
> ④《春秋·僖公二十三年》：夏，五月庚寅，宋公兹父卒。《穀梁传》：兹父之不葬，何也？失民也。其失民，何也？以其不教民战，则是弃其师也。为人君而弃其师，其民孰以为君哉！[⑥]
>
> ⑤《春秋·庄公二十七年》：夏，六月，公会齐侯、宋公、陈侯、

---

①③ 阮元校刻：《春秋穀梁传注疏》，载《十三经注疏》，中华书局，1980，第2381页。
② 阮元校刻：《春秋穀梁传注疏》，载《十三经注疏》，中华书局，1980，第2361页。
④ 阮元校刻：《春秋穀梁传注疏》，载《十三经注疏》，中华书局，1980，第2401页。
⑤ 阮元校刻：《春秋穀梁传注疏》，载《十三经注疏》，中华书局，1980，第2398页。
⑥ 阮元校刻：《春秋穀梁传注疏》，载《十三经注疏》，中华书局，1980，第2400页。

郑伯，同盟于幽；《穀梁传》：同者，有同也，同尊周也，于是而后授之诸侯也。其授之诸侯何也？齐侯得众也。桓会不致，安之也。桓盟不日，信之也。信其信，仁其仁。衣裳之会十有一，未尝有歃血之盟也，信厚也。兵车之会四，未尝有大战也，爱民也。[①]

⑥《春秋·庄公二十八年》：冬，筑微；《穀梁传》：山林薮泽之利，所以与民共也。虞之，非正也。[②]

以上仅举六例。事实上，这些"民本"的言论在《穀梁传》中比比皆是。[③] 在《穀梁传》中"民"字总共出现51次，而《公羊传》仅出现8次。

除此之外，值得注意的是，《穀梁传》和《公羊传》虽然同属于今文传书，但它们很多时候对君主的评价则截然相反，相对来说，《穀梁传》对君主的批评是非常强烈的。例如对鲁隐公摄政的评价，《公羊传》是十分推崇的，例如《公羊传·隐公元年》：

隐长又贤，诸大夫扳隐而立之。隐于是焉而辞立，则未知桓之将必得立也。且如桓立，则恐诸大夫之不能相幼君也，故凡隐之立为桓立也。隐长又贤，何以不宜立？……[④]

《公羊传》认为隐公年长且贤德，代桓公即位摄政完全是为桓公将来顺利接班着想。而在《穀梁传》看来，隐公先摄政后让国的做法完全是行"小惠"而毁"大义"，见《穀梁传·隐公元年》：

《春秋》贵义而不贵惠，信道而不信邪。孝子扬父之美，不扬父之恶。先君之欲与桓，非正也，邪也；虽然，既胜其邪心以与隐矣。己探

① 阮元校刻：《春秋穀梁传注疏》，载《十三经注疏》，中华书局，1980，第2387页。
② 阮元校刻：《春秋穀梁传注疏》，载《十三经注疏》，中华书局，1980，第2388页。
③ 武黎嵩：《春秋穀梁经传综合研究》第六章，南京大学博士学位论文，2011。
④ 阮元校刻：《春秋公羊传注疏》，载《十三经注疏》，中华书局，1980，第2197页。

先君之邪志，而遂以与桓，则是成父之恶也。兄弟，天伦也。为子受之父，为诸侯受之君。已废天伦，而忘君父，以行小惠，曰小道也。若隐者，可谓轻千乘之国。蹈道，则未也。[1]

《穀梁传》认为《春秋》“贵义不贵惠”，鲁隐公“让国”表面上颇有仁君风范，实则“成父之恶”，不合正道。《穀梁传》甚至断言，像鲁隐公这样的国君，还够不上贵义行大道的君主，可见，《公羊传》《穀梁传》两传对隐公把君位让与桓公的评价是对立的，即《公羊传》褒扬，《穀梁传》批评，所阐述的《春秋》之义截然不同。

又比如对于宋襄公的评价。大家都知道，宋、楚泓水之战，宋襄公因要待楚兵渡河列阵后再战，结果贻误了战机，大败受伤。对于宋襄公这种做法，《公羊传》认为是“守礼”之举而大加褒奖：

……宋公曰：“不可。吾闻之也：君子不鼓不成列。”已陈，然后襄公鼓之，宋师大败。故君子大其不鼓不成列，临大事而不忘大礼，有君而无臣，以为虽文王之战，亦不过此也。[2]

在《公羊传》的价值观念中，两国交战，“守礼”比“胜负”更为重要。因此，《公羊传》把宋襄公大大夸奖了一番，甚至还将其与周文王相提并论。

而《穀梁传》则和《公羊传》的观点截然相反，《穀梁传》认为，宋襄公贻误战机的做法是十分愚蠢的，在战争中必须“行势”，“倍则攻，敌则战，少则守”才是正道：

……襄公曰：“不鼓不成列，须其成列而后击之。”则众败而身伤

① 阮元校刻：《春秋穀梁传注疏》，载《十三经注疏》，中华书局，1980，第2365页。
② 阮元校刻：《春秋公羊传注疏》，载《十三经注疏》，中华书局，1980，第2259页。

焉，七月而死。倍则攻，敌则战，少则守。人之所以为人者，言也；人而不能言，何以为人？言之所以为言也，信也；言而不信，何以为言？信之所以为信者，道也；信而不道，何以为道？道之贵者时，其行势也。[1]

另外，在对《春秋》记载宋襄公死后不书葬的解释中，[2]《穀梁传》对宋襄公有更为直接的批评：

> 兹父之不葬，何也？失民也。其失民何也？以其不教民战，则是弃其师也。为人君而弃其师，其民孰以为君哉！[3]

《穀梁传》以为，宋襄公光讲“仁义”，不教民战，放弃了军队等于放弃了人民，根本不配当国君。

由以上两例可见，《公羊传》和《穀梁传》的观点大相径庭，值得注意的是，此类差异还有很多。总的来说，相较于《公羊传》大量借题发挥，《穀梁传》墨守经文，对君主多有批评，难以迎合统治者“对内大一统、对外大攘夷”的政治需要；相较于《左传》生动的历史叙事，《穀梁传》解经简练，又难以获得更多的受众群体。正因如此，《穀梁传》在汉以后的传习逐渐式微，研究《穀梁传》的著作屈指可数，流行程度难以与《公羊传》和《左传》抗衡，清代《四库全书》仅收录三部研究专著。

（四）《左传》的基本概述

与《公羊传》和《穀梁传》不同，《左传》属于古文经。古文经和今文

---

①③ 阮元校刻：《春秋穀梁传注疏》，载《十三经注疏》，中华书局，1980，第2400页。

② 《春秋·僖公二十三年》：夏，五月庚寅，宋公兹父卒。（见阮元校刻：《春秋穀梁传注疏》，载《十三经注疏》，中华书局，1980，第2400页。）

经最初的差别在于流传方式不同。大家都知晓，秦始皇统一六国后，焚书坑儒，实行文化专制，很多儒家经典遭到焚毁。不过，书是死的人是活的，很多儒生凭借记忆，通过口耳相传传授儒家经典。到了汉代禁书令废止之后，这些儒生的弟子用汉代的隶书（今文）把儒家经典记录下来，成为所谓的“今文经”；而当时除了口耳相传之外，还有一些儒生将一些经书埋藏起来以躲避焚书之灾，至汉初相继被发现。比如汉景帝时，河间献王喜好儒学，用重金于民间收集经书，获得《周礼》《礼记》等书。[①] 又比如武帝时，鲁恭王为扩建王宫拆除孔子故宅，机缘巧合从孔子故宅壁间所发现了不少古文经籍，有《尚书》《礼》《论语》《孝经》等书。[②] 这些经书由战国文字（古文）书写，所以称为“古文经”。

关于汉初《左传》的来源，主要有三种说法。第一种说法是，汉代秘府藏书[③]收有《左传》，世人不知，直到西汉末期才被刘歆发现；第二种说法是汉初北平侯张苍向朝廷献《左传》；第三种说法是鲁恭王于孔壁中发现《左传》。这三种说法都有文献依据，但哪种说法准确则存在争议。周予同先生曾明晰点出这三者争议的焦点所在：

> 一、以为汉代藏于秘府，为刘歆所发现。《汉书·刘歆传》载歆《移太常博士书》说：“《春秋左氏》丘明所修，皆古文旧书……藏于秘府，伏而未发。孝成皇帝闵学残文缺，稍离其真，乃陈发秘藏，校理旧

---

① 《汉书·景十三王传》：“献王所得书皆古文先秦旧书，《周官》、《尚书》、《礼》、《礼记》、《孟子》、《老子》之属，皆经传说记，七十子之徒所论。其学举六艺，立《毛氏诗》、《左氏春秋》博士。”班固：《汉书》，中华书局，1964，第2410页。

② 《汉书·艺文志》：“武帝末，鲁共王坏孔子宅，欲以广其宫，而得古文《尚书》及《礼记》、《论语》、《孝经》凡数十篇，皆古字也。”（见班固：《汉书》，中华书局，1964，第1706页。）《汉书·景十三王传》：“鲁恭王初好治宫室，坏孔子旧宅以广其宫，闻钟磬琴瑟之声，遂不必复坏，于其壁中得古文经传。”（见班固：《汉书》，中华书局，1964，第2414页。）

③ 秘府是汉代禁中藏图书秘记之所。《汉书·艺文志》：“于是建藏书之策，置写书之官，下及诸子传说，皆充秘府。”（见班固：《汉书》，中华书局，1964，第1701页。）

文，得此三事。”又本传亦说：“歆校秘书，见古文《春秋左氏传》……初《左氏传》多古字古言，学者传训故而已。及歆治《左传》，引传文以解经，转相发明，由是章句义理备焉。”按今文学家以《左传》为刘歆所窜改伪造也殊可疑。二、以为系汉初张苍所献。许慎《说文解字序》说：“北平侯张苍献《春秋左氏传》。”《隋书·经籍志》本其说，亦以为“《左氏》，汉初出于张苍之家，本无传者”。按许慎为东汉古文学者，张苍献《左传》的话不见于他书，恐亦难可凭信。三、以为发现于孔子宅壁中。王充《论衡·案书篇》说：“《春秋左氏传》者，盖藏于孔子壁中。孝武皇帝时，鲁恭王坏孔子教授堂以为宫，得佚《春秋》三十篇，《左氏传》也。”又《佚文篇》说：“鲁恭王坏孔子宅以为宫，得《春秋》三十篇……上言武帝，武帝遣吏发取。”按这说恐是王充谰言，清段玉裁已加以否认。《说文解字序》段注说：“《论衡》说《左传》三十篇出于恭王壁中，恐非事实。”①

这三种说法我们来逐条分析。第一条，刘歆发现《左传》于秘府是自己所述，《汉书》在为其作传时也予以承认，可见东汉学者对此是没有异议的。近代以来，今文学家认为《左传》为刘歆假托左丘明作的伪书，那么按此推断，自然刘歆在秘府发现《左传》也是子虚乌有的了。不过，刘歆作伪说时至今日已基本被排除，鉴于东汉初年与刘歆秘府发现《左传》时间间隔不远，所以《汉书》的记载很可能是可信的。

第二条，张苍献《左传》虽不见于《史记》《汉书》，但《汉书·儒林传》明确记载张苍传授《左传》，同时据《史记》记载，张苍原为秦时御

① 周予同：《群经概论》，朱维铮编：《周予同经学史论著选集》，上海人民出版社，1996，第260－261页。

史，年寿百余岁，直至汉景帝五年才过世，① 那时已在惠帝废挟书令之后。② 故以他的资历背景完全有可能献书《左传》。此外，张苍有没有献《左传》，汉代政府档案应有记录。许慎虽为东汉古文学者，与张苍时隔已久，不过《说文解字》一书非单纯的民间私家著作，而是由许慎之子许冲于汉安帝建光元年献于朝廷。③ 也就是说，《说文解字》连同书《叙》是经过当时官方审查的。若许氏所言无据，在当时必会招致批驳。因此，我们认为，张苍献《左传》说是可以成立的。

第三条，关于对孔壁有无出《左传》的争论。先看刘歆《移太常博士书》对《左传》的描述：

> 及恭王坏孔子宅，欲以为宫，而得古文于坏壁中，《逸礼》有三十九篇，《书》十六篇。天汉之后，孔安国献之，遭巫蛊仓卒之难，未及施行。及《春秋左氏》，丘明所修，皆古文旧书，多者二十余通，藏于秘府，伏而未发。孝成皇帝愍学残文缺，稍离其真，乃陈发秘藏，校理旧文，得此三事……④

支持孔壁有出《左传》的学者认为，上引该段“及《春秋左氏》……”应与上句句意贯通，同为一事，如张心澂云：

> 所云“得古文于坏壁之中”，即《逸礼》、《书》及《春秋左氏》。下文云“皆古文旧书，多者二十余通，藏于秘府，伏而未发”，皆指此三书，故下文云：“得此三事也。”因“《书》十六篇”之下加“天汉之

① 司马迁：《史记》，中华书局，2010，第2682页。

② 《汉书·惠帝纪》：“三月甲子，皇帝冠，赦天下。省法令妨吏民者；除挟书律。”（见班固：《汉书》，中华书局，1964，第90页。）

③ 刘志成注：《进说文解字表》，吴文祺、张世禄主编：《中国历代语言学论文选注》，上海教育出版社，1986，第29－32页。

④ 班固：《汉书》，中华书局，1964，第1969－1970页。

> 后，孔安国献之，遭巫蛊仓卒之难，未及施行”数语，以说《逸礼》及《书》之经过，与下文“丘明所修”一语为“《春秋左氏》”之说明同。但“天汉……”数语较长，读者不察，以为文气已断，下文乃另一事，与孔壁无关。然下文“及《春秋左氏》”之“及”字，即表示与上之《逸礼》、《书》及此《春秋》共三书。此犹可谓与上文“及鲁恭王”之“及”字用法同，为另一段之证；但下文“皆古文”之“皆”字，明指三书。若专言《春秋左氏》，何来一“皆”字乎?①

张氏此言受到一些学者推崇，如杨伯峻先生就称赞道：“张心澄《伪书通考》把这段文字读懂了。”② 不过，另有一些学者则不以为然，如黄觉弘先生在《左传学早期流变研究》道：

> 《移书》“皆古文旧书”的“皆”字如何理解？张心澄以为是“明指三书”之证，实则不然。专言《春秋左氏》的文字“皆为古文旧书”有何不可？说某书全部文字皆为某种字体，于行文、于情理均可安通。当时民间传本《左传》“多古字古言，学者传训故而已”，所谓“多古字古言”，正见民间传本《左传》在文字上大部分应该是“以今文读之”。也就是说，民间传本《左传》在文本上是今文古文参半交杂的。正因如此，刘歆才说“伏而未发”的秘府藏本“皆古字旧书”，班固才说“见古文《春秋左氏传》”，无疑揭示了秘府藏本与民间传本之今古交杂大为不同。③

平心而论，刘歆于此的叙述，确实会引起歧义。两派的解释均有道理，所以仅凭此条，无法断言《左传》是否出于孔壁，还需要参照其他材料。

---

① 张心澂：《伪书通考》，商务印书馆，1954，第410页。

② 杨伯峻：《春秋左传注》，中华书局，2009，第47页。

③ 黄觉弘：《左传学早期流变研究》，中国社会科学出版社，2010，第184－185页。

明确《左传》出于孔壁的记载最早见于王充的《论衡·案书篇》：

> 《春秋左氏传》者，盖出于孔子壁中。孝武皇帝时，鲁恭王坏孔子教授堂以为宫，得佚《春秋》三十篇，《左氏传》也。[1]

值得注意的是，王充在《案书篇》中用了“盖”字，似乎从语气上表明他并不十分确定，而在《佚文篇》中则云：

> 孝武皇帝封弟为鲁恭王，恭王坏孔子宅以为宫，得佚《尚书》百篇，《礼》三百，《春秋》三十篇，《论语》二十一篇。[2]

以上《佚文篇》只言孔壁出《春秋》三十篇，未提《左传》。细究《论衡》之前的史料，没有孔壁出《左传》的记载，而同为东汉初的《汉书·艺文志》云：“鲁共王坏孔子宅，欲以广其宫，而得古文尚书及礼记、论语、孝经凡数十篇，皆古字也”，也未言《左传》。如此综合来看，孔壁书未有《左传》的可能性更大。

那么，可以确定的是《左传》的流传至少存在秘中书和张苍两条线，这两条线是否为同一来源，即秘中《左传》是否为张苍所献之书由于史料所限，目前还无法确实。值得一提的是，《汉书》记载：“初《左氏传》多古字古言，学者传训故而已。”[3] 这样来看，张苍《左传》传本在西汉初年就已经开始了隶定工作，只是还没完全隶定完，所以“多古字古言”，而秘中所藏《左传》则“皆古文旧书”，则还全部保留着战国古字。自刘歆发现秘中古本，“时丞相史尹咸以能治左氏，与歆共校经传”[4]。可见，张苍传本与秘中本的互校，是奠定今本《左传》的一个重要基础。

---

① 黄晖：《论衡校释》，中华书局，1990，第1161－1162页。
② 黄晖：《论衡校释》，中华书局，1990，第860－861页。
③ 班固：《汉书》，中华书局，1964，第1967页。
④ 班固：《汉书》，中华书局，1964，第1967页。

以上我们可以看出《左传》不同于今文《公羊传》《穀梁传》最初以口耳相传的方式流传，《左传》一开始就是通过文本的方式流传。

《左传》在解经体例上也与《公羊传》《穀梁传》大不相同。《左传》不仅是传书，同样也是史书，它用大量历史叙事来解释《春秋》经文。比如我们耳熟能详的晋楚"城濮之战"，《春秋》主要见于僖公二十七年到二十八年，《公羊传》和《穀梁传》的解释大都专注于经文字面，以下列表说明（见表1）。

表1

《春秋》	《公羊传》	《穀梁传》
冬，楚人、陈侯、蔡侯、郑伯、许男围宋	此楚子也，其称人何？贬。曷为贬？为执宋公贬，故终僖之篇贬也	楚人者，楚子也，其曰人，何也？人楚子，所以人诸侯也。其人诸侯，何也？不正其信夷狄而伐中国也
春，晋侯侵曹，晋侯伐卫	曷为再言晋侯？非两之也。然则何以不言遂？未侵曹也。未侵曹则其言侵曹何？致其意也。其意侵曹，则曷为伐卫？晋侯将侵曹，假涂于卫，卫曰不可得，则固将伐之也	再称晋侯，忌也
楚人救卫，三月丙午晋侯入曹，执曹伯	畀者何？与也。其言畀宋人何？与使听之也。曹伯之罪何？甚恶也。其甚恶奈何？不可以一罪言也	入者，内弗受也。日入，恶入者也。以晋侯而斥执曹伯，恶晋侯也。畀，与也。其曰人，何也？不以晋侯畀宋公也

续上表

《春秋》	《公羊传》	《穀梁传》
夏，四月己巳，晋侯、齐师、宋师、秦师及楚人战于城濮，楚师败绩	此大战也，曷为使微者？子玉得臣也。子玉得臣则其称人何？贬。曷为贬？大夫不敌君也	
楚杀其大夫得臣	《公羊传》无传	《穀梁传》无传
卫侯出奔楚	《公羊传》无传	《穀梁传》无传
五月，癸丑，公会晋侯、齐侯、宋公、蔡侯、郑伯、卫子、莒子，盟于践土。陈侯如会	其言如会何？后会也	讳会天王也

从上可见，《春秋》经文和《公羊传》《穀梁传》的解释是逐字逐句，一一对应的。《春秋》记载什么，《公羊传》和《穀梁传》就解释什么，不会超出《春秋》的范围。[①] 对于楚国为何伐宋，晋、楚双方是如何准备的，是如何交战的，则不在今文传书的考虑范围内。

而《左传》却不同，它用大量篇幅把整个“城濮之战”的前因后果、

① 当然，有一些经文今文两传没做解释，究竟是流传中产生的脱文还是今文两传认为与其他经文思想相同，没必要解释，这还不得而知。

来龙去脉交代得极为细致详尽、生动传神，这里带领大家读一遍：

《左传·僖公二十七年》：

> 楚子将围宋，使子文治兵于睽，终朝而毕，不戮一人。子玉复治兵于蔿，终日而毕，鞭七人，贯三人耳。国老皆贺子文，子文饮之酒。蔿贾尚幼，后至，不贺。子文问之，对曰："不知所贺。子之传政于子玉，曰：'以靖国也。'靖诸内而败诸外，所获几何？子玉之败，子之举也。举以败国，将何贺焉？子玉刚而无礼，不可以治民。过三百乘，其不能以入矣。苟入而贺，何后之有？"①

楚国将要攻打宋国，楚王派子玉代替子文练兵，子玉用严刑峻法治理军队，被蔿贾评价为"刚而无礼，不可以治民"。《左传》通过对子玉治兵的描述，对楚国战前的军事动态做了详细的记载。

再来看《左传》同年传文对晋国描述：

> 冬，楚子及诸侯围宋，宋公孙固如晋告急。先轸曰："报施救患，取威定霸，于是乎在矣。"狐偃曰："楚始得曹而新昏于卫，若伐曹、卫，楚必救之，则齐、宋免矣。"于是乎蒐于被庐，作三军。谋元帅。赵衰曰："郤縠可。臣亟闻其言矣，说礼乐而敦《诗》、《书》。《诗》、《书》，义之府也。礼乐，德之则也。德义，利之本也。《夏书》曰：'赋纳以言，明试以功，车服以庸。'君其试之。"及使郤縠将中军，郤溱佐之；使狐偃将上军，让于狐毛，而佐之；命赵衰为卿，让于栾枝、先轸。使栾枝将下军，先轸佐之。荀林父御戎，魏准为右。
>
> 晋侯始入而教其民，二年，欲用之。子犯曰："民未知义，未安其居。"于是乎出定襄王，入务利民，民怀生矣，将用之。子犯曰："民未

---

① 阮元校刻：《春秋左传正义》，载《十三经注疏》，中华书局，1980，第1822页。

知信，未宣其用。”于是乎伐原以示之信。民易资者不求丰焉，明征其辞。公曰：“可矣乎？”子犯曰：“民未知礼，未生其共。”于是乎大蒐以示之礼，作执秩以正其官，民听不惑而后用之。出穀戍，释宋围，一战而霸，文之教也。①

《左传》这段传文描写晋国在战前政治清明，国民团结，将帅礼让，战备充足，这些都有助于晋国在战争期间形成高度的凝聚力。

以上是楚国和晋国的战前对比。而战争的整个经过更是《左传》描写的重点，见《左传·僖公二十八年》：

二十八年春，晋侯将伐曹，假道于卫，卫人弗许。还，自南河济。侵曹伐卫。正月戊申，取五鹿。二月，晋郤縠卒。原轸将中军，胥臣佐下军，上德也。晋侯、齐侯盟于敛盂。卫侯请盟，晋人弗许。卫侯欲与楚，国人不欲，故出其君以说于晋。卫侯出居于襄牛。公子买戍卫，楚人救卫，不克。公惧于晋，杀子丛以说焉。谓楚人曰：“不卒戍也。”晋侯围曹，门焉，多死，曹人尸诸城上，晋侯患之，听舆人之谋曰：“称舍于墓。”师迁焉，曹人凶惧，为其所得者棺而出之，因其凶也而攻之。三月丙午，入曹。数之，以其不用僖负羁而乘轩者三百人也。且曰：“献状。”②

这段《左传》记载了攻打曹、卫两国详细的经过。

同年《左传》：

宋人使门尹般如晋师告急。公曰：“宋人告急，舍之则绝，告楚不许。我欲战矣，齐、秦未可，若之何？”先轸曰：“使宋舍我而赂齐、

① 阮元校刻：《春秋左传正义》，载《十三经注疏》，中华书局，1980，第 1822－1823 页。
② 阮元校刻：《春秋左传正义》，载《十三经注疏》，中华书局，1980，第 1824 页。

秦，藉之告楚。我执曹君而分曹、卫之田以赐宋人。楚爱曹、卫，必不许也。喜赂怒顽，能无战乎?”公说，执曹伯，分曹、卫之田以畀宋人。①

这段《左传》记载了晋国在与楚国开战前的外交谋略。宋国遭楚国围困，向晋国告急。晋国想借此次机会开战，但惧齐、秦两国反对，于是便利用分曹国、卫国的田土给宋国人，并让宋国人送财物给秦、齐两国的做法离间齐、秦与楚的关系。

再如：

楚子入居于申，使申叔去谷，使子玉去宋，曰：“无从晋师。晋侯在外十九年矣，而果得晋国。险阻艰难，备尝之矣；民之情伪，尽知之矣。天假之年，而除其害。天之所置，其可废乎?”《军志》曰：“允当则归。”又曰：“知难而退。”又曰：“有德不可敌。此三志者，晋之谓矣。”子玉使伯棼请战，曰：“非敢必有功也，愿以间执谗慝之口。”王怒，少与之师，唯西广、东宫与若敖之六卒实从之。②

这段记载了楚国国内对战争的分歧。楚王认为晋文公在外十九年，卧薪尝胆，练就了坚强的意志，同时，晋国国内政治清明，上下齐心，因此倾向于暂避晋国锋芒，但统兵的子玉则坚持请战，不肯撤兵。楚王很生气，不给子玉充足的兵力，只派了西广、东宫两支军队和若敖六百兵卒由他指挥。

子玉使宛春告于晋师曰：“请复卫侯而封曹，臣亦释宋之围。”子犯曰：“子玉无礼哉！君取一，臣取二，不可失矣。”先轸曰：“子与之。定人之谓礼，楚一言而定三国，我一言而亡之。我则无礼，何以战乎?

① 阮元校刻：《春秋左传正义》，载《十三经注疏》，中华书局，1980，第1824页。

② 阮元校刻：《春秋左传正义》，载《十三经注疏》，中华书局，1980，第1824－1825页。

> 不许楚言，是弃宋也。救而弃之，谓诸侯何？楚有三施，我有三怨，怨仇已多，将何以战？不如私许复曹、卫以携之，执宛春以怒楚，既战而后图之。”公说，乃拘宛春于卫，且私许复曹、卫。曹、卫告绝于楚。①

以上这段记述了晋、楚战前的外交交锋。子玉派宛春告诉晋国，若恢复卫侯的君位，分封曹国，就解除对宋国的包围。晋国一方面谴责楚国要求过分，拒绝与楚国交换，一方面又暗中许诺恢复曹国、卫国，离间它们与楚国的关系。晋国正是通过这样的明暗两手，占据在战前外交与舆论的上风。

又比如：

> 子玉怒，从晋师。晋师退。军吏曰：“以君辟臣，辱也。且楚师老矣，何故退？”子犯曰：“师直为壮，曲为老。岂在久乎？微楚之惠不及此，退三舍辟之，所以报也。背惠食言，以亢其仇，我曲楚直。其众素饱，不可谓老。我退而楚还，我将何求？若其不还，君退臣犯，曲在彼矣。”退三舍。楚众欲止，子玉不可。
>
> 夏，四月戊辰，晋侯、宋公、齐国归父、崔夭、秦小子慭次于城濮。楚师背酅而舍，晋侯患之，听舆人之诵，曰：“原田每每，舍其旧而新是谋。”公疑焉。子犯曰：“战也。战而捷，必得诸侯。若其不捷，表里山河，必无害也。”公曰：“若楚惠何？”栾贞子曰：“汉阳诸姬，楚实尽之，思小惠而忘大耻，不如战也。”晋侯梦与楚子搏，楚子伏己而盬其脑，是以惧。子犯曰：“吉。我得天，楚伏其罪，吾且柔之矣。”子玉使斗勃请战，曰：“请与君之士戏，君冯轼而观之，得臣与寓目焉。”晋侯使栾枝对曰：“寡君闻命矣。楚君之惠未之敢忘，是以在此。为大夫退，其敢当君乎？既不获命矣，敢烦大夫谓二三子，戒尔车乘，

---

① 阮元校刻：《春秋左传正义》，载《十三经注疏》，中华书局，1980，第1824－1825页。

敬尔君事，诘朝将见。”晋车七百乘，韅、靷、鞅、靽。晋侯登有莘之虚以观师，曰：“少长有礼，其可用也。”遂伐其木以益其兵。己巳，晋师陈于莘北，胥臣以下军之佐当陈、蔡。子玉以若敖六卒将中军，曰：“今日必无晋矣。”子西将左，子上将右。胥臣蒙马以虎皮，先犯陈、蔡。陈、蔡奔，楚右师溃。狐毛设二旆而退之。栾枝使舆曳柴而伪遁，楚师驰之。原轸、郤溱以中军公族横击之。狐毛、狐偃以上军夹攻子西，楚左师溃。楚师败绩。子玉收其卒而止，故不败。

晋师三日馆谷，及癸酉而还。甲午，至于衡雍，作王宫于践土。①

以上三段记载了“城濮之战”的经过及结果。晋文公念及先前流亡时受到楚王的款待，命令晋军主动撤退九十里，楚国的士兵想停止前进，子玉不同意，于是两军在城濮对峙。晋军采用了正确的军事策略，先进攻战斗力较弱，附庸于楚国的陈、蔡两国军队，再以中军主力拦腰截击楚军。楚左、右军两线崩溃，唯有中军被子玉及时命止，没有溃败。战后晋国的军队在楚营里住了三天，之后到达衡雍，在践土为周襄王建造行宫。

再如：

初，楚子玉自为琼弁玉缨，未之服也。先战，梦河神谓己曰：“畀余，余赐女孟诸之麋。”弗致也。大心与子西使荣黄谏，弗听。荣季曰：“死而利国。犹或为之，况琼玉乎？是粪土也，而可以济师，将何爱焉？”弗听。出，告二子曰：“非神败令尹，令尹其不勤民，实自败也。”既败，王使谓之曰：“大夫若入，其若申、息之老何？”子西、孙伯曰：“得臣将死，二臣止之曰：‘君其将以为戮。’”及连谷而死。晋侯闻之而后喜可知也，曰：“莫余毒也已！蔿吕臣实为令尹，奉己而已，

① 阮元校刻：《春秋左传正义》，载《十三经注疏》，中华书局，1980，第1825－1826页。

不在民矣。”①

针对《春秋》所记战后“楚杀其大夫得臣”的经文，《左传》补叙了子玉之死的缘由。子玉在战前所梦内容虽颇具“神怪”意味，但他只为私利，不顾大局的个性为其最终的结局埋下伏笔。果然，楚国战败后，子玉因害怕受到君主惩罚而畏罪自杀。

以上我们简要梳理了《左传》解释《春秋》关于“城濮之战”经文的整个脉络。显而易见，《左传》并未拘泥于对《春秋》词句的解释，而是对《春秋》中的史实做了翔实备至的叙述，包括晋、楚双方战前的准备，出征的将帅名单，整个战争的经过、结果及影响等，无不毛举缕析，溯端竟委。细心的读者定然会发现，尽管《左传》是在记述历史，但这之中则包含了《左传》“寓事言理”的解经思想。比如上文所引晋文公战前治国之事，表面上，是在记述晋国在战前的准备，实际上是《左传》以晋文公治国为例，表达“使民知礼守信”的政治思想。又比如《左传》记载子玉“梦河神”之事，通过大心和子西所言“非神败令尹，令尹其不勤民”来宣扬轻“私财”、重“勤民”的政治理念。当然，叙史只是《左传》诠释《春秋》经义的方法之一。事实上，《左传》解释《春秋》的手法灵活丰富，有些地方是直接进行评论。比如《左传·隐公元年》记载郑庄公与其母和好之事：

> 颍考叔为颍谷封人，闻之，有献于公，公赐之食，食舍肉。公问之，对曰：“小人有母，皆尝小人之食矣，未尝君之羹，请以遗之。”公曰：“尔有母遗，繄我独无！”颍考叔曰：“敢问何谓也？”公语之故，且告之悔。对曰：“君何患焉？若阙地及泉，隧而相见，其谁曰不然？”公从之。公入而赋：“大隧之中，其乐也融融！”姜出而赋：“大隧之

① 阮元校刻：《春秋左传正义》，载《十三经注疏》，中华书局，1980，第1826页。

外，其乐也泄泄！”遂为母子如初。

君子曰：“颍考叔，纯孝也，爱其母，施及庄公。《诗》曰‘孝子不匮，永锡尔类。’其是之谓乎！”①

郑庄公平定其弟共叔段叛乱后，与支持共叔段的母亲决裂，将其囚禁于颍城，后受颍考叔调解，母子终和好如初。在文末，《左传》还载有“君子”的评论，高度赞扬颍考叔的劝谏。《左传》中的“君子曰（谓）”并不专指某一具体人物，一般认为可能是《左传》自身的评论。② 据统计，《左传》中“君子曰（谓）”共计67条。

还有些地方，《左传》与《公羊传》和《穀梁传》方式一样，对《春秋》逐字逐句进行解释。例如《春秋·隐公元年》：

春，王正月。三月，公及邾仪父盟于蔑。夏，五月，郑伯克段于鄢。

《左传》解释为：

元年春，王周正月。不书即位，摄也。三月，公及邾仪父盟于蔑，邾子克也。未王命，故不书爵。曰“仪父”，贵之也。公摄位而欲求好于邾，故为蔑之盟。③

上述《左传》解释了“邾仪父”“盟”等称法，如果单独截取《左传》这一段，它与《公羊传》和《穀梁传》的解经手法是十分相似的。但值得

① 阮元校刻：《春秋左传正义》，载《十三经注疏》，中华书局，1980，第1717页。

② 刘知几言：“《春秋左氏传》每有发论，假君子以称之。”（见蒲起龙：《史通通释》，上海古籍出版社，1978，第81页。）杨向奎先生云：“‘君子曰’云云，先秦书籍中多有之，如诸子及《国策》、《国语》等书是。《左传》中亦有所谓‘君子曰’，其性质与诸子、《国策》等书同，皆作者对于某事某人所下之论断也。”（见杨向奎：《绎史斋学术文集》，上海人民出版社，1983，第193页。）

③ 阮元校刻：《春秋左传正义》，载《十三经注疏》，中华书局，1980，第1715页。

注意的是，《公羊传》和《穀梁传》只会解释《春秋》经文中已有的内容。也就是说，《春秋》经文中有的内容，《公羊传》《穀梁传》不一定有解释；但《春秋》没有的内容，《公羊传》《穀梁传》一定不会解释。而《左传》则不同，很多时候还记载了《春秋》经文没有的内容，并解释了《春秋》为何不记的原因，如见《左传》同年传：

> 夏四月，费伯帅师城郎。不书，非公命也。[①]

“夏四月，费伯帅师城郎”这个事件不见于《春秋》。为何《春秋》没有记载？《左传》认为，是因为费伯率军筑城不是奉隐公的命令。

像这样的例子在《左传》中还有很多。相较于《春秋》记事简短凝练，《左传》记事非常完整详尽，解释和补充了很多《春秋》未载的史实。同时，《左传》叙事完备并不是对史料简单堆积，而是经过了史学和文学加工，使之首尾贯通、环环相扣、极富文采、[②]具有高度可读性，正因如此，尽管《左传》在历史上屡遭质疑与争议，但始终为世人所爱读，自两汉以后，流行程度逐渐超过了《公羊传》《穀梁传》，例如清代阮元所刻的《十三经注疏》在排序上便以《左传》为首。

---

① 阮元校刻：《春秋左传正义》，载《十三经注疏》，中华书局，1980，第1715页。

② 关于《左传》的文学手法，可参见张高评：《〈左传〉之文学价值》，文史哲出版社，1982；高方：《〈左传〉文学研究》，中国社会科学出版社，2014；史继东：《〈左传〉文学研究》，人民日报出版社，2016。

三、孔子与《春秋》的关系

（一）争议的由来

孔子与《春秋》的关系可以说是《春秋》学史上最为重大的问题。[①] 因为《春秋》若与孔子无关，《春秋》在中国学术史及儒家经典中的地位自然要受到质疑。这里面的争论错综复杂、盘根错节，至今很多问题仍是悬而未决。

自中唐以前，世人都认同《春秋》为孔子所作，几乎无人异议。目前可见最早关于孔子作《春秋》的说法来自《孟子》《左传》《公羊传》的记载。孟子的说法最为清晰，在《孟子》中有两处言及孔子作《春秋》，一处在《孟子·滕文公下》：

> 世衰道微，邪说暴行有作，臣弑其君者有之，子弑其父者有之。孔子惧，作《春秋》。《春秋》，天子之事也。是故孔子曰："知我者其惟

① 魏应麒说："其实孔子有无作《春秋》，在今日已成为聚讼之问题。"（见魏应麒：《中国史学史》，商务印书馆，1947，第71页。）

《春秋》乎！罪我者其惟《春秋》乎！……”昔者禹抑洪水而天下平，周公兼夷狄，驱猛兽而百姓宁，孔子成《春秋》而乱臣贼子惧。①

这段话总结了孔子作《春秋》“世衰道微”的历史背景和令“乱臣贼子惧”的写作目的。另外一处见于《孟子·离娄下》：

孟子曰：“王者之迹熄而诗亡，诗亡，然后春秋作。晋之乘，楚之杌，鲁之春秋，一也。其事则齐桓、晋文，其文则史。孔子曰：‘其义则丘窃取之矣。’”②

这段记载指明了孔子作《春秋》的手法，即借用了“史”的形式作《春秋》，这精辟地道出了《春秋》内容取材与创作思想。③

《公羊传》也对孔子作《春秋》亦有明确记载：

伯于阳者何？公子阳生也。子曰：“我乃知之矣。”在侧者曰：“子苟知之，何以不革？”曰：“如尔所不知何？《春秋》之信史也，其序则齐桓、晋文，其会则主会者为之也，其词则丘有罪焉耳！”④

《公羊传》说法与孟子之言大同小异。

《左传》对《春秋》作者的表述比较含蓄，没有指名道姓：

九月，侨如以夫人妇姜氏至自齐。舍族，尊夫人也。故君子曰：

---

① 焦循：《孟子正义》，中华书局，1987，第452页。

② 焦循：《孟子正义》，中华书局，1987，第574页。

③ 吕绍纲先生曾说：“《孟子》书关于《春秋》的两段论述解决了三个问题。第一，它明白无误地肯定《春秋》为孔子所作。第二，它正确地回答了孔子作《春秋》的政治用意。第三，它指出《春秋》与一般史书不同，史书重事，《春秋》重义。”（见吕绍纲：《孟子论〈春秋〉》，《史学史研究》1986年第1期。）

④ 《公羊传》昭公十二年。阮元校刻：《春秋公羊传注疏》，载《十三经注疏》，中华书局，1980，第2320页。

"《春秋》之称，微而显，志而晦，婉而成章，尽而不污，惩恶而劝善。非圣人谁能修之？"①

《左传》"君子曰"中的"圣人"，虽然没有具体言说，但以《左传》文中对孔子的推崇，一般认为此"圣人"即是"孔子"。另外，《左传·僖公二十八年》曾记载孔子对《春秋》的解释：

是会也，晋侯召王，以诸侯见，且使王狩。仲尼曰："以臣召君，不可以训。"故书曰："天王狩于河阳。"言非其地也，且明德也。②

今本《春秋》中有"天王狩于河阳"一条，所以"书曰"即指此。但我们又知道，《春秋》并非孔子凭空创作，而是据鲁史所修，因而《春秋》也包含鲁《春秋》的内容。那么，"书曰"之后云云学界就有两种说法。一种是认为孔子于此是解释鲁《春秋》，另一种是认为孔子说明自己所修《春秋》之书法。由于《左传》的创作目的是解释孔子所作之《春秋》，似乎后者的可能性更大。

入汉以后，不论是今、古文学家还是史学家都对孔子作《春秋》深信不疑。比如董仲舒说：

仲尼之作《春秋》也，上探正天瑞王公之位，万民之所欲，下明得失，起贤才，以待后圣。史记十二公之间，皆衰世之事，故门人惑。孔子曰：吾因行事而加乎王心焉。以为见之空言，不如行事博深切明。③

司马迁《史记》两处言及孔子作《春秋》，《史记·孔子世家》说：

① 阮元校刻：《春秋左传正义》，载《十三经注疏》，中华书局，1980，第1913页。
② 阮元校刻：《春秋左传正义》，载《十三经注疏》，中华书局，1980，第1827页。
③ 苏舆：《春秋繁露义证》，中华书局，1992，第158－159页。

> 子曰："弗乎弗乎，君子病殁世而名不称焉。吾道不行矣，吾何以自见于后世哉？"乃因史记作《春秋》，上至隐公，下讫哀公十四年，十二公。据鲁，亲周，故殷，运之三代。约其文辞而指博。故吴楚之君自称王，而《春秋》贬之曰"子"；践土之会实召周天子，而《春秋》讳之曰"天王狩於河阳"，推此类以绳当世。贬损之义，后有王者举而开之。《春秋》之义行，则天下乱臣贼子惧焉。孔子在位听讼，文辞有可与人共者，弗独有也。至于为《春秋》，笔则笔，削则削，子夏之徒不能赞一辞。弟子受《春秋》，孔子曰："后世知丘者以《春秋》，而罪丘者亦以《春秋》。"①

另一处见《十二诸侯年表》：

> 孔子明王道，干七十余君，莫能用。故西观周室，论史记旧闻，兴于鲁而次《春秋》。上记隐，下至哀之获麟。约其辞文，去其烦重，以制义法。王道备，人事浃。②

可见，汉人的说法与《孟子》《左传》《公羊传》的记载多有应合。

然而，《春秋》出自孔子的说法自唐代开始逐渐出现质疑之声，例如刘知几在《史通·惑经》中对《春秋》的批评，实质上相当于剥去了《春秋》神圣的经学光环，将其与史学同等看待。尤其是中唐五代以后，由于社会经历了剧烈的动荡，学术氛围发生了巨大的转变。③ 这一时期学者开始对传注的作者产生怀疑。入宋之后，学人思想更为活跃，有些甚至开始公然怀疑《春秋》的作者。比如宋代的王安石就批评《春秋》为"断烂朝报"，④ 认为

---

① 司马迁：《史记》，中华书局，2010，第 1943－1944 页。
② 司马迁：《史记》，中华书局，2010，第 509 页。
③ 谢保成：《中唐学术思想的重大变异》，《中国史研究》1994 年第 4 期。
④ 脱脱：《宋史》，中华书局，1977，第 10550 页。

《春秋》只是错乱的政府文告，与孔子没有什么关系。刘克庄甚至直言：“《春秋》，史克之旧文也。”①

当然，历代官方和大多数学者仍笃信孔子是《春秋》的作者。而质疑传统说法真正产生影响的是20世纪以后。随着疑古思潮的兴起，包括钱玄同、顾颉刚、冯友兰、孙次舟、毛起、洪业、魏应麒、徐中舒、罗世烈、杨伯峻、胡念贻、曹聚仁、王和、浦卫忠、张平辙、姚曼波在内的诸多学者从不同角度论证“孔子不作《春秋》”。归纳起来，其证据主要有以下十个方面。

其一，虽然古人皆说“孔子作《春秋》”，但直接体现孔子言行的《论语》没有记载“孔子作《春秋》”，甚至对“西狩获麟”一事也没有记载。孟子以前没人说过孔子作《春秋》，而孟子的话是最不可信的。

其二，《春秋》若由孔子所作，则字字如珠玑，处处有大义，不应存“夏五”“郭公”这样的阙文。②

其三，借刘知几和王安石的评论进一步发挥，认为《春秋》记事支离破碎，根本不能使“乱臣贼子惧”。如顾颉刚说：“看刘知几的《惑经》，《春秋》倘使真是孔子作的，岂非太不能使‘乱臣贼子惧’了吗?”③ 钱玄同甚至认为，《春秋》若真是孔子所作，“不至于做出这样一部不成东西的历史来”④。

其四，《左传》本《春秋》经文记录了孔子卒年，孔子当然不能自记死期，所以《春秋》不为孔子所作。⑤

---

① 朱彝尊：《经义考》卷一六八，清文渊阁四库全书本。

② 顾颉刚：《答书》，顾颉刚：《古史辨·第1册》，上海古籍出版社，1982，第276－277页。

③ 顾颉刚：《论孔子删述六经说及战国著作伪书》，顾颉刚：《古史辨·第1册》，上海古籍出版社，1982，第42页。

④ 钱玄同：《论春秋性质书》，顾颉刚：《古史辨·第1册》，上海古籍出版社，1982，第276页。

⑤ 童书业：《春秋左传研究》，上海人民出版社，1980，第266页。

其五，《商君书》攻击《诗》《书》《礼》《乐》，却没有攻击《春秋》。①

其六，《论语》说孔子“述而不作，信而好古”，与孔子作《春秋》说法矛盾。《论语》中没有记载孔子作《春秋》。

其七，孔子作《春秋》起于获麟，古代简册繁重，对于过了七十岁的孔子是否能完成《春秋》这一点存在疑问。

其八，《春秋》文风与体例不一，说明孔子未作《春秋》。

其九，其他文献，例如《春秋》、三传、《礼记·坊记》、《竹书纪年》等中有例子证明《春秋》本是鲁史本文。②

其十，孔子不是史官，不可能笔削《春秋》。③

然而，以上这些证据看似理由充分，但大多充满了主观性，经不起推敲。不少学者对此做了分析和总结，比如对于《礼记·坊记》中所引鲁史之文，赵生群先生将其与《春秋》之文比照，指出二者至少有五点不同。④ 又比如张尚英先生从四个角度论证洪业的质疑不可信。⑤ 再比如，关于孔子“述而不作”及对《春秋》是“修”还是“作”的质疑，李学勤先生说：“孔子修改鲁史，成为传世《春秋》，自其本于旧作而言是‘修’，由其终成新书而言是‘作’，其间实无矛盾”，“孔子自谦‘述而不作’，弟子后人尊之为圣人，则称为‘作’，其间也没有矛盾”。⑥ 当然，《论语》记载缺少语境，说孔子“述而不作”提供的线索还是太少。我们无法知晓孔子是在何时何地何种情况下说出的，是针对某一种具体情景，还是针对所有创作，这也

---

① 胡念贻：《〈左传〉的真伪和写作时代问题考辨》，1981 年第 11 期。

② 以上其六至其九可见杨伯峻：《春秋左传注·序》，中华书局，2009。

③ 曹聚仁：《孔子作春秋问题（答荣欣先生）》，曹聚仁：《中国学术思想史随笔》，三联书店，1986，第 281 页。王和：《孔子不修〈春秋〉辨》，《史学理论研究》1993 年第 2 期。

④ 赵生群：《春秋经传研究》，上海古籍出版社，2000，第 21－22 页。

⑤ 张尚英：《20 世纪“孔子不作〈春秋〉”说析评》，《历史文献研究》2016 年第 2 期。

⑥ 李学勤：《孔子与春秋》，载吕绍纲：《金景芳九五诞辰纪念文集》，吉林文史出版社，1996，第 60－61 页。

无从可考，所以公允地说，孔子这句话究竟能否成为孔子不作《春秋》的证据还难以判断。另外，还有一种可能。《论语》虽然由孔子“门人相与辑而论纂”，真伪毋庸置疑，但是靠仲弓、子游、子夏之徒的回忆绝非完整，[①] 不可能包含孔子所有言行。大家都知道，人的一生，思想并不是固定不变的，而是存在一个发展过程。我们今天的想法，可能过几年随着阅历、学识、心理等方面的变化而改变，这是正常现象。孔子虽然被誉为“圣人”，但他也是人，他在不同时期的思想会有所不同，《论语》中孔子的言语只能反映孔子一个阶段的思想。比如《论语》中孔子说：“子不语怪力乱神”[②]，“敬鬼神而远之”[③]。所以孔子最初对原本为占筮之书的《周易》并不重视，《论语》中也没有记载孔子论及《周易》之言。这导致自古以来，人们对《周易》是否经过孔子之手，是否为儒家经典颇有怀疑。然而，马王堆帛书《周易·要篇》说：“夫子晚而好《易》，居则在席，行则在橐。”[④] 这句话意思是说，孔子到晚年才喜好《周易》，好读不倦，出入相伴。这就解释了过去的疑惑，孔子晚年才改变自己的看法，发现《周易》除占筮之外蕴含的哲学思想，早年弟子可能没有得见，所以《论语》中未有记载。同理，据传统观点，《春秋》也是孔子晚年所作，即在孔子西狩获麟之后，有感王道衰微，才开始立意编写，这可能与早年“述而不作”的想法有所出入。当时未知身边弟子还有多少，但估计孔子作《春秋》少有早年弟子知晓，因而未有记载。关于《左传》本《春秋》经文记录了孔子卒年，这可能是因为《左传》本的《春秋》经文在孔子死后由后人所续，而《公羊传》《穀梁传》所本的《春秋》经文皆到西狩获麟为止。又例如关于《春秋》文风与体例不一。

---

① 郑玄在《论语序》中说：“《论语》乃仲弓、子游、子夏等撰。”（见阮元校刻：《论语注疏》，《十三经注疏》，中华书局，1980，第 2454 页。）

② 阮元校刻：《论语注疏》，载《十三经注疏》，中华书局，1980，第 2483 页。

③ 阮元校刻：《论语注疏》，载《十三经注疏》，中华书局，1980，第 2479 页。

④ 裘锡圭：《长沙马王堆汉墓简帛集成（叁）》，中华书局，2014，第 116 页。

《春秋》记录了鲁国自公元前770年至公元前476年的历史，而这段历史改编自鲁史《春秋》。就鲁《春秋》而言，近300年的时间跨度自然不可能由某一位史官单独完成，而是代代延续，出于众手，这当然很难达到文风和体例的完全一致。尽管鲁《春秋》经过了孔子笔削，但可以想象《春秋》很可能依然保留了不少鲁《春秋》的原始痕迹，因此《春秋》文风和体例不一致不足为怪。再比如，《春秋》的缺文现象。从我们现在掌握的早期文献流传情况来看，古文献不是一开始就固定的，传抄过程中出现脱文漏字也在所难免。比如汉代刘向用古文经校对今文经，发现今文经存在不少脱文，《汉书·艺文志》载："武帝末，鲁共王坏孔子宅，欲以广其宫，而得《古文尚书》及《礼记》、《论语》、《孝经》凡数十篇，皆古字也……刘向以中古文校欧阳、大小夏侯三家经文，《酒诰》脱简一，《召诰》脱简二。率简二十五字者，脱亦二十五字，简二十二字者，脱亦二十二字，文字异者七百有余，脱字数十。"[①] 所以《春秋》中的缺字不一定是史官缺记，极有可能是流传中产生了脱漏。

因此，尽管自20世纪以来，"孔子不作《春秋》"说引起了较大的学术反响，但仍不足以推翻"孔子作《春秋》"的传统说法。但是由于缺少新资料，流传了几千年的说法也很难取得新突破，因此，相比上世纪，近年关于这一问题的讨论相对沉寂。

（二）孔子作传说辨析

根据上文的梳理，可以看出，时至今日，孔子是否作了《春秋》，仍然是一个颇有争议的话题。即便在正反双方内部，也存在不同观点。其中，值

---

① 班固：《汉书》，中华书局，1964，第1706页。

得关注的是，有一批学者虽然赞成孔子作《春秋》的说法，但他们又否认今本《春秋》由孔子所作。他们大胆推测，我们今天见到的《春秋》是个“赝品”，而真的《春秋》存在《左传》之中，或者就是指《左传》。这即所谓的“孔子作传”说。

孔子作传的说法可不是空穴来风，最早可追溯到清初的张沐，此后包括清代的王渭、许伯政，近代以后毛起、德国汉学家顾路柏（Wilhelm Grube）等学者都对这一观点有进一步发展。对于孔子作《左传》的历史脉络，江汉大学黄觉弘先生曾作《孔子作〈左传〉说源流考》一文，梳理很是翔实完备，可以参阅。[①] 由于清末以来学界注意力主要集中于《左传》是否为刘歆作伪，“孔子作传”说未产生重大影响。不过近年来，“孔子作《左传》”说又“重出江湖”。2001 年，姚曼波《孔子作〈春秋传〉史实考》[②]，后结集成《春秋考论》[③]，在前人怀疑的基础上，对“孔子作《左传》”说做了系统阐发，可谓一石激起千层浪，引发了学界持续五年的广泛争论，双方你来我往，唇枪舌剑，异常激烈。很快，牛鸿恩的《厌弃〈春秋〉尊〈左传〉——姚曼波女士〈左传〉“蓝本”作于孔子说驳议》[④]《“弑君三十六，亡国五十二”考实——兼驳“孔子所作〈春秋〉非‘经’而是‘传’说”》[⑤]《先入为主的主观体认——三驳所谓“孔子作〈春秋〉传”》[⑥]，黄觉

① 黄觉弘：《孔子作〈左传〉说源流考》，《武汉大学学报》2007 年第 5 期。

② 姚曼波：《孔子作〈春秋传〉史实考》，《江苏教育学院学报（社会科学版）》2001 年第 4 期。

③ 姚曼波：《春秋考论》，江苏古籍出版社，2002。

④ 牛鸿恩：《厌弃〈春秋〉尊〈左传〉：姚曼波女士〈左传〉“蓝本”作于孔子说驳议》，《聊城大学学报（社会科学版）》2002 年第 1 期。

⑤ 牛鸿恩：《“弑君三十六，亡国五十二”考实：兼驳“孔子所作〈春秋〉非‘经’而是‘传’说”》，《聊城大学学报（社会科学版）》2003 年第 5 期。

⑥ 牛鸿恩：《先入为主的主观体认：三驳所谓“孔子作〈春秋〉传”》，《聊城大学学报（社会科学版）》2006 年第 1 期。

弘《〈左传〉先秦授受世系之由来辨伪》[①]《吴起与〈左传〉之关系辨正》[②]《“孔子作〈左传〉说”再议》[③]《刘歆争立〈左传〉始末略论》[④]《〈左传〉成书上下限推考》[⑤] 等反对之文相继发表。姚曼波虽是孤军奋战，但针锋相对，不甘示弱，又陆续发表《从〈左传〉〈国语〉考孔子“笔削”〈春秋〉义法——突破“春秋学”千年误区新探之二》[⑥]《孔子“修〈春秋经〉”之说乃“乌有之谈”——二驳牛鸿恩先生之“驳议”》[⑦]《再论孔子作〈左传〉蓝本——驳牛鸿恩先生之“驳议”》[⑧]《孔子作〈左传〉“蓝本”的史实否定不了——再驳牛鸿恩之“驳议”》[⑨]《孔子传〈易〉与作〈春秋〉的关系新论》[⑩] 等文坚决予以反击。值得注意的是，反驳姚说的论文往往有一个特点，文章认为，之所以引发“孔子作传”的怀疑，是因为古人对《春秋》有过多的赞誉，与《春秋》的实际特点不符。包括孟子、司马迁等这些古人对《春秋》的评价是夸张，且不符合事实的。简单来说，这些学者既反对“孔子作传”这样激进的说法，也不赞同孟子、司马迁的传统说法。另外，与此同时，张京华《〈春秋〉〈左传〉与孔子的史学地位》[⑪]、刘丽文《左丘明与

---

① 黄觉弘：《〈左传〉先秦授受世系之由来辨伪》，《江汉大学学报（人文科学版）》2002 年第 6 期。

② 黄觉弘：《吴起与〈左传〉之关系辨正》，《江汉大学学报（人文科学版）》2004 年第 1 期。

③ 黄觉弘：《“孔子作〈左传〉说”再议》，《江汉大学学报（人文科学版）》2003 年第 5 期。

④ 黄觉弘：《刘歆争立〈左传〉始末略论》，《湖北社会科学》2005 年第 5 期。

⑤ 黄觉弘：《〈左传〉成书上下限推考》，《南昌大学学报（人文社会科学版）》2006 年第 1 期。

⑥ 姚曼波：《从〈左传〉〈国语〉考孔子“笔削”〈春秋〉义法：突破“春秋学”千年误区新探之二》，《社会科学战线》2001 年第 1 期。

⑦ 姚曼波：《孔子“修〈春秋经〉”之说乃“乌有之谈”：二驳牛鸿恩先生之“驳议”》，《江苏教育学院学报（社会科学版）》2002 年第 4 期。

⑧ 姚曼波：《再论孔子作〈左传〉蓝本：驳牛鸿恩先生之“驳议”》，《聊城大学学报（社会科学版）》2002 年第 6 期。

⑨ 姚曼波：《孔子作〈左传〉“蓝本”的史实否定不了：再驳牛鸿恩之“驳议”》，《聊城大学学报（社会科学版）》2004 年第 3 期。

⑩ 姚曼波：《孔子传〈易〉与作〈春秋〉的关系新论》，《周易研究》2006 年第 5 期。

⑪ 张京华：《〈春秋〉〈左传〉与孔子的史学地位》，《殷都学刊》2001 年第 4 期。

〈左传〉〈国语〉关系考论》[1]、宁登国《〈左传〉记事终止时间辨正》[2] 等文虽未正面加入争论，但也都对“孔子作传”这一问题有所涉及。[3]

作为《春秋》初学者，看到一大波学术论文，想必眼花缭乱，无处着手，不知孰对孰错。因此，为了使本书的介绍更加清晰，我们不妨先站在历史理性角度，试图从根源上探寻其原因。可以发现，“孔子作传”这种观念绝非凭空兴起，实际上还是出于历史上对于《春秋》零碎简短、大义不可通晓的质疑，比如宋代的富弼说《春秋》：

> 隐奥微婉，使后人传之、注之，尚未能通；疏之又疏之，尚未能尽；以之为说、为解、为训释、为议论，至千余年而学者至今终不能贯彻晓了。[4]

此类评论反映了世人长久以来的疑惑，是此后研究《春秋》所必须面对的问题。由于一些学者既承认《春秋》经文过于简陋无法发挥应有的作用，同时又坚信孔子作《春秋》以明大义的传统说法。故而在他们眼中，《春秋》经文“断烂朝报”的形式与先秦两汉学人对《春秋》的崇高评价产生了不可调和的矛盾，继而促使他们进行了另辟蹊径的探索，萌发了孔子所作的《春秋》并非是现存之《春秋》的怀疑。那么，“真”的《春秋》现存何处？正好《左传》具有内涵丰富、记载详尽、说理备俱等诸多特性，符合他们心中《春秋》的标准。基本上所有持孔子作《左传》论者均是沿着这一思路展开他们的论证的。如富弼言道：

---

① 刘丽文：《左丘明与〈左传〉〈国语〉关系考论》，《聊城大学学报（社会科学版）》2004 年第 3 期。

② 宁登国：《〈左传〉记事终止时间辨正》，《古籍整理研究学刊》2006 年第 1 期。

③ 王晓鹃：《〈左传〉现当代研究史回顾》，《南京师大学报（社会科学版）》2014 年第 3 期，第 155 页。

④ 邵博：《邵氏闻见后录》卷二一，中华书局，1983，第 163 页。

> 窃怪圣人既号作《春秋》，何以必待后人作传而始明。设无此传，圣经不虚作乎?[①]

如果说古人的质疑还略带一点含蓄的话，那么，作为一个西方学者，顾路柏的观点则更为直白：

> 因为孔子自己有一句话说他希望后人拿《春秋》评判他；所以他（顾路柏）想这部书是孔子一生最大的工作，但《春秋》不过是很朴素和干燥的文句，从鲁国国史里摘出来的。格鲁伯（即顾路柏，不同译法）解释这一矛盾，说是孔子并不是指《春秋》原本，实在是指《左传》对于那些简单记载所补充的丰富而宝贵的史料。[②]

这一观点发展到姚曼波那里，形成了更为系统性的论证，[③] 她认为“孔子作的《春秋》，并非‘春秋经’，而是‘春秋传’”[④]。对于姚曼波所论，牛鸿恩、黄觉弘等先生曾作专文进行过坚实有力的反驳。然而，在根本出发点上，牛鸿恩以“圣化孔子”的现象来解释孟子、司马迁对《春秋》的推崇，从而否定“孔子作《左传》说”的立论，则将思路带向了另一个极端：

> 姚文认定孔子不是作经而是作传，其缘起主要是《孟子》、《史记》关于孔子作《春秋》的论述。而孟子、司马迁的时代，正是“圣化”孔子的时代。……孔子果真自己也走进了潜越者的行列，身非史官而越俎代庖，私修国史，干起了“天子之事”吗？既然“作”了《春秋》，据说还到处搜集史料，还曾向弟子们教授《春秋》，他的再传弟子为什么竟然毫不知情，继续弹“述而不作”的老调而招惹人家批驳？但是，

---

① 张沐：《春秋疏略》，《四库全书存目丛书》“经部”第132册，齐鲁书社，1997，第292页。
② 高本汉：《左传真伪考及其他》，商务印书馆，1936，第61页。
③ 姚曼波：《〈春秋〉考论》，江苏古籍出版社，2002。
④ 姚曼波：《孔子作〈春秋〉即“春秋传”说初证》，《文献》1994年第3期，第102页。

孟子以下的儒者，一致说孔子“作”或“修”过《春秋》而且大肆渲染。孟子说：“昔者禹抑洪水而天下平，周公兼夷狄、驱野兽而百姓宁，孔子成《春秋》而乱臣贼子惧。”（《孟子·滕文公下》）荀子说：“……《春秋》之微也，在天地之间者毕矣。”（《荀子·劝学》）董仲舒说：“孔子作《春秋》，上揆之天道，下质诸人情，参之于古，考之于今。”（《汉书·董仲舒传》）司马迁说：“夫（春秋），上明三王之道，下辨人事之纪，别嫌疑，明是非，定犹豫……拨乱世反之正，莫近于《春秋》……万物之聚散皆在《春秋》。”（《史记·太史公自序》）把一部一多字的春秋大事记，哄抬到了无以复加的地步，说成是政治的宝典、人事的指南、参天地通古今的百科全书。这种推崇和颂扬，是特殊历史时期的社会现象，却也并不罕见，应当是常识范围以内的事。

但这似乎有些矫枉过正。公允地说，孔子作《左传》没有确实的依据，但后世对《春秋》“断烂朝报”的看法亦有所不当。

概括来说，除了之前学者的举证驳论外，“孔子作《左传》”说尚存在两个明显的漏洞很难说明白。其一，在史实上说不通。《左传》自汉初以来流传便有明晰的脉络，不论是张苍、贾谊，还是后来争立《左传》学官的刘歆，古文学家非但从未提出《左传》出于孔子之手，而且也承认今文经所传《春秋》，他们所争取的是《左传》的传书地位。此外，“孔子作《左传》”说无法完美处理孔壁古书中出《春秋》经的记载。据一些学者考证，《汉书·艺文志》所录《春秋古经》即许慎《说文解字序》所说的“壁中书”。[①] 因此，孔壁《春秋古经》不但证明《春秋》经文古有来源，而且与《古文尚书》《礼古经》《论语》《孝经》一同藏于孔壁，说明它在儒学中具有特殊的

① 刘巍：《读刘歆〈移书让太常博士〉：汉代经学“古文”争议缘起及相关经学史论题探》，《社会科学研究》2012年第4期。

意义，不是像《鲁春秋》之类的普通史书，而是一部正宗的儒学典籍。其二，从三传里头看它们对《春秋》的描述，“孔子作《左传》”也说不通。因为三传均承认存在“微言大义”的《春秋》，如《公羊传·庄公七年》就提到不修《春秋》以对比孔子所修之《春秋》：

> 不修《春秋》曰：“雨星不及地尺而复。”君子修之曰：“星陨如雨。”①

而这个君子修之《春秋》，对应的就是今存《春秋》庄公七年之经文：

> 夏四月辛卯，夜，恒星不见。夜中，星陨如雨。②

同时，《左传》常常有“书曰”一类的传文用以解释《春秋》书例，据统计，共计74处，如见僖公二十三年一处：

> 十一月，杞成公卒。书曰“子”，杞，夷也。不书名，未同盟也。凡诸侯同盟，死则赴以名，礼也。赴以名，则亦书之，不然则否，辟不敏也。③

此处“书曰‘子’”对应的正是《春秋·僖公二十三年》经文：

> 冬十有一月，杞子卒。④

若没有今存《春秋》经文对照，我们对《左传》“书曰”就会不知所云。如果《左传》即是孔子所修《春秋》，那这个“书曰”之书究竟是什么书？那它又何必前面先云“杞成公卒”，后面再写一段“书曰”的解释，这些都是令人费解的。此外，《左传·成公十四年》曾明确提到孔子所作之

---

①② 阮元校刻：《春秋公羊传注疏》卷六，载《十三经注疏》，中华书局，第2228页。

③④ 阮元校刻：《春秋左传正义》卷一五，载《十三经注疏》，中华书局，第1815页。

《春秋》：

> 九月，侨如以夫人妇姜氏至自齐。舍族，尊夫人也。故君子曰："《春秋》之称，微而显，志而晦，婉而成章，尽而不污，惩恶而劝善。非圣人谁能修之？"[①]

《左传》对《春秋》"微而显，志而晦……"的描述完全符合今存《春秋》的特点。假设《左传》即是《春秋》主体，那么如此叙事详赡，总计约十八万字的《左传》，如何能称之为"微而显，志而晦"呢？所以，我们认为，"孔子作《左传》"说法虽不无创见，但终究还只是流于猜测。

那么，既然孔子作《左传》并没有切实的证据，在今存《春秋》经文很可能确实是孔子所作《春秋》的前提下，是否存在像牛鸿恩所说，孟子、司马迁因圣化孔子，而有违事实地过度推崇《春秋》呢？答案是否定的。首先，孔子曾云："知我者，其惟《春秋》乎！罪我者，其惟《春秋》乎"[②]，说明他对《春秋》本身就十分看重，寄予厚望。其次，孟子、司马迁离孔子时代并未久远，《春秋》创作的历史背景未完全模糊化。在没有确切证据之前，我们仍不应该轻易怀疑。关于孟子对《春秋》的评价，早在1986年，吕绍纲先生就曾作《孟子论〈春秋〉》一文，对孟子关于《春秋》的认识给予肯定，他总结说：

> 《孟子》书关于《春秋》的两段论述解决了三个问题。第一，它明白无误地肯定《春秋》为孔子所作。第二，它正确地回答了孔子作《春秋》的政治用意。第三，它指出《春秋》与一般史书不同，史书重事，《春秋》重义。[③]

---

① 阮元校刻：《春秋左传正义》卷二七，载《十三经注疏》，中华书局，第1913页。

② 焦循：《孟子正义》，中华书局，1987，第452页。

③ 吕绍纲：《孟子论〈春秋〉》，《史学史研究》1986年第1期。

可见孟子对《春秋》的评价，不是盲目的推崇，而是有理有据、高屋建瓴的总结。

然而，跳出争论的焦点，若从宏观角度反观历史上任何一种说法，即便它们存在这样或那样的局限，甚至是错误的论断，往往也能给我们带来某些重要的反思与启示。就“孔子作《左传》”说法而言，其价值在于告诫我们不能简单地脱离《春秋》的背景，仅从《春秋》经文的眼光看待《春秋》。如果割裂当时的历史语境，确实只能得出“断烂朝报”的结论。理解《春秋》这部书，不但需要《春秋》经文，更需要掌握《春秋》经文后面的背景。孔子作《春秋》以明大道，自然是希望人们能够读懂《春秋》，以实践他期望的春秋大义，不可能隐晦到让世人不可破晓。以此推测，《春秋》背后所包含的史实、书法或是当时人所知晓，或是孔子有过亲自说解教授。可以说，理解《春秋》经文所必需的知识背景至少在孔子在世时是不成问题的。然而，在历史规律下不可避免地，《春秋》这些背景——或者我们可称之为集体记忆，极易在历史的长河中逐渐淡化、流失，它的传承必然需要额外的语言媒介。包括《左传》在内的春秋传书，就是在这样一种历史环境中出现的。尽管无法原原本本地复原孔子说教，但在一定程度上，这些传书代表了对《春秋》经文背后历史记忆的重建。

历史编纂本身具备多元的故事性。[①] 这就好比一群学生听了老师一节课后进行复述一样，尽管是真实的回忆，但无论学生记忆力再怎么好，也不可能完全复制一节相同的课堂。记忆总是经过主观思维的加工，这意味着不同的学生在复述内容及表达方式上总是有些许的差别。《春秋》之后诠释它的诸多传书难免产生形式和内容上的偏差，从而引发了自两汉以来对三传无休止的争论。这就促使后世一些学者萌发绕开三传去探求《春秋》真谛的想

① 伊格尔斯：《二十世纪的历史学：从科学的客观性到后现代的挑战》，何兆武译．辽宁教育出版社，2003，第118页。

法。于是自中唐以后，“春秋三传束高阁，独抱遗经究终始”风气渐盛，直至宋代《春秋》学，产生了尊经贬传的倾向。[①] 然而，抛弃最近于当时历史记忆的三传去解惑《春秋》，本就是不切实际的做法。因为，我们无法抛开历史记忆，单从经文去解读《春秋》。如若如此，《春秋》也只能剩下干巴巴的“断烂朝报”。但是，这一思想却在之后的历史中或明或暗，几经沉浮，始终影响至今。这实际上是“孔子作《左传》”说之所以产生的一个核心根源。

不可否认，《左传》中很可能有源自孔子教授的内容。然则，种种迹象表明，《左传》不是现场记录孔子的言论，而是建立在解释《春秋》基础上的有意识的创作。内容上，它已超越了对孔子原话的复述。例如《左传》中除有18处引用孔子之言的“仲尼曰”外，亦有67处很可能属于作者的“君子曰（谓）”。这显然是有意识地在解释《春秋》中渗入自身的评价。此外，《左传》迄于哀公二十七年，续写了《春秋》后十三年原本未记载的历史。而哀公十六年孔子已去世，不可能将《左传》写到哀公二十七年。

因此，尽管《左传》可能深受孔子影响，内容上也可能包含大量孔子教授《春秋》的内容，但不能就此便认为孔子作了《左传》。

---

① 杨新勋：《北宋〈春秋〉学的主要特点》，《中州学刊》2003年第2期。

第二编　成书疑案

一、从“口说”到“著于竹帛”
——《公羊传》与《穀梁传》的成书历程

（一）《公羊传》《穀梁传》的作者及成书年代

按传统说法，公羊高和穀梁子是《公羊传》《穀梁传》的作者。不过，先秦古籍并不像我们现代著作一样在书籍开头标明作者，[①] 由于先秦典籍缺乏，关于公羊高和穀梁子的信息，后世知之甚少，最早也只能见于汉代书籍的只言片语。公羊高和穀梁子生平有哪些事迹？是如何作传？又是在怎样的环境下作传？后世几乎一无所知。这难免使人们对传统说法产生怀疑，随之而来，关于《公羊传》《穀梁传》的作者及成书年代引发了后世越来越多的推想和猜测，历代文章论著也是浩如烟海，汗牛充栋，学有余力的读者可以细细翻阅。

简单来说，这些推测主要有以下三大类。

第一种说法，公羊高和穀梁子只不过是《公羊传》《穀梁传》的传授者

① 从目前出土的地下文献来看，先秦文献几乎不标明作者，甚至很多没有篇名。

之一，并不是源头，作者另有其人。由于孔子之后，子夏对传经有突出贡献，古代便有不少学者认为子夏是《春秋》学先师，[①]《公羊传》《穀梁传》最早都是传自子夏。比如荀崧说：“儒者称公羊高亲受子夏”[②]；陆德明说：“公羊高受之于子夏”[③]；杨士勋说：“穀梁子……受经于子夏”[④]；甚至近代的廖平以“公”“穀”“卜”双声，“商”“羊”“梁”同音，就认为所谓公羊、穀梁就是“卜商”，三者同为一人。这样的观点当然非常主观，理由也不充足。[⑤] 实际上，“子夏说”也有问题，最典型的比如《公羊传》和《穀梁传》记载了多位传经先师，但却没有一次提及子夏。因而，在一些学者眼中子夏也不是合适的人选，于是又找到了另一位孔门弟子——曾子。比较有代表性学者如元代郝经，他就力推曾子才是《公羊传》作者。为何选择曾子？首先，据汉人记载，曾子也与《春秋》有密切的关系，董仲舒《春秋繁露·俞序》里说：“《春秋》之道，大得之则以王，小得之则以霸。故曾子、子石盛美齐侯安诸侯，尊天子。”[⑥] 其次，《公羊传》虽然没有引曾子的言论，但有6处称引鲁子，这位叫“鲁子”的经师是谁？历史上没有记载，郝经认为，《公羊传》中“鲁”是“曾”在抄写中的讹字，也就是说古人在传抄中把“曾”字写成了错别字，这个说法有没有依据呢？乍看之下，“曾”字和“鲁”字确有几分相像，下部都是“日”，不过，上半部分差别

---

① 董仲舒在《春秋繁露》中有两处记载子夏论及《春秋》，一处言及《春秋》对治国的重要性：“卫子夏言：‘有国家者，不可不学《春秋》。不学《春秋》，则无以见前后旁侧之危，则不知国之大柄，君之重任也。故或胁穷失国，掩杀于位，一朝至尔。苟能行《春秋》之法，致行其道，岂徒除祸哉？乃凝之德也。’”另一处论及《春秋》重视人物的评析：“春秋重人，诸讥皆本此。或奢侈或愤怨，或暴虐贼害人，终皆祸及身。”（见钟肇鹏：《春秋繁露校释》卷六，河北人民出版社，2005，第363页。）

② 沈约：《宋书》卷一四，清乾隆武英殿刻本。

③ 陆德明：《经典释文》上册，上海古籍出版社，1984，第14页。

④ 阮元校刻：《春秋穀梁传注疏》，载《十三经注疏》，中华书局，1980，第2358页。

⑤ 不可否认，先秦古籍中用字存在大量音近假借的现象，但证明文献中的假借字，还是要有谨慎科学的态度，不仅两字要音近，还要利用已有典籍寻找通假的例证，否则会造成很多问题。

⑥ 钟肇鹏：《春秋繁露校释》卷六，河北人民出版社，2005，第363页。

还是比较大的，甚至在已发现的战国文字中，也没有相似的例子，我们可以举几个典型代表以作比较。

鲁			
	郭店《鲁穆公问子思》1 号简	上博《曹沫之陈》1 号简	鲁侯壶
曾			
	上博五《季庚子问于孔子》21 号简	里耶秦简第八层 1495 号简反	曾姬无恤壶

“鲁”和“曾”字形不太可能讹混，出土文献中目前也没有误写的例子，所以把“鲁子”作为“曾子”也只是一厢情愿的猜测。即便“鲁子”真是“曾子”，也仅仅只能说明曾子曾经传授过《公羊传》，不一定就是《公羊传》作者。

第二种说法是刘歆作伪论。这主要是清末、近代特定时期的观点，最早出自崔适的《春秋复始》，受到不少《公羊》学家的认同，比如近代的张西堂还专门写了一部《穀梁真伪考》。这些学者认为，《左传》连同《穀梁传》，皆是古文经学，都是伪作，只有《公羊传》才是孔子《春秋》学的真传。当然，刘歆作伪论有其历史和政治原因，但它只是清末近代特定时代的产物，如今已被大多数学者否定。

第三种看法，《公羊传》和《穀梁传》非一人一时之作，而是集体的著作。这个说法可以说是目前主流的观点，符合古书形成与流传的规律。在先秦口授传抄时代，很少有著作是一次成型，大都是层累地形成的，我们现今发现的出土文献也印证了这一点。比如近些年学界比较关注《老子》文本的形成，目前我们发现地下四种《老子》文本，不论是马王堆汉墓帛书《老子》甲本、乙本，还是郭店楚墓竹简《老子》，甚至是争议颇大的北大简《老子》，都是比今本《老子》篇幅少，一些内容和用词也不完全相同。可以说，《公羊传》和《穀梁传》成于众人之手在一定程度上是正确的，但是这种说法的局限在于过于笼统，甚至几乎可以运用到所有先秦文献当中。在这些经师中，谁最早发起今文两传的口授传播，谁又把这些经师的言论最后整编到一起？各位经师在两传形成和流传中分别做了哪些工作？这些都无法知晓。即便先秦典籍大都由口授传抄形成，但它们也不可能茫无目的地自然形成，总得有一个发起人或最终整理者，就比如后世的官修史书，虽然大都为史官集体编修，但往往设立主编统筹编纂，最后以其署名。比如《资治通鉴》署名司马光、《明史》署名张廷玉等。也就是说，《公羊传》和《穀梁传》之所以形成今天我们见到的内容，一定也有一个或几个起牵头、推动作用的经师。

实际上，这些争论不少是因为采用标准不同。首先我们得承认，《公羊传》和《穀梁传》的成型离不开历代经师的共同努力，如果我们采用谨慎且笼统的说法，那么《公羊传》和《穀梁传》的确出于众手；如果以众人之中较有影响力的人物命名，那么，公羊高和穀梁子作为《公羊传》《穀梁传》的作者也没有问题。其实，这不仅符合先秦著作的命名传统，也符合后世的记忆习惯。比如，我们说“马克思主义”，不仅包括马克思的思想，也包括恩格斯的思想，但我们习惯上仍称为“马克思主义”。又比如我们说“毛泽东思想”，当然不仅仅包括毛泽东的思想，还包括所有中国共产党第一代领导人的优秀思想，是中国共产党集体智慧的结晶。毛泽东作为“毛泽东思想”的代表人物，以他的名字命名符合历史实情。再比如，我们在说二战历史时，往往会说“希特勒发动了欧洲战场的侵略战争”，当然，更确切地说，应该是“以希特勒为首的德国纳粹集团发动了二战欧洲战场的侵略战争”。这样的例子比比皆是，所以在思维习惯上，我们往往会记住代表性人物并以此命名。《公羊传》和《穀梁传》大量称引“子公羊子曰”“穀梁子曰”，说明这两人是传播今文两传极具代表性的人物，他们被后人命名为作者也并非不可取。黄开国先生有个推论也非常值得参考，他说：“《公羊传》所说的子沈子、子司马子、子女子、子北宫子等人，都是战国《春秋》齐学传人，子公羊子只是传人之一，有幸的是西汉初年子公羊子的后代公羊寿也传《春秋》齐学，并有弟子胡毋生，胡毋生又有幸做了博士，得以将齐学所传《春秋》正式著为竹帛，而取名《公羊传》。”① 另外，如果以两传最初的传播者命名，不仅可以追到子夏，甚至可以上溯到孔子。因为今文两传的传播最早是靠口授流传，而这一口授世系最早自然可以推到孔子的口授教学，就比如《论语》虽然由孔门弟子所编纂，但很多内容创作权应属于孔子，因此，以这个标准，也可以说《公羊传》和《穀梁传》是孔子通过口耳相传的方式流传下来的。

总之，历史上一些说法没有根据，另一些说法则因为所处角度不同，因而自然得出不同结论，所以传统的说法时至今日仍有其价值，正因如此，一些学者认为，既然传统的说法无法全然推翻，各种猜测又无标准和定论，倒不如姑且信从汉人的说法，毕竟这一说法时代最早。这也是为何我们现在看到今文两传一些通行本仍遵从传统说法。这种做法就当下而言也是可取的。

（二）流传的两个阶段

作为今文经，《公羊传》和《穀梁传》的流传可以分为两个阶段：西汉以前的口耳相传和西汉以后的定本流传。相对而言，西汉以后，今文两传被

---

① 黄开国：《〈公羊〉学发展史》，人民出版社，2013，第51页。

立为学官，流传脉络比较清晰，而汉以前的流传情况则是模糊不清，疑点重重。

1. 口耳相传

可以肯定的是，《公羊传》和《穀梁传》在汉以前主要是靠孔门后学师徒之间口耳相传的，直到汉景帝时期才用文字书于竹帛。由于口耳相传，在春秋战国时期，今文两传的传授世系自然没有文字记载，也是靠代代相传。不过，奇怪的是，今文两传的流传世系在西汉时并没有一起书于竹帛，也不见于西汉正史记载，而是最早见于东汉人的记述。前面我们也曾言及，《公羊传》的世系最早见于戴宏“序”：

> 子夏传于公羊高，高传其子平，平传其子地，地传其子敢，敢传其子寿，至汉景帝时，寿乃与齐人胡毋子都著于竹帛。[①]

而《穀梁传》世系的记载则要晚得多，直到唐代才见完整记载，唐代杨士勋《春秋穀梁传序疏》中载：

> 穀梁子，名淑，字元始，鲁人。一名赤。受经于子夏，为经作传，故曰《穀梁传》。[②] 传孙卿，孙卿传鲁人申公，申公传博士江翁。……

为何西汉人没有明确记载？我们不得而知，这引发了后世学者的种种猜测：有可能是西汉已有记载如今我们不得见，由于传世的西汉典籍只是当时的九牛一毛，我们没有见到西汉人记述并不稀奇；另外，也有可能在西汉学者看来，这个世系人人皆知，所以没有记载，因为西汉是今文经学的天下，很可能《公羊传》和《穀梁传》的传授世系是当时学者的常识；不过，还有学者认为，西汉人没有记载是因为今文两传先秦流传世系缺失，连西汉人

---

① 阮元校刻：《春秋公羊传注疏》，载《十三经注疏》，中华书局，1980，第2190页。
② 阮元校刻：《春秋穀梁传注疏》，载《十三经注疏》，中华书局，1980，第2358页。

也不知道确切的流传世系，而后来所谓的流传世系是后人杜撰伪造的。当然，空口无凭，有不少证据支撑这一怀疑。

首先，世系人物的衔接是有问题的。问题最大的当数《穀梁传》的世系。我们知道，子夏是孔子的弟子，小孔子四十四岁，大致生活于春秋末战国初，而申公是西汉经学大师、今文“鲁诗学”的开创者，也就是说，申公一直活到西汉建立之后。那么，从子夏到申公，时代横跨春秋战国到秦汉，年代超过二百五十年，二人传授世系之间却只有穀梁子与荀子两人，这显然有违常理。《公羊传》也有这样的问题，比如晚清崔适说：

> 且合《仲尼弟子列传》、《孔子世家》与《十二诸侯年表·六国表》、《秦本纪》、汉诸帝纪观之，子夏少孔子四十四岁。孔子生于襄公二十一年，则子夏生于定公二年，下迄景帝之初三百四十余年，自子夏至公羊寿，甫及五传，则公羊氏世世相去六十余年，又必父享耄年，子皆夙慧，乃能及之，其可信乎？是故戴宏谓至汉景帝时着于竹帛亦非也。[①]

崔适认为，这个世系从子夏到汉景帝初年，总共五传，历经三百四十余年。这意味着世系每一代人相差六十岁，也就是说，每一代传承都是父亲年迈，儿子聪慧早成。固然，老父少子不少见，但每一代都是如此似乎不太可能。

其次，《公羊传》《穀梁传》中均引用了不少先师之言，例如《公羊传》中有子女子、子北宫子等，《穀梁传》有沈子、尸子等，照理说，他们即便不是两传[②]的作者，也应作为传授者，但在世系中却没有包含，这也是非常奇怪的。正如宋代晁说之所言：“既曰一家之传，而特书子公羊子者，孰谓

---

① 崔适：《春秋复始》序证卷一，载《续修四库全书》，上海古籍出版社，2007。

② 这里需要说明的是，两传所称引先师之言不一定就是他们的原创，有可能也是从他处转述。

高欤？且又载鲁子高子之辞，何邪？而又复有子沈子者、子女子者、子北宫子者，高之所子，抑平、地、敢、寿之所子欤？”①

因此，这两条世系确实有“漏洞”。不过，这两处“漏洞”过于明显，只要稍微读过两传，都会产生疑问。戴宏是东汉中后期名儒，杨士勋是唐代国子博士，都是其时代的饱学之士，如果这条世系真为杜撰而来，那么就有两种可能，一种是他们自己伪造，另一种是引用伪造的世系，不管是哪种可能，我们不禁纳闷，他们怎么会犯那么低级的错误？如果结合一些典籍记载再回过头来看，这条世系虽然有“漏洞”，但也有一定根据，并非凭空捏造。比如，清代学者朱彝尊就肯定《公羊传》的世系，他说：

> 然自高传子平，平传子地，地传子敢，敢传子寿，见戴宏所记，而班氏《古今人表》载有二子，居第四等，计刘氏、宋氏《世本》亦必载之，未必假托也。②

也就是说，《公羊传》世系中的一些人物不但见于戴宏的《序》，也见于其他记载，历史上确有其人，不是戴宏子虚乌有地编造出来的。

又比如《榖梁传》世系中的申公和荀子，可能都与《榖梁传》有一定关系。《汉书·儒林传》载申公不仅以传授《诗经》闻名，同时也精通《春秋》：

> 申公，鲁人也。……申公卒以《诗》、《春秋》授，而瑕丘江公尽能传之。……瑕丘江公受《榖梁春秋》及《诗》于鲁申公，传子至孙为博士。③

---

① 晁说之：《三传说》，景迂生集卷二〇，上海古籍出版社，1987。

② 朱彝尊：《经义考》卷二八二，四库全书本，上海古籍出版社，1987。

③ 班固：《汉书》，中华书局，1964，第3608页。

申公的《榖梁》学传自瑕丘伯，而瑕丘伯是荀子的弟子。所以，荀子传《榖梁传》的可能性是非常大的。而且，《荀子》中有大量和《榖梁传》相类似的句子，近代刘师培曾写了一篇《榖梁荀子相通考》，系统找出了这些相似的语句，[①] 我们根据该文在此简单举几个例子，《榖梁传・隐公八年》：

诰誓不及五帝，盟诅不及三王，交质子不及二伯。[②]

这段话与《荀子・大略》中一段话如出一辙：

誓诰不及五帝，盟诅不及三王，交质子不及五伯。[③]

两相比较，《榖梁传》与《荀子》除了最后一词"二伯"与"五伯"不同外，其余几乎完全一致。又比如《榖梁传・隐公五年》：

伐不逾时，战不逐奔，诛不填服。[④]

《荀子・议兵》篇中有类似的话：

王者有诛而无战，城守不攻，兵格不击，上下相喜则庆之。不屠城，不潜军，不留众，师不越时。[⑤]

尽管表面上看，这两处句子并不相似，但表达的思想却完全相通。《榖梁传》"伐不逾时"，即合荀子"不留众，师不越时"之义；《榖梁传》"战不逐奔"，即与《荀子》中"城守不攻，兵格不击"含义相同；《榖梁传》"诛不填服"，吻合荀子"上下相喜则庆之，不屠城"之义。再比如《榖梁

① 刘梦溪：《中国现代学术经典・黄侃刘师培卷》，河北教育出版社，1996，第 592 – 596 页。
② 阮元校刻：《春秋榖梁传注疏》，载《十三经注疏》，中华书局，1980，第 2370 – 2371 页。
③ 王先谦：《荀子集解》，中华书局，1988，第 519 页。
④ 阮元校刻：《春秋榖梁传注疏》，载《十三经注疏》，中华书局，1980，第 2370 页。
⑤ 王先谦：《荀子集解》，中华书局，1988，第 279 页。

传·隐公二年》：

> 会者外为主焉耳，知者虑，义者行，仁者守，有此三者然后可以出会。①

这段文字中“义者行，仁者守”的含义与《荀子·大略》中一段相同：

> 诸侯相见，卿为介，以其教出毕行，使仁居守。②

类似例子刘师培曾找出12条。除了句意相似外，还有学者通过《荀子》与《穀梁传》整体思想寻求两者联系，比如日本学者本田成之说：

> 荀子之书皆一王道之记录，可见也。至历代诸儒之奏议、论著，在大体，亦是继承其意者。然时而倾于民本，时而侧重君权，时而主礼乐文化，时而主富国强兵。虽有各项之不同，要之以王道为最上之道与心得，则一也。视其所重，则足以知其时世之文化程度。今观《穀梁》之说，如前述之重君权，不贵善惠贤，而贵正义等，可谓显受法家之影响。然此特其动机耳。又一方则非难战争，不忽民事。此等说，仍然十足儒家，而与法家不同，从此点而综合之，《穀梁传》是从荀子而传。③

这段主要意思是说，《穀梁传》和《荀子》在秉持儒家思想的同时，还都具有法家思想萌芽，因此《穀梁传》对法家的态度与荀子学说有不少吻合的地方。可见荀子传《穀梁传》也非空穴来风、天方夜谭。

不过，这并不能解决戴宏和杨士勋所引世系人物年代衔接的疑点。而且更让人生疑的是，《汉书》明明记载了瑕丘伯也传授过《穀梁传》，照理说

① 阮元校刻：《春秋穀梁传注疏》，载《十三经注疏》，中华书局，1980，第2366页。

② 王先谦：《荀子集解》，中华书局，1988，第487页。

③ 江侠庵编译：《先秦经籍考》上册，商务印书馆，1931。转引自谢金良：《穀梁传开讲》，华东师范大学出版社，2013，第63－64页。

《汉书》是古代学者必读史著，杨士勋不可能不读，但不知是何原因，他竟会弃《汉书》记载不用，甚至连半点疑问也没有。这些疑团由于现在史料所限，我们也不能给出一个完美解答。但是结合我们目前两处线索，可以得知，戴、杨所举世系中的人物虽然不一定具有直接的传承关系，但他们可能确实曾与两传有密切联系。

所以，我们认为，这条世系传授人物可能并非子虚乌有，但其最大问题是把古书流传只看成单一封闭的流传脉络。实际上，古书流传并不像嫡长子继承制那样，每代只能独苗单传，而很可能是枝繁叶茂，分支众多，比我们原先想象中更为“多元开放”。比如1973年，湖南长沙马王堆汉墓出土了大量帛书，整理出一部记载春秋史事的文献。此书抄在幅广约二十三厘米的帛上，现存字九十七行，每行字数多在三十到三十五个之间。根据每章提行另起的抄写格式，全书可分为十六章。该书原无标题，因所记之事皆春秋时代史事，每事均含人物评论，故整理者定名为《春秋事语》。值得深思的是，这部文献中有不少内容与《穀梁传》和《左传》雷同，可各举一例（雷同处用加粗字体表示）。

比如《春秋事语》第八章《晋献公欲袭虢章》：

> **晋献【公】欲袭虢，荀叔【曰】：“君胡不【以】屈产之乘与垂棘璧假道于虞?”公曰：“是吾宝【也】**，且宫之柯在焉，何益。”對（对）曰：“⧄**宫之柯为**⧄**且长于君前**，其势又卑。夫位下而心懦□□□□也。不敢尽而⧄其达不见薦言，是不见亡之在一邦之后而**眷在耳目之前**，夫⧄果以假道焉。宫之柯□曰：“不可。夫晋之使者币重而辞卑，□⧄□□□□有兼□□□。”**【弗】听，遂受其□而假之道。**[1]

① 裘锡圭：《长沙马王堆汉墓简帛集成（叁）》，中华书局，2014，第178页。

《穀梁传·僖公二年》也有相似记载：

> **晋献公欲伐虢，荀息曰："君何不以屈产之乘、垂棘之璧而借道乎虞也？"**公曰："此晋国之宝也，如受吾币而不借吾道，则如之何？"……荀息曰："宫之奇之为人也，达心而懦，**又少长于君，**达心则其言略，懦则不能强谏，少长于君则君轻之。且夫**玩好在耳目之前，**而患在一国之后，此中知以上乃能虑之，臣料虞君中知以下也。"公遂借道而伐虢。宫之奇谏曰："晋国之使者，**其辞卑而币重，**必不便于虞。"**虞公弗听，遂受其币而借之道。**[①]

可见，这两处记载有诸多雷同的语句。

又比如《春秋事语》第七章《齐桓公与蔡夫人乘舟章》：

> 齐桓公与蔡夫人乘舟。**夫人荡舟，禁之，不可，怒而归之，未之绝，蔡人嫁之。**[②]

《左传·僖公三年》也有类似记载：

> 齐侯与蔡姬乘舟于囿，荡公。公惧，变色。**禁之，不可。公怒，归之，未绝之也。蔡人嫁之。**[③]

这两段记载也几乎相同。

不同的文献记载同一件事并不稀奇，但记述同一件事连词句都相同就值得推敲。就比方说，学校组织春游，老师布置作业写游记，虽说大家写的都是同一件事，但定然叙述有别、表达各异，如果连段落词句都雷同，那只能

① 阮元校刻：《春秋穀梁传注疏》，中华书局，1980，第2392页。
② 裘锡圭：《长沙马王堆汉墓简帛集成（叁）》，中华书局，2014，第182页。
③ 阮元校刻：《春秋左传正义》，中华书局，1980，第1792页。

说明一个问题：有同学抄袭。因此，以上我们所引对比材料也说明《春秋事语》的作者是通晓《穀梁传》和《左传》的，在编纂《春秋事语》时曾摘抄过《穀梁传》和《左传》部分内容，那么照理说，《春秋事语》的作者也应作为《穀梁传》和《左传》的传授者，但历史上却从未记载，要不是后来考古发现，我们仍未得知。可以想象，不是所有古书都如《春秋事语》那么幸运，还有大量的古书被历史湮没。也就是说，除《春秋事语》作者之外，还会有其他传授者未及记载，消失在历史长河中。这意味着，今文两传传授世系即便属实，也缺少诸多环节，它们出于各种原因而失传亡佚。实际上，古文献流传不乏此类情况，就拿我们比较熟悉的《诗》学来说，从目前大量出土的《诗》类文献来看，在先秦时期，《诗》学的传授途径非常复杂，但到了汉代《诗》学仅存四家——今文齐、鲁、韩三家和古文毛诗，但齐、鲁、韩三家诗又在汉以后失传，流传至今仅剩毛诗。所以，古书流传本是枝叶扶疏，版本众多，绝不仅有一支流传世系，只是其中一支世系可能出于某些原因，在后世的记忆中成为主流，而其他世系则在历史中逐渐消亡、整合，甚至杂糅到前者中，最终形成了传世世系。所以，不可否认有前后矛盾、不够严谨的地方，但同时也有真实的内容。这是我们对传世记载所持有的态度。

总而言之，虽然以目前的资料，我们尚不能把《公羊传》《穀梁传》先秦的传授流传一一考证清楚，然而可以肯定的是，传世的传授世系应有其根据，不能全盘否定，但同时，历史事实也不会像传世世系记载得那么简单。

2. **书于竹帛**

相比先秦时期的扑朔迷离，今文两传在西汉以后的流传要明晰许多。随着今文两传学官地位的确立，今文两传得到了空前发展，可谓盛行于世，人才辈出。也差不多在这一时期，今文两传也改变了过去口耳相传的方式，开始书于竹帛。虽然史书没有记载这两者是否有联系，但我们有理由相信，正是因为汉代大一统环境及尊儒的学术氛围，才使今文两传有了形成文字的条件，同时，文本的形成又拓展了今文传书的传播途径，使今文两传传习呈现繁荣景象。

据《史记·儒林传》《汉书·儒林传》《汉书·艺文志》记载，《公羊传》汉初流传最著名的代表人物当数胡毋生和董仲舒。胡毋生是公羊寿的弟子，曾与公羊寿一起将《公羊传》著于竹帛。说起董仲舒，想必读者都非常熟悉，他曾建议汉武帝“罢黜百家，独尊儒术”，对中国古代学术产生了巨大影响。董仲舒少习《公羊春秋》，是汉初《公羊传》的宗师。然而，关于董仲舒与公羊寿及胡毋生的师承关系则有不同说法。有人认为胡毋生和董仲舒是同窗，均受教于公羊寿，又有人认为董仲舒是胡毋生弟子，还有人认为胡毋生和董仲舒各有所学，并无施教关系。总之，胡毋生和董仲舒于汉初同为博士，作为《公羊传》传授的官方支持者，二人弟子众多：

> 胡毋生字子都，齐人也。治《公羊春秋》，景帝时为博士。与董仲舒同业，仲舒著书称其德。年老，归教于齐，齐之言《春秋》者宗事之，公孙弘颇受焉。而董仲舒为江都相，自有伶。弟子遂之者，兰陵褚大，东平嬴公、广川段仲，温吕步舒。大至梁相，步舒丞相长史，唯嬴公守学不失师法，为昭帝谏大夫，授东海孟卿、鲁眭弘。孟为符节令，坐说灾异诛，自有传。①

尤其是董仲舒，由于他引经论事，发挥了《公羊传》微言大义，比胡毋生限于说经更能迎合统治者喜好，因而司马迁说：“汉兴至于五世之间，唯董仲舒名为明于《春秋》。”② 董仲舒弟子云集，有兰陵褚大、东平嬴公、广川段仲、温吕步舒等。“唯嬴公守学不失师法”这句有两解，一种解释是承接“胡毋生……”之后，以嬴公为胡毋生的弟子；③ 另有学者认为应顺接前

① 班固：《汉书》，中华书局，1964，第 3615－3616 页。

② 司马迁：《史记》，中华书局，2010，第 3128 页。

③ 《后汉书·儒林列传》：“《前书》齐胡毋子都传《公羊春秋》，授东平嬴公，嬴公授东海孟卿，孟卿授鲁人眭孟，眭孟授东海严彭祖、鲁人颜安乐。”（见范晔：《后汉书》，中华书局，1973，第 2577 页。）

段，嬴公当为董仲舒的弟子。① 相对而言，我们认为第二种解读显然更有可能性，因为，“弟子遂之者”，应该是承接上句，指董仲舒的弟子们。另外，倘若嬴公是胡毋生的弟子，为何“唯嬴公守学不失师法”不接在“公孙弘颇受焉”该句之后，却接在董仲舒的弟子之后，造成前后句意割裂？所以嬴公为董仲舒的弟子似乎更符合行文习惯，如果嬴公是董仲舒的弟子，那么胡毋生的弟子见于记载的便只有公孙弘。我姑且采用“嬴公受学于董仲舒”之说，对于汉初《公羊传》的传授可简述如下②：

- 董仲舒
  - 褚大
  - 嬴公
    - 孟卿
    - 眭孟
      - 严彭祖→王中
        - 公孙文
        - 东门云
      - 颜安乐
        - 任公
        - 泠丰
          - 马宫
          - 左咸
      - 贡禹→堂溪惠→冥都
      - 疏广→管路→孙宝
  - 段仲
  - 吕步舒

胡毋生→公孙弘

而《穀梁传》在西汉的流传主要记录于《汉书·儒林传》中：

> 申公卒以《诗》、《春秋》授，而瑕丘江公尽能传之，徒众最盛。及鲁许生、免中徐公，皆守学教授。……
>
> 瑕丘江公受《穀梁春秋》及《诗》于鲁申公，传子至孙为博士。

---

① 黄开国：《〈公羊〉学发展史》，人民出版社，2013，第124页。

② 传授世系主要依据《汉书·儒林传》。

武帝时，江公与董仲舒并。仲舒通《五经》，能持论，善属文。江公呐于口，上使与仲舒议，不如仲舒。而丞相公孙弘本为《公羊》学，比辑其议，卒用董生。于是上因尊《公羊》家，诏太子受《公羊春秋》，由是《公羊》大兴。太子既通，复私问《穀梁》而善之。其后浸微，唯鲁荣广王孙、皓星公二人受焉。广尽能传其《诗》、《春秋》，高材捷敏，与《公羊》大师眭孟等论，数困之，故好学者颇复受《穀梁》。沛蔡千秋少君、梁周庆幼君、丁姓子孙皆从广受。千秋又事皓星公，为学最笃。宣帝即位，闻卫太子好《穀梁春秋》，以问丞相韦贤、长信少府夏侯胜及侍中乐陵侯史高，皆鲁人也，言穀梁子本鲁学，公羊氏乃齐学也，宜兴《穀梁》。时千秋为郎，召见，与《公羊》家并说，上善《穀梁》说，擢千秋为谏大夫给事中，后有过，左迁平陵令。复求能为《穀梁》者，莫及千秋。上愍其学且绝，乃以千秋为郎中户将，选郎十人从受。汝南尹更始翁君本自事千秋，能说矣，会千秋病死，征江公孙为博士。刘向以故谏大夫通达待诏，受《穀梁》，欲令助之。江博士复死，乃征周庆、丁姓待诏保宫，使卒授十人。自元康中始讲，至甘露元年，积十余岁，皆明习。乃召《五经》名儒太子太傅萧望之等大议殿中，平《公羊》、《穀梁》同异，各以经处是非。时，《公羊》博士严彭祖、侍郎申輓、伊推、宋显，《穀梁》议郎尹更始、待诏刘向、周庆、丁姓并论。《公羊》家多不见从，愿请内侍郎许广，使者亦并内《穀梁》家中郎王亥，各五人，议三十余事。望之等十一人各以经谊对，多从《穀梁》。由是《穀梁》之学大盛。庆、姓皆为博士。姓至中山太傅，授楚申章昌曼君，为博士，至长沙太傅，徒众尤盛。尹更始为谏大夫、长乐户将，又受《左氏传》，取其变理合者以为章句，传子咸及翟方进、琅邪房凤。咸至大司农，方进丞相，自有传。……始，江博士授胡常，常授梁萧秉君房，王莽时为讲学大夫。由是《穀梁春秋》有尹、胡、申章、房氏之学。[1]

---

① 班固：《汉书》，中华书局，1964，第3608－3620页。

根据以上这一大段引文，可以得知，西汉最早传《穀梁传》的学者是兼传鲁诗的申培公，到了瑕丘公传授时，《穀梁传》的传授路线已有四支，为了使大家阅读更为清晰，我们可以列出以下传授图脉络：

- 申公→瑕丘江公
  - 江公子孙（为博士）
    - 胡常→萧秉君房
    - 刘向
  - 卫太子
  - 鲁荣广
    - 蔡千秋→尹更始等 汉宣帝选郎十人
      - 尹咸
      - 瞿方进
      - 房凤→侯霸
    - 周庆
    - 丁姓
      - 子孙
      - 众多弟子（有代表性的例如申章昌）
  - 荣广时→皓星公→亦传蔡千秋

《汉书》主要记录了《穀梁传》的师法传授，还有一大批通晓《穀梁传》的学者未予记录，据甘鹏云统计，还有史高、王亥、钟宁、段肃、文翁、张宽、路温舒、息夫躬、朱买臣、严助、杨恽、隽不疑、于定国、冯奉世、及子立、寇恂、逢萌、周党、荀悦、张浩、沈珩、虞溥等。① 可见西汉《穀梁传》传授犹如遍地开花，极为兴盛。

书于竹帛代表《公羊传》《穀梁传》结束口耳相传，正式形成文献。然而，这并不意味着此时两传文本已经固定。不同传授者的文本仍存在不少差异，比如董仲舒《春秋繁露》解释的《春秋》大义大都同于今本《公羊传》，但有一些地方则有明显差异，比如《春秋繁露·王道》云：

---

① 甘鹏云：《经学源流考》，广文书局，1977。转引自谢金良：《穀梁传开讲》，华东师范大学出版社，2013，第69页。

天王伐郑，讥亲也。[1]

这段话对应的便是《春秋·桓公五年》所载的“天王伐郑”，《春秋繁露》是讥刺天子率军伐郑。而今本《公羊传》褒贬立场则完全相反：

秋，蔡人、卫人、陈人从王伐郑。其言从王伐郑何？从王，正也。[2]

传文不仅没有批评周天子，反而认为卫人、陈人从王伐郑是正确的。又比如《汉书·五行志上》曾引《公羊传》内容：

严公（即庄公）二十年，夏，齐大灾。《公羊传》曰：“大灾，疫也。”[3]

此处所引的《公羊传》却与今本《公羊传》记载有异，今本《公羊传》云：

夏，齐大灾。大灾者何？大瘠也。大瘠者何？痢也。何以书？记灾也。外灾不书。此何以书？及我也。[4]

类似例子赵生群先生曾撰专文做过统计，他推测造成这原因可能由传闻失真、门户分立、整合兼容三个方面引起。[5]

综上可知，汉代今文两传传授仍有部分疑点，而且我们相信《史记》《汉书》记载的传授人物应仅是西汉学官的代表人物，绝非当时《公羊传》《穀梁传》传授的全貌。也就是说，西汉两传的传授情况应远比历史记载复杂得多，但相比于先秦时期，《公羊传》《穀梁传》的传授与流传显然有更明晰的脉络可循。

---

① 苏舆：《春秋繁露义证》，中华书局，1992，第109页。

② 阮元校刻：《春秋公羊传注疏》，载《十三经注疏》，中华书局，1980，第2215－2216页。

③ 班固：《汉书》，中华书局，1964，第1322页。

④ 阮元校刻：《春秋公羊传注疏》，载《十三经注疏》，中华书局，1980，第2236页。

⑤ 赵生群：《〈公羊传〉的流传与异变》，载《中国古代文学文献学国际学术研讨会论文集》，凤凰出版社，2006，第34－46页。

二、《左传》成书的三个阶段

（一）《左传》成书问题的产生

《左传》的成书问题在《春秋》三传中最为复杂。但这个问题并不是一开始就有，司马迁《史记·十二诸侯年表序》最早对《左传》由来进行了系统记载：

> 孔子明王道，干七十余君，莫能用。故西观周室，论史记旧闻，兴于鲁而次《春秋》。上记隐，下至哀之获麟。约其辞文，去其烦重，以制义法。王道备，人事浃。
>
> 七十子之徒，口受其传指；为有所刺讥褒讳挹损之文辞，不可以书见也。鲁君子左丘明，惧弟子人人异端，各安其意，失其真；故因孔子、史记，具论其语，成《左氏春秋》。[①]

这个记载很明确地指出《左传》作者是左丘明，其成书年代大体在孔子

---

① 司马迁：《史记》，中华书局，2010，第509－510页。

之后七十子时代。从汉至唐，虽然学者对《左传》经学性质多有争论，但并不怀疑《左传》作者与成书年代。不过，从我们今天来看，《左传》有些内容确实不像是左丘明所作。比如《左传》中有不少灵验的预言，例如《左传·昭公四年》预言国氏先亡，蔡及曹、滕其先亡，郑先卫亡：

> 郑子产作丘赋。国人谤之，曰："其父死于路，己为虿尾。以令于国，国将若之何？"子宽以告。子产曰："何害？苟利社稷，死生以之。且吾闻为善者不改其度，故能有济也。民不可逞，度不可改。《诗》曰：'礼义不愆，何恤于人言。'吾不迁矣。"浑罕曰："国氏其先亡乎！君子作法于凉，其敝犹贪。作法于贪，敝将若之何？姬在列者，蔡及曹、滕其先亡乎！逼而无礼。郑先卫亡，逼而无法。政不率法，而制于心。民各有心，何上之有？"

历史上，蔡国于公元前 447 年为楚所并，曹国于公元前 487 年为宋所灭，滕于公元前 414 年被越王朱勾所灭，[①] 郑国于公元前 375 年被韩国所亡，而卫国灭国最晚，公元前 330 年卫嗣君自贬为君，直到公元前 209 年，卫君角被秦二世废为庶人，卫国才彻底灭亡。从这个结果来看，这则预言应是应验的。不过，用今天唯物观点来看，当然不可能存在准确预知未来的神人，要真有这样的人，岂不事事趋利避害，稳坐江山，天下无敌。所以这则预言至少是《左传》作者见到了公元前 375 年郑国灭亡之后编入的，那么左丘明当然不可能编写这则预言。

---

① 滕国最早在公元前 414 年灭于越，此后复国，百多年又再次被灭。所以顾炎武称此则预言不验，然而诸多学者认为，《左传》所云"滕先亡"应该就是指前 414 年越灭滕之事。童书业先生说："尚在五世纪末，此固可以谓'先亡'矣。"（见童书业：《春秋左传研究》，上海人民出版社，1980，第 381 页。）黄觉弘先生说："《汲冢竹书》乃战国时魏国的官方史书，其记事止于魏襄王二十年（前 296 年），而偏偏独记前 414 年的滕灭于越，这就说明了滕灭于越是当时普遍流行、史官认可的观念。"（见黄觉弘：《〈左传〉早期流变研究》，中国社会科学出版社，2010，第 71 页。）可见此则预言应是应验的。

正因如此，随着中唐之后，疑经学风日盛，学者开始怀疑《史记》记载的可靠性，而对左丘明为《左传》作者的质疑始于中唐的啖助，他说：

予观《左氏传》，自周、晋、齐、宋、楚、郑等国之事最详。晋则每一出师，具列将佐。宋则每因兴废，备举六卿。故知史策之文，每国各异。左氏得此数国之史，以授门人。义则口传，未形竹帛。后代学者乃演而通之，总而合之。编次年月，以为传记。又广采当时文籍，故兼与子产、晏子及诸国卿佐家传，并卜书及杂占书、纵横家、小说、讽谏等杂在其中。①

从上述引文来看，啖助的怀疑相对含蓄，只是认为《左传》是由左丘明搜集史料，后世书写成文。不过，这一观点具有颠覆性，因为它试图改变当时人们对于《左传》单一作者的认识。而真正明确提出《左传》非左丘明所作的是其弟子赵匡，他说：

今观《左氏》解经，浅于《公》、《穀》，诬谬实繁。若丘明才实过人，岂宜若此？推类而言，皆孔门后之门人。但公穀守经，左氏通史，故其体异耳。且夫子自比，皆引往人，故曰："窃比于我老彭。"又说伯夷等六人，云："我则异于是。"并非同时人也。丘明者，盖夫子以前贤人，如史佚、迟任之流，见称于当时耳。焚书之后，莫得详知，学者各信胸臆。见传及《国语》俱题"左氏"，遂引丘明为其人。②

赵匡的论述要尖锐很多，而且他还提出一个大胆推测：左丘明要早于孔子，所以《史记》记载有误。自啖、赵之后，怀疑《左传》成书年代与作者的人日益增多，这一研究脉络随着时代发展，至清代中后期又有了新的风

①② 陆淳：《春秋集传纂例》卷一，清英武殿聚珍版丛书本。

向。由于刘歆对《左传》学有开创之功，加之其身份与所处政治环境的特殊性，于是清代一些学者正式提出了刘歆作伪论。最早系统论述刘歆作伪的论著当属刘逢禄《左氏春秋考证》：

> 刘歆强以为传《春秋》，或缘经饰说，或缘《左氏》本文前后事，或兼采他书以实其年……要之，皆出点窜，文采便陋不足乱真也。[①]

刘氏观点在之后掀起了轩然大波，学界围绕刘歆是否作伪论展开了激烈争论。其中，龚自珍、康有为、崔适、钱玄同、顾颉刚、徐仁甫等继承了刘逢禄的说法，并做了一系列论证，与此针锋相对，刘歆作伪说也受到当时诸多学者反对。他们主要从三个方面加以驳斥：一是有针对性地逐条反驳，如章太炎《春秋左传读》《春秋左传读叙录》就是对刘逢禄《左氏春秋考证》逐条辩驳。[②] 二是考查《左传》材料的可靠性，如刘师培《周季诸子述左传考》《左传学行于西汉考》是从《左传》于先秦汉初已广为流传的角度，证明《左传》一书早已有之，非刘歆独创。又如罗倬汉《史记十二诸侯年表考证》，用大量证据证明《十二诸侯年表》里的很多条目只能根据《左传》而来，他的结论不仅达到前者的目的，还证明了司马迁对《左传》的熟悉与采纳。[③] 三是从刘歆生平入手，如钱穆《刘向歆父子年谱》，详细考证刘向、刘歆父子及王莽的身世经历，指出二十八条证据证明刘歆不可能作伪。[④] 由于以上这三个方面涉及《左传》的内在和外延，所以 1949 年后，刘歆作伪说逐渐式微。直到 20 世纪 70 年代末 80 年代初，徐仁甫发表多篇论文，并在此基础上写成《左传疏证》，重持刘歆作伪说，再次引发了学界对《左传》作伪的争论。同一时期，胡念贻在前人研究的基础上，利用文献学、天

---

① 刘逢禄：《左氏春秋考证》卷上，朴社，1933，第 19 页。

② 章太炎：《章太炎全集（二）》，上海人民出版社，1982。

③ 罗倬汉：《史记十二诸侯年表考证》，商务印书馆，1943。

④ 钱穆：《刘向歆父子年谱》，载《两汉经学今古文平议》，商务印书馆，2001。

文学、语言学等领域的研究成果，并结合当时新近出土的马王堆帛书《春秋事语》，对刘歆作伪说做了总结性批判。此外，他还在方法论上指明徐仁甫的错误。[①] 与此同时，方炫琛《春秋左传刘歆伪作窜乱辨疑》也系统论证并否定了刘歆作伪的可能。[②] 故此之后，信从徐仁甫说法的学者寥寥无几。时至今日，主流学界已基本否定了刘歆作伪的可能性。

可以说，自中唐以来，历史上对《左传》成书年代与作者的质疑从未间断，千年来学人争相提出新见解，相关著作也如汗牛充栋，尤其是近代以来，随着西方科学精神传入，不少学者利用了新方法，诸如预言推断法、语言学分析法、天文推测法等等，但得出的结论却是五花八门，有说是战国时魏国人所写，有说是楚国人所书，还有说是韩国人所撰，甚至还有明确到是子夏、吴起所写等等。当然也有一些学者采用更为严谨但却笼统的结论，认为作者不是单一某一位作者写的，而是代有增益，在流传中出于众手。然而，这些假说均存在一定的局限，无法令所有人信服，因此仍然不能完全推翻传统说法。[③] 自汉至唐千年间，世人皆信《左传》的作者是左丘明，长久以来并无争议。这说明，左丘明之说本身具有一定合理性。然而，自中唐以来的怀疑，我们也不能一概否定。应该认识到，它不是空穴来风、纯粹凭空臆测，而是有其学术缘由。实际上，后世对《左传》作者及成书年代的争议暴露出我们在理解传统说法上存在过于简单化的问题。

（二）传统说法的新认识

以往我们受惯性思维的影响，总是以社会史分期的眼光，将左丘明作

---

① 胡念贻：《左传的真伪和写作时代问题考辨》，《文史》1981年第十一辑。

② 方炫琛：《春秋左传刘歆伪作窜乱辨疑》，台湾政治大学硕士学位论文，1979。

③ 有关各家考证评述，参见陈鸿超：《〈左传〉文献学研究：基于出土文献的新思考》第一章，清华大学博士学位论文，2017。

《左传》说与《左传》春秋成书说画等号。其实，这并不十分科学。因为秦汉诸儒对于先秦典籍的创作年代，没有春秋、战国的概念区分，往往不作说明。[①] 如在最早论及“左丘明作《左传》”的《十二诸侯年表》中，司马迁就没有明确指出左丘明是春秋时人还是战国时人。

不少学者以《论语·公冶长》中有“巧言、令色、足恭，左丘明耻之，丘亦耻之。匿怨而友其人，左丘明耻之，丘亦耻之”判断左丘明与孔子的时代先后。从孔子的口气来看，他不仅对左丘明推崇备至，而且非常尊敬谦恭，将自己排在后面。于是一些学者便认为这是左丘明长于孔子的明证，如唐代陆淳说：

> 夫子自比，皆引往人，故曰：“窃比于我老、彭。”又说伯夷等六人云：“我则异于是。”并非同时人也。丘明者，盖夫子以前贤人，如史佚、迟任之流，见称于当时耳。[②]

这段话是说，孔子自比之人，往往都在孔子之前。然而，这种语气上的类推实际上并不能作为直接证据。因为从其他一些材料可知，仅凭孔子的口气是不能推断人物年长与否的。众所周知，孔子曾云：“三人行，则必有我师”[③]，“敏而好学，不耻下问”[④]，“后生可畏”[⑤]。可见，在孔子心中，只要学识渊博、德行高尚，均心向往之，虚心求教，绝不拘泥于身份、年龄。这

---

① 先秦时人对春秋、战国社会之分已有模糊的认识，如《孟子·尽心下》：“春秋无义战”；《战国策·赵策》：“今取古之为万国者，分以为战国七”。到汉代，春秋、战国成为历史时代的名称，作为史家的司马迁在《史记》年表中明确作了《十二诸侯年表》和《六国年表》的划分。但是，这些划分只是针对社会形态，而对于先秦文献的创作时代，汉人往往仅以作者及作品说明，没有特意地作春秋、战国之区分，例如《汉书·艺文志》对先秦典籍的著录，大都只是注明作者及著作。

② 陆淳：《春秋集传纂例》卷一，清英武殿聚珍版丛书本。

③ 阮元校刻：《论语注疏》卷七，载《十三经注疏》，中华书局，1980，第2483页。

④ 阮元校刻：《论语注疏》卷五，载《十三经注疏》，中华书局，1980，第2474页。

⑤ 阮元校刻：《论语注疏》卷九，载《十三经注疏》，中华书局，1980，第2491页。

之中不乏晚辈，一个典型的例子是同属《公冶长》篇有段孔子与子贡评价颜渊的记载：

> 子谓子贡曰："女与回也孰愈？"对曰："赐也何敢望回？回也闻一以知十，赐也闻一以知二。"子曰："弗如也；吾与女弗如也。"①

在以上言论中，孔子甚至公然承认自己在学习悟性上不如弟子颜回。②由此反观孔子对左丘明的评价，也只能反映孔子对左丘明的赞赏有加，并不能说明左丘明必然年长于孔子。以孔子虚心谦恭的品格，完全有可能推崇比自己年幼但品德高尚的左丘明。同时，孔子这段话的重点在于赞同左丘明的品德，倘若确实是左丘明年纪小于孔子，想必以孔子谦逊之品质，也绝不会将自己排在前，说成"丘耻之，左丘明亦耻之"③。这段话是无法推断左丘明与孔子年龄长幼的，同时亦无法知晓孔子说这段话时的年龄。但有一点可

---

① 阮元校刻：《论语注疏》卷五，载《十三经注疏》，中华书局，1980，第2473页。

② 需要说明，《公冶长》此段"子曰：'弗如也；吾与女弗如也'"中的"与"历来有两种训解。第一种是作连词解释，言自己与子贡都不如颜回。如康有为云："圣人素知子赣、颜子之才分，而颜子闻一知十，生知之智实为卓绝，故孔子谓子赣信不如，且自逊言弗如。"（见康有为：《论语注》卷五，中华书局，1984，第59页。）第二种作动词"赞许"解，言孔子赞许子贡自认不如颜回。如朱熹云："与，许也。胡氏曰：'子贡方人……夫子以其自知之明，而又不难于自屈，故既然之，又重许之。"（见朱熹：《四书章句集注》卷三，中华书局，2012，第77页。）本文认为，此处"与"当作连词为是，程树德云："'吾与女俱不如'之训，汉以来旧说如是。惠栋《论语古义》亦主之。《集解》用包咸云云，明有'俱'字，邢《疏》亦有之。《新唐书·孝友传》所引，是唐时犹未脱'俱'字也。古无以与作许解者。张文梵曰：吾与点之与，谓相与也。与《毛诗》'不我与'、'必有与也'同，亦不作许字解。《集注》失之。"（见程树德：《论语集释》卷九，中华书局，1990，第307－308页。）此外，孔子对颜回自谦之事例还可见于《史记·孔子世家》，可供比照：

子贡出，颜回入见。孔子曰："回，《诗》云：'匪兕匪虎，率彼旷野。'吾道非耶？吾何为于此？"颜回曰："夫子之道至大，故天下莫能容。虽然，夫子推而行之，不容何病，不容然后见君子！夫道之不修也，是吾丑也。夫道既已大修而不用，是有国者之丑也。不容何病，不容然后见君子！"孔子欣然而笑曰："有是哉颜氏之子！使尔多财，吾为尔宰。"（见司马迁：《史记》，中华书局，2010，第1932页。）在孔子对颜回的评价中，甚至说道"使尔多财，吾为尔宰"，颇有自比于下之意，足见孔子以圣人自谦的方式夸奖颜回本既有之。

③ 此前，张以仁先生已有类似观点。可参见张以仁：《从司马迁的意见看左丘明与〈国语〉的关系》，载《张以仁先秦史论集》，第141－142页。

以确认，从《史记》的记载来看，左丘明必定与孔子年世相及。由于孔子年七十三去世（前 479 年），我们不能排除左丘明年龄比孔子年龄小的可能，所以不妨将左丘明所处的时代下限稍微下移，但大概不会晚于孔子去世三十年（约前 449 年）。[①] 这个年代在许多学者眼中，已属于战国早期。[②] 那么，左丘明的活动范围就有可能跨越春秋、战国。按此标准，相较于诸家种种假说，传统说法仍具有价值，这不仅是因为它出自最早的记载，还因为它具有客观的合理性。

1.《左传》语言符合左丘明时代的特点

实际上，从语言学角度探讨古籍的成书年代有一定的局限性。这主要有两个原因：一是在以往的研究中缺乏出土文献的对照；二是古书中的词句容易受到后世抄写习惯的影响，即一些词汇可能会被抄写者改换成后世所习惯的用词，从而造成我们对古籍实际成书年代的误判。不过，自然抄写过程中的词汇改换往往体现抄写者的主观喜好，具有一定随意性，不可能覆盖古书中的所有词汇。因此，在判断古书成书年代时，若出现个别晚出的词汇，实际上并不足以得出该书晚出的结论，但反之，若普遍出现一些早期特有的用词现象，则或许更具有参考价值。所以我们可以有选择地利用一些语言学成果，特别是那些加入出土资料的语言学成果。现试举几例如下：

---

① 张以仁先生曾根据《史记·仲尼弟子列传》的资料，以说明小于四十，乃至五十的可能性。（参见张以仁：《从司马迁的意见看左丘明与〈国语〉的关系》，载《张以仁先秦史论集》，第 141－142 页。）张先生反对历来从《论语·公冶长》篇“左丘明耻之，丘亦耻之”的语气上所做的凿空无据的论调，这点是十分值得肯定的。然而，笔者认为，左丘明可能年龄比孔子小，但两人相差不会有四五十岁之巨。这是因为，左丘明能被孔子所知晓，被孔子所称赞，其人在当时社会不可能默默无闻。那么在孔子赞誉之时，左丘明很可能已身为鲁太史。作为史官中的最高官职，能当任太史之人自然资历匪浅。纵使左丘明年幼于孔子，想必在孔子去世之时，左丘明至少已迈入中年。

② 例如，杨宽《战国史》依照吕祖谦《大事记》说法，认为战国始于公元前 481 年；司马迁《史记·六国年表》以公元前 475 年算起，这一说法后被郭沫若采纳；翦伯赞《中国史纲要》则提前一年，定在公元前 476 年；金景芳《中国古代史分期商榷》及《中国奴隶社会史》以战国起于公元前 453 年算起。

（1）从同义词角度着眼。

①“田”“狩”“猎”的使用比重。

在先秦文献中，表示打猎的用词主要有“田”“狩”“猎”。西南大学的黄成曾做过专门的统计，“田”“狩”“猎”的使用比例大体呈现一个此消彼长的历史变化。[①] 在甲骨文中，通常只用“田”或“狩”，尤其是“田”用的数量最大，例如：

戊戌卜，王贞，其令雀田于□。（《合集》10567）

戊午卜，𣪘贞，我狩𣪘，擒。之日狩，允擒。获虎一、鹿四十、狐（二）百六十四、㲋百五十九。𦎫赤㞢友二赤□四□。（《合集》10198）

由于资料所限，目前所见的西周金文未见“田”“狩”“猎”表“打猎”义的用例，故我们不作引用。而在传世文献中，西周早期至春秋末战国初，“猎”作“打猎”义用的出现概率非常低，可见表1、表2。[②]

表1　“田”“狩”“猎”于战国中期以前在各书出现次数统计表

（单位：次）

同义字词	《周易》本经	今文《尚书》	《诗经》	《左传》	《国语》
田（畋）	4	2	6	33	7
狩	0	0	7	3	2
猎	0	0	3	1	1

战国中期以后，“猎”字的使用比例明显上升，并且受双音化的影响，“田猎”的用例也开始增多，可见表2。

① 黄成：《上古汉语三组常用词演变研究》，西南大学硕士学位论文，2011，第34－50页。

② 文中两处统计数据均引自黄成：《上古汉语三组常用词演变研究》，西南大学硕士学位论文，2011。

表2　“田”“狩”“猎”“田猎”于战国中期以后在各书出现次数统计表

（单位：次）

同义字词	《墨子》	《庄子》	《孟子》	《韩非子》	《吕氏春秋》
田（畋）	4	5	6	3	10（2）
狩	0	0	0	0	0
猎	3	3	9	5	11
田猎	2	2	5	1	7

从以上两表中可见，“猎”字表示“打猎”的用法随着时间的推移，所占的比重呈上升趋势，到战国中期以后，逐渐占据上风。然而，在《左传》中，“猎”字使用比例还不到3%，这似乎暗示《左传》与《孟子》《韩非子》《吕氏春秋》等战国中期以后的文献相比，成文年代要偏早。

②“焚”与“烧”的使用比例。

“焚”与“烧”是一组同义词，在文献中均表示“燃烧”之义。王彤伟认为，在战国中晚期以前，表示“焚烧”之义时，主要用“焚”而不用“烧”。对于各类先秦文献，他统计见表3。①

表3　“焚”“烧”于战国中晚期以前在各书出现次数统计表

（单位：次）

同义字词	《诗经》	《周礼》	《仪礼》	《左传》	《论语》	《孟子》
焚	1	6	0	40	1	2
烧	0	0	0	0	0	0

以上文献均用“焚”，未见“烧”字用例，而到战国中期以后，“烧”

① 王彤伟：《〈三国志〉同义词及其历时演变研究》，巴蜀书社，2010，第348－357页。

字逐渐流行，见表4。

表4　“焚”“烧”于战国中晚期以后在各书出现次数统计表

（单位：次）

同义字词	《墨子》	《庄子》	《韩非子》	《吕氏春秋》
焚	6	6	9	10
烧	13	1	7	5

从以上两组统计来看，《左传》显然与《论语》《仪礼》等春秋、战国早期典籍视为一组，成书时代推测也应与它们更为接近，所以，从“焚”“烧”的使用比例来看，《左传》的主体成书最迟也应在战国早期。

③“民人”和“人民”的使用比例。

“民人”和“人民”是一对同素逆序词，表示“百姓”的词义，在古书中常见。赵岩曾根据台湾“中央研究院”上古汉语标记语料库，对二者在各文献中的使用频次做了系统的统计，① 传世文献部分可见表5。

表5　“民人”“人民”于各书出现次数统计表

（单位：次）

文献	人民	民人
《诗经》	1	2
《左传》	0	12
《国语》	2	9
《周礼》	11	1
《商君书》	1	1
《墨子》	20	3
《孟子》	1	1

① 赵岩：《简帛文献词语历时演变专题研究》，中国社会科学出版社，2013，第131页。

续上表

文献	人民	民人
《庄子》	1	2
《荀子》	2	1
《韩非子》	9	6
《吕氏春秋》	3	7
《战国策》	4	1
《管子》	6	7
《晏子》	2	2
《文子》	4	1
《大戴礼记》	5	0
《新语》	2	1
《淮南子》	5	1
《史记》	41	17
《孔子家语》	1	1

同时，在出土汉人抄写的战国中晚期文献中，“民人”和“人民”所用频率相当，例如：

（1）臣闻古之王者，鸡狗之声相闻，其人民至死不得相问见也。（银雀山《王法》911－912）

（2）则人民和睦，长有其国。（八角廊《文子》13）

（3）与民人同德，【□】利相死，同情相成，同恶相助，同好相趋。（银雀山《六韬》681）

（4）……□木，弩如羊角，民人无……（银雀山《尉缭子》479）

（5）肥六畜者益其食，肥民人者少其使，肥国家者饬其德。（银雀

山《要言》820－821）

针对以上结果，赵岩说："我们看到在《诗经》《左传》《国语》等早期文献中'民人'的出现频率相对较高，尤其是《左传》中仅见到'民人'一词。在战国中期文献中二词的使用频率表明它们呈竞争态势，在多数文献中二者出现频次持平，唯在《吕氏春秋》中'民人'的出现频率较高，在《韩非子》《墨子》《文子》《大戴礼记》中'人民'的出现频率较高。在汉代，相对于'民人'，'人民'在各文献中的出现频次都更高一些，可见'人民'在语义范畴中到汉代已取得了绝对优势。《六韬》《尉缭子》《文子》等文献至晚是战国时期形成的，虽然是汉代抄本，但保留了战国语词，或用'人民'，或用'民人'。简帛文献的使用情况与传世文献相合。"① 因此，就《左传》而言，这一统计结果也暗指它的成文当不会晚于战国中晚期。

（2）从词义角度着手。

在汉语史上，随着历史的发展，很多词汇会产生出新的含义。例如，"短长"（或"长短"）一词，既可表示距离、时间的长短，又可以表示"长处和短处"。赵岩认为，"长处和短处"词义出现得较晚，见于战国中晚期文献。他统计了各类文献中二者词义的出现频率，可见表6。②

表6　"短长"（或"长短"）两义于各书出现次数统计表

（单位：次）

文献	表"长和短"义	表"长处和短处"义
《左传》	2	0
《吕氏春秋》	4	0
《管子》	11	1

① 赵岩：《简帛文献词语历时演变专题研究》，中国社会科学出版社，2013，第131页。
② 赵岩：《简帛文献词语历时演变专题研究》，中国社会科学出版社，2013，第134页。

续上表

文献	表“长和短”义	表“长处和短处”义
《韩非子》	5	0
《孙子》	1	0
《大戴礼记》	1	0
《孔子家语》	1	0
《礼记》	4	0
《孟子》	2	0
《墨子》	6	0
《庄子》	2	0
《荀子》	2	2
《老子》	1	0
《商君书》	1	0
《韩诗外传》	0	1
《文子》	1	0
《史记》	1	8
《春秋繁露》	2	2

同时，参照出土文献中的“短长”（或者“长短”），“长处和短处”之义也只出现于战国中晚期以后的文献，与传世文献情况相合。例如：

听有方，辨短长，困造之士久不阳。（睡虎地《为吏之道》一五伍）

……有技巧者为之，其余皆以所长短官职之。（银雀山《田法》九三五）

从这一规律上看，《左传》中的“短长”（或“长短”）并未出现“长处和短处”义，符合它作为战国中晚期以前作品的推测。

（3）从方言角度窥看。

以往不少学者推测《左传》为楚国人所书，但这一说法并没有切实的依据。这里，我们还可以从方言的角度排除楚人创作的可能。因为如果《左传》确是一位楚人所书，那么《左传》中的词句自然应符合当时楚国的语言习惯。但从现有的方言研究成果来看，《左传》并非楚人所书。我们可举"与"和"及"在楚简与秦简中的用例试做分析。在先秦时期，"与"和"及"在作为连词使用时，表现出较强的地域性。据张玉金先生统计，在战国简牍中，连词"及"楚简出现6次，秦简出现313次，而"与"作为连词，在楚简中出现99次，却只在秦简中出现3次。[①] 日本学者大西克也先生指出，"并列连词秦简用'及'楚简用'与'，应是两地方言的反映，不可能是时代、文章题材、个人嗜好等其他因素导致的"[②]。虽然这一论断有些绝对化（因为在大多数传世文献中，"及"作为连词大量存在，可见"及"字并非秦国独有），但对于楚国作品来说，其连词"与"占多数，基本上是可以得到确定的。例如《楚辞》是少有代表楚人语言特色的典籍，在屈原赋中，连词则只用"与"，未见"及"字用例。基于以上认识，笔者统计，在《左传》中，"与"字共857个，作连词用191个；"及"字共813个，作连词用288个。作连词的"及"被大量使用，且使用率要明显大于"与"。这说明《左传》大概不会是由楚人所写。

以上简要列举一些语言学研究的例子，表明与其他战国中晚期文献相比，《左传》用词更为古朴，这暗示《左传》主体成书最迟不会晚于战国早

---

① 张玉金：《出土战国文献虚词研究》，人民出版社，2011，第193－210页。其他学者亦做过此类统计，结果与之略有出入，如李明晓等统计连词"及"在秦简中出现328次，在楚简中出现8次；连词"与"在秦简中出现18次，在楚简中出现138次。（见李明晓、胡波、张国艳：《战国秦汉简牍虚词研究》，四川大学出版社，2011，第255－256页；李明晓：《战国楚简语法研究》，武汉大学出版社，2010，第101页。）但是，这并不影响连词"与"和"及"使用的地域趋向。

② 大西克也：《并列连词"及""与"在出土文献中的分布及上古汉语方言语法》，载《古汉语语法论集》，语文出版社，1998，第135页。

期，且应当是北方中原人士所作。作为一种重要参考，语言学所揭示的结论是与《左传》成书的传统说法相吻合的。

2.《左传》的叙事特征吻合鲁人创作特点

《左传》以鲁国为中心的叙事立场，并不足以证明《左传》出自鲁人的手笔。因为作者可能出于为《春秋》作传的缘故，依《春秋》之意，刻意模拟鲁人的口吻。然而，我们发现，《左传》中一些叙事暗示了作者的出身，这些叙事是作者情感的不自觉流露，不会是故意模仿而来的。比如《左传》在记述中特别提到了各国一些习俗传统的由来，涉及晋、楚、鲁三国，其中提及晋国的有两处。

一处见《左传·僖公三十三年》：

> 子墨衰绖，梁弘御戎，莱驹为右。夏四月辛巳，败秦师于殽，获百里孟明视、西乞术、白乙丙以归，遂墨以葬文公。晋于是始墨。①

此处追述晋国开始改穿黑色丧服的由来。

另一处见《左传·宣公二年》：

> 初，丽姬之乱，诅无畜群公子，自是晋无公族。及成公即位，乃宦卿之适子而为之田，以为公族，又宦其余子亦为余子，其庶子为公行。晋于是有公族、余子、公行。②

这里提及晋国有公族、余子、公行之职的缘由。

提及楚国的有一处，见《左传·宣公十二年》：

> 王见右广，将从之乘。屈荡尸之，曰："君以此始，亦必以终。"自

---

① 阮元校刻：《春秋左传正义》卷一七，载《十三经注疏》，中华书局，1980，第1833页。

② 阮元校刻：《春秋左传正义》卷二一，载《十三经注疏》，中华书局，1980，第1867－1868页。

是楚之乘广先左。[①]

这里记述了楚国乘广以左为尊的来历。

解释这些传统的由来对《左传》的叙事主线来说并非必须，即便将“晋于是有公族、余子、公行”“自是楚之乘广先左”这类解释之语删去，对《左传》的解经叙事也不构成影响。我们相信，除晋、楚之外，春秋之时，其他各国定然也有不少传统发生了改变。那么，《左传》提及晋、楚这些传统的由来，很可能是因为晋、楚两国作为春秋时期列国争霸的主角，其传统容易受到世人关注，所以将其视为重要的历史知识予以说明。值得注意的是，除了晋、楚之外的其他诸国，《左传》唯独只关注到鲁国的风俗变化，可见以下两处：

《左传·宣公八年》：冬，葬敬嬴。旱，无麻，始用葛茀。[②]

此处追述鲁国开始用葛代替麻做牵引棺材的绳索。

又如：

《左传·襄公四年》：冬十月，邾人、莒人伐鄫。臧纥救鄫，侵邾，败于狐骀。国人逆丧者皆髽。鲁于是乎始髽……[③]

此处论及鲁国流行以麻束发的丧葬习俗的产生。

为何《左传》作者只关注到鲁国这样一个小国的风俗传统，而对其他同等国家只字未提？这很可能是《左传》作者作为鲁人主体意识的体现。在日渐增多的出土文献中，也可以找到类似的表述，例如新近公布的清华简《楚居》：

丽不从行，溃自胁出，妣㛂宾于天，巫咸赅（改?）其胁以楚，至

---

① 阮元校刻：《春秋左传正义》卷二三，载《十三经注疏》，中华书局，1980，第1882页。
② 阮元校刻：《春秋左传正义》卷二二，载《十三经注疏》，中华书局，1980，第1874页。
③ 阮元校刻：《春秋左传正义》卷二九，载《十三经注疏》，中华书局，1980，第1934页。

【简3】今曰楚人……至熊绎与屈紃，使鄀嗌卜徙于夷屯，为便室，室既成，无以纳之，乃窃鄀人之犝以【简4】祭。惧其主，夜而纳尸，至今曰栾，[illegible]必夜。①

李学勤先生曾说："《楚居》的作者应该是一位楚国籍的史官。"② 在上引这段材料中，《楚居》以一种娓娓道来的"叙史"风格追溯了楚人名称与"夕"祭风俗的由来，体现了楚人强烈的主体意识。与此类比，《左传》对鲁国传统的追溯实则也代表了与之相同的情感。如果说，叙事立场或者叙事口吻是可以被模仿出来的话，那么，对鲁国传统的特意关注是模仿者很难意识到的，可以说是作者情感的自然流露。因此，对鲁国传统格外关注也折射出《左传》作者对鲁国浓厚的情感，符合《左传》作者身为鲁人的书写心理。

3.《左传》的思想符合《论语》对左丘明的描述

作为文献考证的辅助手段，文献中的思想倾向也同样值得关注。《论语·公冶长》中孔子有言："巧言、令色、足恭，左丘明耻之，丘亦耻之。匿怨而友其人，左丘明耻之，丘亦耻之。"③ 这说明孔子对左丘明的品格非常欣赏，二人应具有诸多相同的思想倾向。如果《左传》是左丘明所书，书中的思想应存在与孔子思想大量相合的地方。

首先，我们注意到，《左传》记载有不少非当事者的评论。对于这些与事件不相关的旁观者或局外人之言，《左传》之所以予以引述，显然是表示赞同，借此表明自身的立场。④ 我们统计这些评论者的评论频次如表7所示。

---

① 李学勤：《清华大学藏战国竹简（壹）》，中西书局，2010，第181页。

② 李学勤：《初识清华简》，《光明日报》2008年12月1日。

③ 阮元校刻：《论语注疏》卷五，载《十三经注疏》，中华书局，1980，第2475页。

④ 所谓非当事人的评论，例如《左传·襄公四年》：三月，陈成公卒。楚人将伐陈，闻丧乃止。陈人不听命。臧武仲闻之，曰："陈不服于楚，必亡。大国行礼焉而不服，在大犹有咎，而况小乎？"（见阮元校刻：《春秋左传正义》卷二九，载《十三经注疏》，北京：中华书局，1980，第1931页。）

表 7　《左传》非当事者评论频次统计表

人物	评论次数
君子曰（谓）	67
孔子	23
臧文仲	4
臧武仲	2
叔向	2
周内史	1
大叔文子	1
子大叔	1

《左传》中的“君子曰（谓）”并不专指某一具体人物，一般认为可能是《左传》自身的评论。[①] 从表 7 可知，除“君子曰”外，《左传》所引孔子的评论量要远远多于其他称名道姓的人物，足见《左传》作者对孔子之言的推崇与肯定。此外，我们一般相信，《论语》中孔子的言行属于切实的记载。如果我们拿《左传》与《论语》比较，会发现它们在思想上有诸多相通之处，明显互通的可举以下六处：

①《论语·八佾》：“子曰：‘居上不宽，为礼不敬，临丧不哀，吾何以观之哉！’”[②]

据文意可知，孔子对“居上不宽，为礼不敬，临丧不哀”之人可谓深恶痛绝。在《左传》中，也记载了不少这类人物。与孔子态度一致，《左传》

① 刘知几言：“《春秋左氏传》每有发论，假君子以称之。”（见浦起龙：《史通通释》卷四，上海古籍出版社，1978，第 81 页。）杨向奎先生云：“‘君子曰’云云，先秦书籍中多有之，如诸子及《国策》《国语》等书是。《左传》中亦有所谓‘君子曰’，其性质与诸子、《国策》等书同，皆作者对于某事某人所下之论断也。”（见杨向奎：《绎史斋学术文集》，上海人民出版社，1983，第 193 页。）

② 阮元校刻：《论语注疏》卷三，载《十三经注疏》，中华书局，1980，第 2469 页。

对这些人极力批评，而且大都预言他们不得善终，可见如下：

《左传·僖公十一年》：天王使召武公、内史过赐晋侯命。受玉惰。过归，告王曰："晋侯其无后乎。王赐之命而惰于受瑞，先自弃也已，其何继之有？礼，国之干也。敬，礼之舆也。不敬则礼不行，礼不行则上下昏，何以长世？"①

按：此处记述晋侯对天子赐命态度怠慢，《左传》预言晋侯无后，正好可对应孔子所言"为礼不敬"。

《左传·宣公十五年》：晋侯使赵同献狄俘于周，不敬。刘康公曰："不及十年，原叔必有大咎，天夺之魄矣。"②

按：此处《左传》言赵同献俘不敬，刘康公预言赵同不及十年必有灾祸，可对应孔子"为礼不敬"之言。

《左传·成公四年》：夏，公如晋，晋侯见公，不敬。季文子曰："晋侯必不免。《诗》曰：'敬之敬之！天惟显思，命不易哉！'夫晋侯之命在诸侯矣，可不敬乎？"③

按：此处记述晋侯见鲁公不敬，季文子预言晋侯必不免难，可对应孔子"为礼不敬"之言。

《左传·成公十三年》：十三年春，晋侯使郤锜来乞师，将事不敬。孟献子曰："郤氏其亡乎！礼，身之干也。敬，身之基也。郤子无基。且先君之嗣卿也，受命以求师，将社稷是卫，而惰，弃君命也。不亡

① 阮元校刻：《春秋左传正义》卷一三，载《十三经注疏》，中华书局，1980，第1802页。
② 阮元校刻：《春秋左传正义》卷二四，载《十三经注疏》，中华书局，1980，第1888页。
③ 阮元校刻：《春秋左传正义》卷二六，载《十三经注疏》，中华书局，1980，第1901页。

何为？”[1]

按：此处记述郤锜对鲁“不敬”，孟献子预言郤氏其亡，可对应孔子“为礼不敬”之言。

《左传·成公十三年》：成子受脤于社，不敬。刘子曰：“吾闻之，民受天地之中以生，所谓命也。是以有动作礼义威仪之则，以定命也。能者养以之福，不能者败以取祸。是故君子勤礼，小人尽力，勤礼莫如致敬，尽力莫如敦笃。敬在养神，笃在守业。国之大事，在祀与戎，祀有执膰，戎有受脤，神之大节也。今成子惰，弃其命矣，其不反乎？”[2]

按：此处批评成肃公在举行祭祀、分发社肉时懈怠不敬，抛弃天命，刘康公由此预言其不得返，与孔子“为礼不敬”可对应。

《左传·襄公二十八年》：蔡侯归自晋，入于郑。郑伯享之，不敬。子产曰：“蔡侯其不免乎？日其过此也，君使子展廷劳于东门之外，而傲。吾曰：‘犹将更之。’今还，受享而惰，乃其心也。君小国事大国，而惰傲以为己心，将得死乎？若不免，必由其子。其为君也，淫而不父。侨闻之，如是者，恒有子祸。”[3]

按：此处记载蔡侯接受享礼不敬，子产预言其不免于难，与孔子“为礼不敬”对应。

《左传·襄公二十八年》：为宋之盟故，公及宋公、陈侯、郑伯、许男如楚。公过郑，郑伯不在。伯有廷劳于黄崖，不敬。穆叔曰：“伯有无戾于郑，郑必有大咎。敬，民之主也，而弃之，何以承守？郑人不讨，必受其辜，济泽之阿，行潦之苹藻，置诸宗室，季兰尸之，敬也。

---

①② 阮元校刻：《春秋左传正义》卷二七，载《十三经注疏》，中华书局，1980，第1911页。
③ 阮元校刻：《春秋左传正义》卷三八，载《十三经注疏》，中华书局，1980，第1999页。

敬可弃乎?"[①]

按：此处记载伯有前往黄崖慰劳，表现得不恭敬，穆叔预言伯有将受诛戮，与孔子"为礼不敬"对应。

> 《左传·昭公十四年》：秋八月，莒著丘公卒，郊公不戚。国人弗顺，欲立著丘公之弟庚舆。蒲余侯恶公子意恢而善于庚舆，郊公恶公子铎而善于意恢。公子铎因蒲余侯而与之谋曰："尔杀意恢，我出君而纳庚舆。"许之。[②]

按：此处记述郊公临表不戚，导致国人弗顺，对应孔子"临丧不哀"之言。

②《论语·颜渊》：仲弓问仁。子曰："出门如见大宾，使民如承大祭。己所不欲，勿施于人。在邦无怨，在家无怨。"[③]

> 《左传·僖公三十三年》：初，臼季使过冀，见冀缺耨，其妻馌之。敬，相待如宾。与之归，言诸文公曰："敬，德之聚也。能敬必有德，德以治民，君请用之。臣闻之，出门如宾，承事如祭，仁之则也。"[④]

按：郤缺因受其父牵连，被下放至田间，躬耕于冀野，但他在邦无怨，在家无怨，与妻子相敬如宾。《左传》通过臼季之言，认为这是"仁"的体现，其所述"出门如宾，承事如祭"甚至与孔子所言"出门如见大宾，使民如承大祭"语句无别，可见《左传》此处对"仁"的理解与孔子是一致的。

③《论语·泰伯》：子曰："恭而无礼则劳，慎而无礼则葸，勇而无礼

---

① 阮元校刻：《春秋左传正义》卷三八，载《十三经注疏》，中华书局，1980，第2001页。
② 阮元校刻：《春秋左传正义》卷四七，载《十三经注疏》，中华书局，1980，第2076页。
③ 阮元校刻：《论语注疏》卷一二，载《十三经注疏》，中华书局，1980，第2502页。
④ 阮元校刻：《春秋左传正义》卷一七，载《十三经注疏》，中华书局，1980，第1833页。

则乱，直而无礼则绞。君子笃于亲，则民兴于仁；故旧不遗，则民不偷。”①

《左传·文公二年》：战于殽也，晋梁弘御戎，莱驹为右。战之明日，晋襄公缚秦囚，使莱驹以戈斩之。囚呼，莱驹失戈，狼瞫取戈以斩囚，禽之以从公乘，遂以为右。箕之役，先轸黜之而立续简伯。狼瞫怒。其友曰：“盍死之?”瞫曰：“吾未获死所。”其友曰：“吾与女为难。”瞫曰：“《周志》有之，‘勇则害上，不登于明堂’。死而不义，非勇也。共用之谓勇。吾以勇求右，无勇而黜，亦其所也。谓上不我知，黜而宜，乃知我矣。子姑待之。”及彭衙，既陈，以其属驰秦师，死焉。晋师从之，大败秦师。君子谓：“狼瞫于是乎君子。诗曰：‘君子如怒，乱庶遄沮。’又曰：‘王赫斯怒，爰整其旅。’怒不作乱而以从师，可谓君子矣。”②

按：《左传》称赞“怒不作乱”的狼瞫是为“君子”，合于《论语·泰伯》对君子“勇而有礼”的理解。

④《论语·为政》：子曰：“君子周而不比，小人比而不周。”③

《左传·昭公六年》：宋寺人柳有宠，大子佐恶之。华合比曰：“我杀之。”柳闻之，乃坎、用牲、埋书，而告公曰：“合比将纳亡人之族，既盟于北郭矣。”公使视之，有焉，遂逐华合比，合比奔卫。于是华亥欲代右师，乃与寺人柳比，从为之征，曰：“闻之久矣。”公使代之，见于左师，左师曰：“女夫也。必亡！女丧而宗室，于人何有？人亦于女何有?《诗》曰：‘宗子维城，毋俾城坏，毋独斯畏。’女其畏哉！”④

---

① 阮元校刻：《论语注疏》卷八，载《十三经注疏》，中华书局，1980，第2486页。
② 阮元校刻：《春秋左传正义》卷一八，载《十三经注疏》，中华书局，1980，第1836页。
③ 阮元校刻：《论语注疏》卷二，载《十三经注疏》，中华书局，1980，第2462页。
④ 阮元校刻：《春秋左传正义》卷四三，载《十三经注疏》，中华书局，1980，第2044页。

按：此处记述华亥与寺人柳阴谋勾结，遭到左师强烈批评，预言华亥日后必然会逃亡，与孔子批评“小人比而不周”一致。

《左传·昭公十四年》：楚令尹子旗有德于王，不知度。与养氏比，而求无厌。王患之。九月甲午，楚子杀斗成然，而灭养氏之族。使斗辛居郧，以无忘旧勋。①

按：此处记载楚令尹子旗与养氏狼狈为奸，贪得无厌，最后招致楚平王的猜忌而灭亡之事。此二人正如孔子所言“小人比而不周”。

⑤《论语·子路》：子曰：“君子和而不同，小人同而不和。”②

《左传·昭公二十年》：齐侯至自田，晏子侍于遄台，子犹驰而造焉。公曰：“唯据与我和夫！”晏子对曰：“据亦同也，焉得为和？”公曰：“和与同异乎？”对曰：“异。和如羹焉，水、火、醯、醢、盐、梅以烹鱼肉，燀之以薪，宰夫和之，齐之以味，济其不及，以泄其过。君子食之，以平其心。君臣亦然。君所谓可而有否焉，臣献其否以成其可。君所谓否而有可焉，臣献其可以去其否。是以政平而不干，民无争心。故《诗》曰：‘亦有和羹，既戒既平。鬷嘏无言，时靡有争。’先王之济五味，和五声也，以平其心，成其政也。声亦如味，一气，二体，三类，四物，五声，六律，七音，八风，九歌，以相成也。清浊，小大，短长，疾徐，哀乐，刚柔，迟速，高下，出入，周疏，以相济也。君子听之，以平其心。心平，德和。故《诗》曰：‘德音不瑕。’今据不然。君所谓可，据亦曰可；君所谓否，据亦曰否。若以水济水，

① 阮元校刻：《春秋左传正义》卷四七，载《十三经注疏》，中华书局，1980，第2076页。
② 阮元校刻：《论语注疏》卷一三，载《十三经注疏》，中华书局，1980，第2508页。

谁能食之？若琴瑟之专一，谁能听之？同之不可也如是。”[1]

按：《左传》用烹饪比喻交友之道，认为齐景公和梁丘据之间只见“同”而未见“和”，正是孔子所言“君子和而不同，小人同而不和”的进一步阐发。

⑥《论语·八佾》：孔子谓季氏：“八佾舞于庭，是可忍也，孰不可忍也？”[2]

《左传·昭公二十五年》：臧昭伯之从弟会，为谗于臧氏，而逃于季氏，臧氏执旃。平子怒，拘臧氏老。将禘于襄公，万者二人，其众万于季氏。臧孙曰：“此之谓不能庸先君之庙。”大夫遂怨平子。[3]

按：此处《左传》对季氏不顾先君禘祭、僭越礼制、众万于庭的做法强烈谴责，与孔子的思想倾向一致。

以上我们举六个明显的例子说明《左传》的思想与孔子的思想具有相通性。实际上，不难看出，在整部《左传》中，还有大量内容与孔子的思想存在直接或间接的对应关系，[4] 这些材料不仅反映了《左传》作者的编史旨趣，同时也给孔子的思想提供了具体的史实依据。可见，若《左传》作者是左丘明，完全符合《论语》对左丘明与孔子关系的记载。

需要说明的是，还有不少学者注意到了《左传》与孔子思想的差异性。例如詹子庆先生说：“《左传》思想不是正统的孔孟学派，而更多地倾向于荀子学派，兼容了法、兵家的某些思想成分。”[5] 赵光贤先生认为“《左传》

---

① 阮元校刻：《春秋左传正义》卷四九，载《十三经注疏》，中华书局，1980，第2093－2094页。

② 阮元校刻：《论语注疏》卷三，载《十三经注疏》，中华书局，1980，第2465页。

③ 阮元校刻：《春秋左传正义》卷五一，载《十三经注疏》，中华书局，1980，第2109页。

④ 寺岛勇雄：《〈左传〉与先秦儒家思想考论》，台湾大学硕士学位论文，2004年。

⑤ 詹子庆：《论〈左传〉的政治思想倾向》，《史学史研究》1983年第4期，第5页。

记事有与孔子思想不合”的地方。[①] 关于二者的差异性，我们不反对这一点，并推测造成这一现象大概有三个原因：第一，我们必须得承认，人的思想具有独立性、唯一性和不可复制性，即历史上不可能存在思想全然相同的两个人。就比方说，即便是双胞胎，也不能做到思想绝对一致。所以，即便左丘明与孔子思想相近，也不能排除他们在对待某些事情上的观点或侧重点不同。我们不能因为一句“左丘明耻之，丘亦耻之”“左丘明好恶与圣人同”，就断章取义地认为存在另一个“孔子”，这是不可能的。第二，《左传》成文在孔子之后，必然受到孔子之后儒学发展的影响，所以书中带有某些后世儒学思想的烙印也是完全可以理解的。第三，《左传》在初步成书之后，受到后世的进一步编纂，由此也渗入一些后世思想。总之，《左传》虽不可避免地与孔子思想存在一些差异，但不能否认书中含有大量与孔子相近、相合的思想。

（三）传统说法的局限性

尽管左丘明作《左传》存在诸多合理性，但如果我们就此机械地认定《左传》完全由左丘明所作，同样会造成一系列问题。

首先，从左丘明创作《左传》的目的来看，左丘明在有生之年写出《左传》是有违左丘明的年寿的。司马迁《史记·十二诸侯年表》云：

> 鲁君子左丘明惧弟子人人异端，各安其意，失其真，故因孔子史记具论其语，成《左氏春秋》。[②]

这里谈到左丘明创作《左传》的动机是“惧弟子人人异端，各安其

① 赵光贤：《左传编纂考（上）》，载《古史考辨》，北京师范大学出版社，1987，第152页。
② 司马迁：《史记》卷一四，中华书局，2010，第509－510页。

意”，这说明在当时，《春秋》学的口传已出现了“人人异端”的征兆。对于口传的缺陷，清代学者阮元就说：“同为一言，转相告语，必有愆误。”[①]口述信息在传递过程中很容易被人为地增减，且信息传递过程中环节越多，失真率就越高。这就好比我们所熟知的传话游戏，主持把传话内容悄悄地口传给每一组的第一个成员，然后按顺序往下传。往往第一个成员的传话还算正确，但越到后面内容便越走样，到最后一位时，可能已和原来的内容大相径庭。以此推想，孔子在世时，《春秋》是由孔子亲授门下弟子，信息尚属首次传递。各弟子对外传授、交流尚未出现严重的失真问题。然而在孔子去世后，诸弟子开始散于各地招收后学弟子。随着《春秋》学口传的兴起，最初的信息几经辗转，逐渐产生“人人异端，各安其意，失其真”的趋势。那么，此时距孔子时代已日渐久远，左丘明纵然在世，必然年事已高。以当时之条件，要撰写一部近18万字、史实详尽的《左传》，绝非一时所能成。例如同样是体系庞大的《史记》，即便在西汉大一统相对便利的环境下，[②]也要历经司马氏父子两代人之力写成。因此，左丘明大概不可能在其耄耋之年，仅凭一己之力便如此迅速地编纂出一部内容详瞻、叙事连贯、结构宏大的《左传》。

其次，《左传》中的一些预言应成文于左丘明时代之后。虽然目前无法据预言判断《左传》准确的成书年代，但是从中还是可以看出一些预言的编纂确实可能在左丘明之后。按照《左传》作者的创作思维，《左传》中的预言存在事后追记加工和事前合理预测两种可能。那么，考察《左传》预言编写年代就可以分为两种情况，一种情况是预言的结论往往比较单一，因此我

---

① 阮元：《文言说》，载《揅经室集》三集卷二，中华书局，1993，第606页。

② 西汉统治者对典籍的收集、保管较为重视，据《西汉会要》徐天麟所言：“《通典》云：‘汉凡图书所在，有石渠、石室、延阁、广内，贮之于外府；又有御史中丞居殿中，掌兰台秘书，及麒麟、天禄二阁，藏之于内禁。’”（见徐天麟：《西汉会要》卷二六，清文渊阁四库全书本。）以此观之，在西汉搜阅史料、典籍的条件显然要比春秋、战国乱世便利得多。

们无法知晓作者对预言的创作到底属于事后追记，还是事前合理预测。例如《左传·庄公二十二年》预言陈氏代齐：

> 初，懿氏卜妻敬仲，其妻占之，曰："吉，是谓'凤皇于飞，和鸣锵锵，有妫之后，将育于姜。五世其昌，并于正卿。八世之后，莫之与京！'"陈厉公，蔡出也。故蔡人杀五父而立之，生敬仲。其少也。周史有以《周易》见陈侯者，陈侯使筮之，遇《观》之《否》。曰："是谓'观国之光，利用宾于王。'此其代陈有国乎。……"①

如果我们赞同赵伯雄先生的意见，把这则预言的结论理解为战国时期的田氏代齐的话。那么，齐康公十九年（前386年），田和正式成为齐侯之时显然已在左丘明时代之后。这个预言有可能是作者已看到了这一幕，事后编纂插入到《左传·庄公二十二年》的叙事中，也有可能作者生活在左丘明时代范围内，并未活到齐康公十九年，陈氏代齐全然出于他的合理预测。因为早在公元前481年，齐简公被杀后，田常立齐平公为傀儡，已完全把持了齐国的大权，在这样一种历史趋势下，是不难得出"田氏代齐"的推测的。总之，此类预言我们无法判断其编写时代。

另外一些预言则与上不同，它们的结论有更多细节，例如《左传·昭公四年》预言国氏先亡，蔡及曹、滕其先亡、郑先卫亡：

> 郑子产作丘赋。国人谤之，曰："其父死于路，己为虿尾。以令于国，国将若之何？"子宽以告。子产曰："何害？苟利社稷，死生以之。且吾闻为善者不改其度，故能有济也。民不可逞，度不可改。"《诗》曰："礼义不愆，何恤于人言。"吾不迁矣。浑罕曰："国氏其先亡乎！君子作法于凉，其敝犹贪。作法于贪，敝将若之何？姬在列者，蔡及

① 阮元校刻：《春秋左传正义》卷九，载《十三经注疏》，第1774－1776页。

曹、滕其先亡乎！逼而无礼。郑先卫亡，逼而无法。政不率法，而制于心。民各有心，何上之有？”①

蔡国于公元前 447 年为楚所并，曹国于公元前 487 年为宋所灭，滕于公元前 414 年被越王朱勾所灭，② 郑国于公元前 375 年被韩国所亡，而卫国灭国最晚，公元前 330 年卫嗣君自贬为君，直到公元前 209 年，卫君角被秦二世废为庶人，卫国才彻底灭亡。从这个历史结果上看，这则预言应是应验的。不难看出，该预言的结论可拆分成两层内容：一是蔡、曹、滕、郑要亡；二是蔡及曹、滕其先亡，郑先卫亡。对于第一层，通过《左传》的解释分析，可以合理预测这些国家因“逼而无礼”“逼而无法”导致最终灭亡。然而对于第二层，各国灭亡的顺序具有历史客观的随机性，是无法通过理性预测获知的。这就好比在 20 世纪 80 年代，若有人理性预测苏联将会解体，这是可能的，但若精准预测到 1991 年苏联解体，那就匪夷所思了。反观《左传》这则预言，如果作者不是事先看到这些国家的灭亡，是难以做出这么准确的预测的。在《左传》中，这种非理性预测，且应验结果超出左丘明时代范围的预言，见如下三条：

①闵公二年，季氏亡，则鲁不昌。

②襄公二十九年，郑先亡、齐未可量。

③昭公四年，国氏先亡，蔡及曹、滕其先亡、郑先卫亡。

---

① 阮元校刻：《春秋左传正义》卷四二，载《十三经注疏》，中华书局，1980，第 2035－2036 页。

② 滕国最早在公元前 414 年灭于越，此后复国，百多年又再次被灭。所以顾炎武称此则预言不验，然而诸多学者认为，《左传》所云“滕先亡”应该就是指前 414 年越灭滕之事。童书业先生说：“尚在五世纪末，此固可以谓‘先亡’矣。”（见童书业：《春秋左传研究》，上海人民出版社，1980，第 381 页。）黄觉弘先生说：“《汲冢竹书》乃战国时魏国的官方史书，其记事止于魏襄王二十年（前 296 年），而偏偏独记前 414 年的滕灭于越，这就说明了滕灭于越是当时普遍流行、史官认可的观念。”（见黄觉弘：《〈左传〉早期流变研究》，中国社会科学出版社，2010，第 71 页。）可见此则预言应是应验的。

此类预言出自作者事后追记加工的可能性很大，它们的编写年代和左丘明作《左传》的说法是相违背的。

以上这些线索表明，虽然左丘明作《左传》说有诸多合理性，但不可否认，左丘明和《左传》之间还不能画上等号。这就要求我们根据历史现实，在传统之说的基础上寻求更合理的解释。

（四）《左传》早期成书及附益增改

1. 关于代有增益说

在历史上各类说法中，代有增益说是非常值得重视的。这种说法认为，《左传》不是一时一人之作，而是由历代经师附益增改所成。例如，啖助虽质疑左丘明作《左传》，但他仍承认左丘明对《左传》有初创之功，认为左丘明授学于先，后世门人编之于后：

> 左氏得此数国之史，以授门人，义则口传，未形竹帛。后代学者，乃演而通之，总而合之。编次年月，以为传记。[1]

此段论及左丘明最初以诸侯国史口授相传，后由门生总而合之，汇编成书。这大概是受到了《公羊传》《穀梁传》传授方式的启发。但是，“义则口传，未形竹帛”仅属啖助臆测，未有切实的依据。所以至明朝顾炎武则更为笼统地归纳为“《左氏》之书，成之者非一人，录之者非一世”[2]。这个说法影响很大，此后诸多学者继承这一思路做了进一步阐发。如姚鼐《左传补注序》云：“《左氏》之书，非出一人所成。”[3] 张心澂《伪书通考·总论》

---

① 陆淳：《春秋集传纂例》卷一。

② 黄汝成：《日知录集释》卷四，第182页。

③ 姚鼐：《惜抱轩全集·文集·左传补注序》卷三，中国书店，1991，第24－25页。

称《左传》："古书世传，非成于一手。"① 刘正浩《左传导读》说："《左传》成于亲见孔子的左丘明，其中显非丘明所能言者，均系后人所加，应该是很允当的。"② 沈玉成、刘宁《春秋左传学史稿》云："清初顾炎武认为《左传》成非一时，作非一人已经大体道出了《左传》成书的实际情况，确实是超越前人的卓识。"③ 日本学者竹添光鸿《左氏会笺》及安井息轩《左氏辑释》认为，《左传》中不似定公、哀公时代的预言风格及其后历史事件，可能为后人所加。④

总的来说，代有增益说有很大的合理性。它不仅能够吸纳传统说法，同时符合古书形成的客观规律。李学勤先生说："古书开始出现时，内容较少。传世既久，为世人爱读，学者加以增补，内容加多，与起初大有不同。"⑤ 李零先生也谈道："古书多经后人附益和增饰。"⑥ 这一观点现如今得到了越来越多出土文献的验证。例如新近公布的《清华简（壹）》中有一篇《金縢》，可与传世本今文《尚书·金縢》对应。廖名春先生指出："竹书本《金縢》与今本首尾一致，但中间行文却有详略之异"⑦，尽管这种详略目前还无法确实二者到底属于前后关系还是共时关系，但至少表明《金縢》的原始文本在流传过程中出现了内容的修改增删。又如 1972 年，在山东临沂银雀山两座汉墓中出土了竹简本《晏子》。与传世本《晏子春秋》比对，二者内容基本相同，但互有详略。如简本 5、12、15 章字句简于今本，今本字句则较为繁多。而简本 13 章叙事比较烦琐，不如今本简略。李天虹先生认为"简本 13、

① 张心澂：《伪书通考》经部，上海书店，1992，第 17 页。

② 刘正浩：《左海钩沉·左传导读》，东大图书股份有限公司，1997，第 6 页。

③ 沈玉成、刘宁：《春秋左传学史稿》，江苏古籍出版社，1992，第 24－25 页。

④ 竹添光鸿：《左氏会笺》，巴蜀书社，2008；安井息轩：《左氏辑释》，广文书局，1967。

⑤ 李学勤：《简帛佚籍与学术史》，江西教育出版社，2004，第 30 页。

⑥ 李零：《出土发现与古书年代的再认识》，载《李零自选集》，广西师范大学出版社，1998，第 31 页。

⑦ 廖名春：《清华简与〈尚书〉研究》，《文史哲》2010 年第 6 期，第 121 页。

16 两章也可能是今本的滥觞，即今本在简本基础上为后人做过较多的润色和删减”“简本前后重复的文句，今本时常不见，可能是被后人精简所致”。[①] 以此观之，体系宏大、近 18 万字的《左传》在流传中，定然也经历了一个逐渐增广、修改、重编的过程。因此，在一定程度上，代有增益说是正确的，它揭露了先秦古书所必然经历的过程。

然而，相较于明确单一作者的说法，代有增益说虽符合古籍成书流传的现实情况，但缺乏明晰的解释和系统的把握。《左传》书中究竟哪些内容是增益的，为其增益的又都是哪些人，往往是笼统模糊的。其实，这些都值得我们进一步去深究。关于《左传》的增益成分，有学者曾做过一些研究，他们的工作在当时无疑都值得肯定。但是，由于此类研究在思路上，往往是先接受、吸收增益说的宏观观念，再对微观材料进行辨别，因而在论证中易产生心理暗示，形成结论预设，从而造成对《左传》一些材料的误判。

如《左传·文公十三年》：

> 士会辞曰："晋人，虎狼也，若背其言，臣死，妻子为戮，无益于君，不可悔也。"秦伯曰："若背其言，所不归尔帑者，有如河。"乃行。绕朝赠之以策，曰："子无谓秦无人，吾谋适不用也。"既济，魏人噪而还。秦人归其帑。其处者为刘氏。[②]

这段材料中的"其处者为刘氏"曾是东汉贾逵争立《左传》的一个重要理由。[③] 由于出现得太过巧合，所以自古不少学者怀疑该段与上下文不合，推断出于贾逵伪窜。如孔颖达《左传正义》疏云："讨文上下，其文不类。深疑此句或非本旨，盖插注此辞，将以媚于世。"[④]然而，这样推断也只是出

---

① 李天虹：《简本〈晏子春秋〉与今本文本关系试探》，《中国史研究》2010 年第 3 期，第 22 页。

②④ 阮元校刻：《春秋左传正义》卷一九下，载《十三经注疏》，中华书局，1980，第 1852 页。

③ 《后汉书·贾逵传》载贾逵上汉章帝奏云："五经家皆无以证图谶，明刘氏为尧后者，而《左氏》独有明文。"（见范晔：《后汉书》卷三六，北京：中华书局，1973，第 1237 页。）

于臆测，没有绝对的证据。相反，此处记载不仅在《左传》中屡有涉及，同时也符合《左传》一贯的文法，并不突兀，如杨伯峻先生曾举出六点证据，论断该文非后人所增：

然此句必是本有，非东汉人所加，孔疏之说不可信也。第一，襄二十四年传士匄之语、昭二十九年传蔡墨之对，皆谓范氏为尧后，刘累之裔，不必再借此语为佐证。第二，《汉书·眭弘传》载其说云："汉家尧后"，亦用《左传》说。弘为武帝、昭帝时人，则西汉《左传》固有此文。第三，《汉书·高帝纪赞》引刘向颂高祖云："汉帝本系，出自唐帝。降秦于周，在秦作刘。"其"在秦作刘"即用《左传》此语，是刘向所见《左传》已有此语。第四，《汉书·高帝纪赞》又谓："及高祖即位，置祠祀官，则有秦、晋、梁、荆之巫。"注引应劭云："先人所在之国，悉致祠巫祝，博求神灵之意也。"又引文颖云："范氏世仕于晋，故祠祀有晋巫，范会支庶留秦为刘氏，故有秦巫。"汉初即有晋、秦之巫以祀刘邦祖先，则此语尤非后人所增明矣。《汉书·叙传》引班彪《王命论》云："是故刘氏承尧之祚，氏族之世，著乎《春秋》。"师古注云："谓士会归晋，其处者为刘氏。"班彪年辈早于贾逵，而用《左传》此语，亦可证此语之本有矣。故班固《高帝赞》亦云："鲁文公世奔秦，后归于晋，其处者为刘氏。"第六，定五年传云："夫概王归自立也，以与王战而败，奔楚，为堂溪氏。"堂溪氏之后不显，故无疑于此语。则"其处者刘氏"，亦犹"奔楚者为堂溪氏"也，何能疑其"讨寻上下，其文不类"哉?[1]

杨先生旁征博引，论证很有说服力。另外，从历史环境来看，时值李

① 杨伯峻：《春秋左传注》，中华书局，2009，第 596－597 页。

育、贾逵今古文两派激烈交锋，今文家的注意力肯定也都聚焦于《左传》内容，着力寻找古文家漏洞。也就是说，除古文家之外，当时的今文家也是熟知《左传》的，贾逵根本没有机会窜入该文，否则定然招致今文家口诛笔伐。因此，我们还是相信“其处者为刘氏”可能为《左传》原有。

除记史材料之外，自古引人关注的《左传》解经材料，自刘逢禄《春秋左传考证》以来，也被不少学者认为非《左传》原文所有。[①] 例如《左传·隐公元年》：

> 大叔完聚，缮甲兵，具卒乘，将袭郑，夫人将启之。公闻其期，曰：“可矣!”命子封帅车二百乘以伐京。京叛大叔段，段入于鄢，公伐诸鄢。五月辛丑，大叔出奔共。书曰：“郑伯克段于鄢。”段不弟，故不言弟；如二君，故曰克；称郑伯，讥失教也：谓之郑志。不言出奔，难之也。遂置姜氏于城颍，而誓之曰：“不及黄泉，无相见也。”[②]

有学者认为这段材料的解经语属后人插入。如赵光贤先生说：“按传原文上言‘大叔出奔共’，写郑庄公与共叔段的关系告一段落，下即接言‘遂置姜氏于城颍’继述庄公与姜氏的关系。中间用一个‘遂’字，承前启后，全文上下，一气贯通。解经者为了解释经书‘郑伯克段于鄢’，不得不于‘大叔出奔共’之下，插入‘书曰’至‘难之也’一段话。这样一来，本来

---

① 刘逢禄认为原存在《左氏春秋》一书，现今的《左传》由刘歆拿《左氏春秋》添加解经语而成。而后一些学者虽不全都认同解经语是刘歆所加，但也都赞同《左传》中的解经语属后人增益，例如顾颉刚先生说：“今本《左传》系由《左氏》原书改造而成。”为此，他还总结出后人对《左传》的7种改造方式。（见顾颉刚：《春秋三传及国语之综合研究》，巴蜀书社，1988，第59页。）赵光贤先生亦云：“今本《春秋左氏传》，当作解释《春秋》的书，是经后人把记事之文与解经之文合并而成的。记事部分是《左传》的原本，解经部分包括评论在内，是在较后的时期加进去的。经过改编之后，这两部分常常紧密地结合在一起，不易分开。因此我们说，《左传》是由不同时期不同的人编成的……”（见赵光贤：《左传编纂考（上）》，《古史考辨》，北京师范大学出版社，1987，第140页。）

② 阮元校刻：《春秋左传正义》卷二，载《十三经注疏》，中华书局，1980，第1716页。

一气呵成的传文被打成两截，而那个‘遂’字也显得不自然。显然这段解经的话是后人加入的，非原文所有。”① 赵先生从文气割裂的角度，断定该段解经语与记史内容出于不同人的手笔，是有一定道理的。但问题是，这段解经语并不一定就是后人插入，也有可能是《左传》最初的作者编入。我们知道，《左传》的史料来源是多元的，这段材料的记史部分可能另有原始出处，非《左传》初创。《左传》最初作者可能将其摘录，并在中间插入解经的话语。如果是这样的话，这段解经语便不是后人所增益的。

实际上，我们并不反对《左传》在流传过程中有后人附益的成分，只是在没有绝对的证据之前，我们需要持更加谨慎的态度。为此，对《左传》附益材料的甄别可分为以下两种情况。

一类是能够确定的附益材料，如我们在上节提到的一些预言材料等，都有明确的证据说明不可能成文于左丘明时代。

另一类是我们值得怀疑的材料。例如有学者注意到《左传》某些记史年月日期与《春秋》有异的现象。例如《左传·隐公三年》：

《春秋》：三月庚戌，天王崩。

《左传》：春，王三月壬戌，平王崩。赴以庚戌，故书之。②

平王死日，《春秋》说是三月庚戌，《左传》说成三月壬戌。王和先生认为，《左传》解释《春秋》按讣告的日子书写是比较荒唐的。周天子的去世在当时无疑是一件头等重要且庄严的大事，日子不应随便改动。后来杜预的注释说是“欲诸侯之速至，故远日以赴”更是离奇。③ 然而，刘文琪虽不赞成杜预之臆测，但言《左传》解经有其原因，是解释一种特殊情况，以惩其过：

① 赵光贤：《左传编纂考（上）》，载《古史考辨》，北京师范大学出版社，1987，第141页。

② 阮元校刻：《春秋左传正义》卷三，载《十三经注疏》，中华书局，1980，第1722页。

③ 王和：《〈左传〉中后人附益的各种成分》，《北京师范大学学报（社会科学版）》2011年第4期，第83页。

> 杜注："实以壬戌崩，欲诸侯之速至，故远日以赴。"文琪按：杜氏亦意为之说。襄二十八年，经书十有二月甲寅，天王崩。传于十一月云："癸巳，天王崩，未来赴，亦未书，礼也。"于十二月王人来告丧，问崩日，以甲寅告，故书之，以惩过也。传发此例，明经之所书，皆据赴者告辞直书之，以惩其过。……①

刘氏的讲法并未质疑《左传》解经。平心而论，由于该段解经语简短，又没有其他材料的参证，可能确实存在非常理的特殊原因，当然，也有可能是《左传》解释错了，但这个错也并不一定是后人犯的，也可能是《左传》最初作者没能理解对。所以，对于这类材料，我们最好采取谨慎持疑的态度。

总而言之，我们固然承认《左传》存在一些扞格矛盾的材料，但这些材料有些确实是后人附加，有些则不一定是。若抛开传统经学的情感局限，这里面涉及一个现实情况，那就是即便《左传》最初的作者再见多识广，甚至真如刘歆所言"亲见夫子"，但他毕竟不是孔子本人，也不是《左传》历史史料的最初记录者。在编纂《左传》过程中，对原始材料的理解、对《春秋》经文的解释必然会存在些许疏漏讹误。这一现象是不可避免的，也是我们在研究中不应回避的。从古至今，包括我们现在的研究著作在内，任何人文诠释都不可能保证百分之百符合客观事实，总是或多或少夹杂着主观的理解。因此，《左传》中的一些解经语是否正确与这些解经语是否为后人所附加是两码事，构不成因果联系，不应以前者而否定后者。这是我们对《左传》附益材料的基本态度。

2.《左传》成书的三个阶段

作为最早的记载，传统的说法有其历史依据，不可摒弃，但同时我们亦

---

① 刘文琪：《春秋左传旧注疏证》，科学出版社，1959，第 18 页。

不能忽视后人对《左传》的附益。这说明，《左传》成书是一个相当复杂的问题，需要细致地剖析《左传》成书的整个过程，寻求更为完善合理的解释。参照现有的线索，结合眼下学界对古书成书的理解，我们认为，《左传》成书当经历了三个历史阶段：一是原始史料素材的写定，二是家传编纂，三是流传中的附益。

《左传》成文的第一个阶段是原始史料素材的写定。《左传》记史纪年历日不定，兼采多国历法，所以《左传》中的原始史料应该有诸多来源。[①] 王和先生曾提出《左传》史料的两个来源：一是“春秋时期各国史官的私人笔记”，二是“流行于战国前期的、关于春秋史事的各种传闻传说”。[②] 在此基础上，过常宝先生进一步以为，《左传》史料来源有别于别国史官正式通告的“承告”，而是取自史官私下交流的“传闻”。[③] 此外，徐中舒先生推测，《左传》中还包括由瞽矇传诵，流传于乐官之中的口头文献。[④] 这些说

① 张培瑜先生说：“幽厉之后，平王东迁，周室微弱，陪臣执政。正朔不行于诸侯，列国各自颁历，《左传》作者所收集的史料可能来自各诸侯国。……学者多认为，晋用夏正，《春秋经》所记晋事，往往与《左传》相差两月。但细查经传，有差两月者，有差一月者，也有经传相同的。如，僖公十五年，《春秋经》中言：十有一月壬戌，晋侯及秦伯战于韩，获晋侯。《左传》书：九月壬戌，战于韩原。秦获晋侯以归。经传说书‘获晋侯’时间差两个月。斯年鲁历建丑，则晋历似应建卯。《春秋经》中成公十有八年春王正月，晋杀其大夫胥童。《左传》成公十七年曰：闰月乙卯晦，栾书、中行偃杀胥童。《左传》事在十有七年，似差一个月。但接下来，《春秋经》载，庚申，晋弑其君州蒲。而《左传》中十八年春，王正月庚申，晋栾书、中行偃使程滑弑厉公。又与《春秋经》月日相同。故，也可能是建正无异而鲁晋历朔不一，以致历日不同而已。除晋国外，学者认为齐、秦、楚与鲁建正也不相同。但《左传》各国的史实月日也都存在类似的情况。如《春秋经》襄公十九年，秋七月辛卯，齐侯环卒。《左传》作，夏五月壬辰晦，齐灵公卒。差两个月，又迟一天。《春秋经》文公十四年年书，九月甲申，公孙敖卒于齐。齐公子商人弑其君舍。《左传》言，秋七月乙卯夜，齐商人弑舍而让元，差两个月。但七月无乙卯，《左传》日月有误。宣公十年，《春秋经》云，夏四月丙辰，日有食之。己巳，齐侯元卒。《左传》书，‘夏，齐惠公卒’。又在同月。”（见张培瑜：《先秦秦汉历法与殷周年代》，科学出版社，2015，第12页。）

② 王和：《〈左传〉材料来源考》，《中国史研究》1993年第2期。笔者赞同王先生之说，只是这些传闻当然有些属于战国前期，但也有一部分属于春秋末期。《左传》的整个编纂过程横跨春秋、战国。

③ 过常宝：《〈左传〉源于史官“传闻”制度考》，《北京师范大学学报（社会科学版）》2004年第4期，第32页。

④ 徐中舒：《〈左传〉的作者及其成书年代》，《历史教学》1962年第11期，第34页。

法在一定程度上都是贴近历史实情的。[①]

可见，这些原始素材原本出于不同人之手。它们有些被《左传》基本照抄，如《左传·宣公四年》：

> 初，楚司马子良生子越椒，子文曰："必杀之。是子也，熊虎之状，而豺狼之声，弗杀，必灭若敖氏矣。谚曰：'狼子野心。'是乃狼也，其可畜乎？"子良不可。子文以为大戚，及将死，聚其族，曰："椒也知政，乃速行矣，无及于难。"且泣曰："鬼犹求食，若敖氏之鬼，不其馁而！"及令尹子文卒，斗般为令尹，子越为司马。蒍贾为工正，谮子扬而杀之，子越为令尹，己为司马。子越又恶之，乃以若敖氏之族圄伯嬴于轑阳而杀之，遂处烝野，将攻王。王以三王之子为质焉，弗受。[②]

关于这段对楚国历史的记述极为细致详尽，犹如记史者从旁所书，应是出自楚国的史官记载或传闻。同时，对楚君直接称其为"王"，在文法上似乎是对本国君主的称呼，[③] 这显然不符合中原诸国对楚君的称谓。《左传》没有改变称法，究其原因，可能是《左传》基本照抄了原始史料，未做大的改动。

而另外一些原始素材则经过了《左传》的润色修改，例如《左传·僖公五年》：

> 会于首止，会王大子郑，谋宁周也。[④]

《左传》这段记载缺少主语，究竟有谁"会于首止""会王大子郑"。

---

① 笔者认为，除上述学者提到的来源之外，还不应忽视政府的官方档案，因为即便是史官的私家笔记，其中的一些内容也可能最初来自官方的记载。

② 阮元校刻：《春秋左传正义》卷二一，载《十三经注疏》，中华书局，1980，第1869页。

③ 犹如《春秋》对鲁君简称"公"，西周金文中对周天子省称为"王"。

④ 阮元校刻：《春秋左传正义》卷一二，载《十三经注疏》，中华书局，1980，第1795页。

《左传》参考的原始史料不可能没有记载。如依照鲁史的《春秋》经文就载："公及齐侯、宋公、陈侯、卫侯、郑伯、许男、曹伯会王世子于首止。"可见，正因《春秋》已有详载，所以为了简省笔墨，《左传》对原始史料做了省略。

总之，这些原始史料虽经过了精心编排、修改，但正是有了前人丰富的史料记载，而后才有《左传》宏大的篇幅内容。刘知几云："寻《左氏》载诸大夫辞令，行人应答，其文典而美，其语博而奥。述远古则委曲如存，征近代则循环可覆，必料其功用厚薄，指意深浅，谅非经营草创，出自一时，琢磨润色，独成一手。斯盖当时国史已有成文，丘明但编而次之，配经称传而已也。"① 所以，从这个角度上讲，《左传》中的记史内容并非属于单独某一个人的成果，而是众人集体的结晶。

《左传》成书的第二阶段是左氏的家传编纂。前文已论证，左丘明在有生之年，不太可能写完《左传》。然而，司马迁作为严谨的史家，不至于信口开河，其说必定有依据。那么，这中间必然有我们之前遗漏的环节，需要进一步填补空缺，做出最可能符合历史的解释。因此，我们认为，左丘明是《左传》的最初作者，由他提出创作《左传》的设想，并着手最初的编纂工作，后因其年寿之故，交由后人继续编写，这才完成《左传》的主体内容。其实，这一推论与左丘明作《左传》的传统说法并不矛盾，并且符合古书成书的一般规律和古人对古书的认知。如徐中舒先生说："古代学术，最重传授系统，谁是最初传授者，谁就是作书的人。这犹如《公羊》、《穀梁》写定于汉初而此两书仍说是公羊高、穀梁赤所作。……司马迁说，左丘明成《左氏春秋》，又说，'左丘失明，厥有《国语》'。他把此两书的作者都归之于左丘明，在传授的系统上，应该是有根据的。"② 徐先生正确地总结了古人

① 浦起龙：《史通通释》卷一四，上海古籍出版社，1978，第 419 - 420 页。
② 徐中舒：《〈左传〉的作者及其成书年代》，《历史教学》1962 年第 11 期，第 35 页。

对古书的认识。除《公》、《穀》二传外，先秦古书大多如此。例如先秦子书《孟子》《墨子》《庄子》等，其内容很难说都出自书名作者之手，而应是其后学或其学派共同参与编写的成果，只是主体思想或主要内容最早出自原作者。所以，在没有确凿证据推翻传统说法之前，我们仍然应该相信，左丘明作《左传》的说法渊源有自，他很可能就是《左传》的立意者和最初的编撰者。

了解了这一点，由此带来的问题是，左丘明之后，是谁继承了他的事业，继续从事编纂《左传》的工作？可以推测，这个人必然要熟知左丘明先前的工作，同时还要具备进一步网罗史料、继续编史的客观条件，更重要的是，还应具有编纂大型史书的才能素养。那么，按照早期史官的传统来看，这个人最有可能是左丘明的后人。以往已有一些学者认识到了这一点，如明代凌稚隆言："考戴宏《序》所载，公羊氏五世传《春秋》，因疑左氏当是世史。其末年传文亦疑是其子孙续而成之者，以故通谓之《左氏》，而不著其名，理或当然也。"① 现下系统分析其原因，有以下三点：

第一，先秦时期，官职往往是父死子继，世卿世禄，② 尤其是史官群体，因其特殊的史职之学，更注重世代相守、家学传承。早在西周建立之时，一些殷商时期的史官家族在进入西周政权之后，凭借家族的文化传承，仍世代为史。例如西周时期的微氏家族。1967 年，在陕西扶风庄白家村发现了一处青铜器窖藏，发掘出土了 103 件西周微氏家族的青铜器。其中一些铜器记载了微氏家族世系。例如铸有 284 字的史墙盘，其铭文后段记述了微氏家族六代事迹：

① 凌稚隆：《春秋左传注评测义》，载《续修四库全书·经部》第 126 册，上海古籍出版社，2002，第 611 页。

② 到春秋战国时期，虽然世卿世禄在一定程度上被打破，但职官世袭的现象犹存。《国语·晋语》里载张老之说："臣不如魏绛。夫绛之智能治大官，其学不废先人之职。"《荀子·荣辱》篇云："父子相传，以持王公，是故三代虽亡，治法犹存，是官人百吏之所以取禄秩也。"

静幽高祖，在微灵处，雩武王既𢦏殷，微史烈祖乃来见武王，武王则令周公舍宇，于周俾处。甬惠乙祖，逨匹厥辟，远猷腹心，兹纳粦明，亚祖祖辛𩁹育子孙……胡迟文考乙公，遽爽，得纯无谏。……史墙夙夜不惰，……①

该器的作器者“墙”自称史墙，是一位史官。而史墙的烈祖称为微史，说明其烈祖亦任周之史官。此外，我们还可知，史墙盘中第四代的亚祖祖辛，便是旂觥铭文中的“旂”：

唯五月，王在斥，戊子，令作册旂贶望土于相侯，赐金，赐臣，扬王休。……②

“旂”在世时任“作册”，“作册”也是史官官名。另外，𤼈钟铭文载：

𤼈曰：“丕显高祖、亚祖、文考，克明厥心，疋尹叙厥威仪，用辟先王，𤼈不敢弗帅祖考，秉明德圀夙夕，左尹氏。”③

𤼈担任“左尹氏”，其高祖、亚祖、文考的职司均是“疋尹”。“左尹氏”“疋尹”皆是史官官名。由此可见，微氏一族在周王朝七代为史，历经成王、康王、昭王、穆王、恭王、懿王、夷王。这说明在西周时期，史官是随着家族相传、一脉相承的。

除微氏家族之外，在传世文献中，亦能见到史官的传承延续。例如辛氏、尹氏、程氏等，都是在西周世任史官的大族。至春秋之时，这些史官家族的后代有些留守于东周王廷，有些则迁徙于地方诸侯，他们大都仍继续担

① 中国社会科学院考古研究所编：《殷周金文集成（修订增补本）》编号：10175，第5485页。
② 陕西省考古研究所等编：《陕西出土商周青铜器（第二册）》编号：14，文物出版社，1979，第30页。
③ 中国社会科学院考古研究所编：《殷周金文集成（修订增补本）》编号：247，第293页。

任史官之职。[1] 如由商入周便开始担任史官的辛甲一族，[2] 至春秋时，辛有、[3] 辛伯、[4] 辛廖[5]在王朝担任史官；另一支则前往晋国世代为史，成为后世称道的“董史”。[6] 又比如司马迁在《太史公自序》中说“司马氏世典周史”，[7] 可见其家族有悠久的史职传承。这都表明史官职守跨越了朝代与地域，具有很强的家族传承性。

关于早期史官的家族传承，我们还可以举一个具体的例子，《左传·襄公二十五年》载齐大夫崔杼弑君后：

> 大史书曰：“崔杼弑其君。”崔子杀之。其弟嗣书而死者，二人。其弟又书，乃舍之。南史氏闻大史尽死，执简以往。闻既书矣，乃还。[8]

太史因秉笔直书被崔杼杀后，其官职又被两个弟弟相继接替。从这样一个事例中，完全可以看出史官职守的血脉传承。

到了战国，史官这一传统仍然没有改变，尽管政府职官世卿世禄的现象在一定程度上被打破，然而，当时律法明文规定，史官之学只能是世代相

---

① 胡新生：《异姓史官与周代文化》，《历史研究》1994 年第 3 期。

② 《左传·襄公四年》载魏绛云：“昔周辛甲之为太史也……”（见阮元校刻：《春秋左传正义》卷二九，载《十三经注疏》，中华书局，1980，第 1933 页。）

③ 辛有见于《左传·僖公二十二年》载：“初，平王之东迁也，辛有适伊川，见被发而祭于野者，曰：‘不及百年，此其戎乎！其礼先亡矣。’”（见阮元校刻：《春秋左传正义》卷一五，载《十三经注疏》，中华书局，1980，第 1813 页。）

④ 辛伯见于《左传·桓公十八年》载：“初，子仪有宠于桓王，桓王属诸周公。辛伯谏曰：‘并后、匹嫡、两政、耦国，乱之本也。’”（见阮元校刻：《春秋左传正义》卷七，载《十三经注疏》，中华书局，1980，第 1759 页。）

⑤ 辛廖见《左传·闵公元年》载：“初，毕万筮仕于晋，遇‘屯’之‘比’。辛廖占之，曰：‘吉。《屯》固《比》入，吉孰大焉？其必蕃昌。《震》为土，车从马，足居之，兄长之，母覆之，众归之，六体不易，合而能固，安而能杀。公侯之卦也。公侯之子孙，必复其始。’”（见阮元校刻：《春秋左传正义》卷一一，载《十三经注疏》，中华书局，1980，第 1786 页。）

⑥ 《左传·昭公十五年》载周景王云：“及辛有之二子董之晋，于是乎有董史。”（见阮元校刻：《春秋左传正义》卷四七，载《十三经注疏》，中华书局，1980，第 2078 页。）

⑦ 司马迁：《史记》，中华书局，2010，第 3285 页。

⑧ 阮元校刻：《春秋左传正义》，载《十三经注疏》，中华书局，1980，第 1984 页。

传。如睡虎地秦简《内史杂》191 号简记：

> 令敦史勿从事官府。非史子也，毋敢学学室，犯令者有罪。[①]

该律明确规定，只有史官的后代才能入学室就学。关于学室，最初的整理者认为，“学室”是一种学校。[②] 根据语境，可以进一步推论，这里的“学室”更可能是培训史官的专门学校。张家山 M247 出土《二年律令·史律》474 号简载：

> 史、卜子年十七岁学。史、卜、祝学童学三岁，学佴将诣大史、大卜、大祝，郡史学童诣其守，皆会八月朔日试之。[③]

这段律令表明，史官后代入学，不是简简单单地接受普通的教育，而是要受到前辈史官的亲自教导，即接受一系列有针对性的学习训练。

我们将上述这些线索串联起来，就可以发现，从商周到秦汉，史官的传承呈现两个特征：一是始终保持以血缘为纽带的家族传袭，具有排外性；二是史官的培养教育具有制度化、规范化的特点。这两点使得史官的传承具有一定的封闭性，从而在一定程度上保障了史官群体的专业性和整体素质。

因此，以史官传承的背景为视角，左丘明最有可能将编纂《左传》的工作交由他的子孙（可能包括具有血缘关系的左氏族人）继续完成。首先，左氏子孙作为左丘明的后人，平日里很容易了解、接触到左丘明编纂《左传》的工作，待到接手之时很可能已具备相当的基础。其次，继任史官的左氏子孙深受左氏史官家学的熏陶，受过史官严格的学习训练，能够胜任继续编纂《左传》的工作。再次，《左传》属于左氏的私家著作，并非官方史书，交

---

① 陈伟：《秦简合集（壹）》，武汉大学出版社，2014，第 148 页。

② 睡虎地秦墓竹简整理小组编：《睡虎地秦墓竹简》，文物出版社，1990，第 63 页。

③ 张家山二四七号汉墓竹简整理小组：《张家山汉墓竹简〔二四七号墓〕（释文修订本）》，文物出版社，2006，第 80 页。

由子孙来续写自然十分合适。所以，我们有理由相信，左丘明最优先考虑、最顺理成章的继任者当是他的子孙。

第二，中国早期的文献大都来自官府藏书，往往只供王（公）室和史官阅读，寻常之人平时很难接触到。[①] 要编纂《左传》，除要搜集民间传闻之外，还需要大量的官府档案，这些档案数量庞大、来源广泛，可能光靠左丘明在世时搜集不完，那么，如果交由继承史官的左丘明后人，自然完全有条件继续阅读、搜集官府藏书。

第三，虽然高本汉的语法研究在鉴定《左传》成书年代上有一定的局限，但是他指出了《左传》的行文有一律的文法，[②] 这是值得重视的。我们知道，一个人的行文风格是其语言习惯的自然体现。语言习惯受到诸多外界

---

① 难以阅读官方史籍，没有充足史料可能是造成了后世对《春秋》理解“人人异端”的原因之一。

② 见高本汉：《左传真伪考及其他》，第106页。需要解释的是，20世纪80年代，何乐士先生曾从六个方面论证《左传》前八公与后四公的语法差异。她发现《左传》前八公和后四公的语法呈现出明显的变化，前八公的语言大多较古老，而后四公语言大多较新。（见何乐士：《〈左传〉前八公与后四公的语法差异》，《古汉语研究》1988年第1期，又收入何乐士：《古汉语语法研究论文集》，商务印书馆，2000；之后何先生对之前的观点又进行了总结补充。见何乐士：《再论〈左传〉前八公与后四公的语法差异：〈左传〉内部语法、词汇特点的比较》，《古汉语语法研究论文集》。）后来一些学者的研究也印证了这一说法。比如张树国从《左传》名词的使用情况、名词动用的情况、名词的搭配功能及用法等四个方面肯定了何乐士的观点。（见张树国：《〈左传〉名词在前“八公”和后“四公”里的差异》，《汉语史研究集刊》1998年第1辑。）表面上，这似乎暗示《左传》全书文法不一致，与高本汉的结论相悖。不过，笔者认为，高本汉和何乐士的观点并不矛盾。首先，何氏于《左传》中选取的词汇并没有全部覆盖高氏所选之词，所以《左传》的一些文法确实保持了前后的一致性。其次，何氏认为《左传》前八公和后四公文法不一，反而说明前八公和后四公各自内部文法具有一致性。按此思路，若《左传》前后这一差异都是因《左传》经过了彼此不相关的不同作者之手的话，那么按经手人各自的文风习惯，《左传》各部分内容都会出现差异，不会呈现前八公、后四公的分界。再次，何氏也说，造成《左传》前八公和后四公文法差异的原因有很多，其中可能是由于语言随着时代、社会的变化而逐渐变化，先秦时期这种变化在《左传》内部就已体现出来，或者是由于《左传》作者依据的材料是各国史官的记载，而这些记载本身就有时代先后，因此造成“前”“后”的差异，等等。（见何乐士：《〈左传〉前八公与后四公的语法差异》，《古汉语研究》1988年第1期，第65页。）总之，这些差异并不影响高本汉所得出的《左传》诸多文法一致的结论。

因素的影响，其中一个极为重要的因素，即家庭环境的影响。[1] 左氏后人受其家族史官文化的熏陶，在记史上很可能有一套固定的家族记史文法。倘若《左传》交由非左氏族人续编，是很难做到全书文法一致的。

综上，《左传》的成书很可能经历过一个家传编纂的阶段。纵观历史上，也不乏家传修史的例子。例如《史记》，虽历来提名为司马迁所著，其实最早是由司马谈发凡起例，拟订编纂计划，撰写部分内容，因生前来不及完稿，最终由其子司马迁编纂完成。[2] 又如《汉书》，提名为班固所修，实际上，班固所采史料多依其父班彪，实际上是他修史工作的继续。班固著《汉书》未完而卒，又由其妹班昭及门生马续续写而成。因此，整部《汉书》主要体现了班氏两代人的成果。所以，综合各方面来看，《左传》由左氏家族所作是符合历史实际的，同时也解释了传统之说与《左传》内容之间的矛盾。

《左传》成书的第三个阶段是流传中的后人附益。现学界一般都承认，先秦古书在流传抄写中往往会发生自觉或不自觉的增改。然而，从我们目前掌握的出土文献来看，各书增改程度各有不同。一些古书在流传中改动甚微，例如《周易》，我们拿各种出土古本，如上博本、马王堆帛书本与今本《周易》比照，除了个别字用法不同外，内容、词句并未有太大的差异。而另外一些古书则在后世的流传中经历了较大的改动，例如传世本《尉缭子》与银雀山汉墓竹简《尉缭子》虽内容多可对应，但在文句上却存在较大差异。具体到《左传》而言，在左氏家族完成主体内容后，随着战国学官下移的学术趋势，《左传》的流传范围开始从史官群体扩展到民间。在广泛的流传抄写中，《左传》中有后人附益增改成分是必然的。但是，就目前的线索

① 家庭对语言习惯影响的重要性是毋庸置疑的。即便于当今亦是如此，例如在教育学上，我们仍尤为重视家庭对儿童语言习惯的培养。

② 汪高鑫：《司马谈与〈史记〉》，《安徽史学》2002年第2期。

来看，这些增益改动对《左传》全文影响是有限的。

首先，由于附益材料是在流传中逐渐累加的，所以它们出于不同人之手。而《左传》存在一律的文法，且整体前后叙史连贯，这说明附益材料所占不多，并未影响《左传》的整体语言。

其次，据我们目前可以确实的附益材料包括某些预言材料、天文材料等在内，在《左传》中所占的篇幅很少。

因此，《左传》经左氏家族编纂后已基本定型。可以说，家传编纂是《左传》成文最重要的阶段，其中尤以左丘明对《左传》的立意与最初的编纂至为关键。故作为中国古典目录学集大成者的《四库全书总目提要》虽承认《左传》中存在后人附益的成分，但仍将左丘明定为作者。

> 《左传》载预断祸福，无不征验，盖不免从后傅合之。惟《哀公九年》称赵氏其世有乱，后竟不然，是未见后事之证也。经止获麟，而弟子续至孔子卒。传载智伯之亡，殆亦后人所续。《史记·司马相如传》中有扬雄之语，不能执是一事指司马迁为后汉人也。则载及智伯之说，不足疑也。今仍定为左丘明作，以袪众惑。①

由此，根据古书的成书规律与史官的传统，我们对《左传》成书过程的认识可结论如下：《左传》的早期成书离不开世代身为史的左氏家族的共同努力。由于《左传》的创作动机及最初的编纂工作来源于左丘明，因此被左氏后代托名为《左传》的作者。随着战国官学的下移，《左传》逐渐由史官家族体系传入民间，后经历代的流传增改，遂成今日之《左传》。所以，在这样的理解下，左丘明作《左传》的传统说法也不是没有道理。

---

① 永瑢：《四库全书总目提要》卷二六，中华书局，2008，第210页。

三、《左传》与《国语》的关系

研究《左传》，肯定绕不开《国语》。这主要是因为传统上认为，《左传》与《国语》的作者都是左丘明，[①] 二者被合称为“《春秋》内外传”。[②]虽然两部书体裁不同，但内容颇有关联，甚至有不少雷同之处。然而，同《左传》的命运一样，《国语》一书历来也是多受质疑。其中一个关键问题：《左传》与《国语》的作者是否为同一人？至今仍是纷披杂陈，众口哓哓。这不仅关系《国语》的“身世”，同样也影响《史记》记载《左传》的可靠性。[③]

---

① 司马迁共有四处提到《国语》。《五帝本纪赞》云：“予观《春秋》、《国语》，其发明五帝德、帝系姓章矣……”；又《十二诸侯年表》：“于是谱十二诸侯，自共和讫孔子，表见《春秋》、《国语》，学者所讥盛衰大指著于篇，为成学治古文者要删焉”；《太史公自序》与《报任安书》皆云：“左丘失明，厥有《国语》。”

② 如王充《论衡·案书》：“《国语》，《左氏》之外传也。《左氏》传《经》，辞语尚略，故复选录《国语》之辞以实”；韦昭《国语解叙》：“（左丘明）雅思未尽，故复采录前世穆王以来，下讫鲁悼智伯之诛，以为《国语》。其文不主于经，故号‘外传’”；刘知几《史通》：“左丘明既为《春秋内传》，又稽逸史，纂别说，分周、鲁、齐、晋、郑、楚、吴、越八国事，起周穆王，终鲁悼公，为《春秋》外传《国语》”；在传统目录学著录中，也有称《国语》为外传者，如《隋书·经籍志》：“春秋外传《国语》二十卷，贾逵注。”

③ 关于《左传》《国语》原为一书，《左传》由刘歆割裂《国语》而来的说法在清末及近代颇有影响，但后被诸多学者证实不可信，学界已成共识，故此处不再讨论。

（一）非一人所作的主要依据

我们首先来看《左传》和《国语》是否为同一个作者所作，以往学者推断《左传》《国语》非一人所作的依据主要有以下六类。

1. **内容不同**

纵观《国语》全书内容，与《左传》并不完全一致，有的相同，有的则存在差异。自古不少学者认同一种观念，即同一作者的作品的内容应该保持一致。而《左传》和《国语》的这些差异，被他们认为恰恰是《左传》与《国语》非出自一人之手的明证。如晋代傅玄云："《国语》非左丘明所作。凡有共说一事，而二文不同，必《国语》虚而《左传》实，其言相反，不可强合也。"① 隋代刘炫说："以为《国语》非丘明所作，为有此类（《国语》中的一些记史内容）往往与《左传》不同故也。"② 入近世以来，《左传》与《国语》的内容差异更被一些学者系统地统计、分析，由此得出《左传》《国语》由不同作者所作的结论。③

2. **文体不同**

人们一般惯性地认为，同一作者的行文风格及语言用词应该相同。因此，在针对《左传》与《国语》之关系的研究当中，文体也是学者讨论的重点。④ 在方法上，可分为两种角度：一是比较《左传》与《国语》的文体

---

① 见《左传·哀公十三年》孔疏。阮元校刻：《春秋左传正义》卷五九，载《十三经注疏》，中华书局，1980，第 2171 页。

② 见《左传·襄公二十六年》孔疏。阮元校刻：《春秋左传正义》卷三七，载《十三经注疏》，中华书局，1980，第 1992 页。

③ 冯沅君：《论〈左传〉和〈国语〉的异点》，《新月》1928 年第 7 期；孙海波：《〈国语〉真伪考》，《燕京学报》1934 年第 16 期。

④ 如姚际恒云："傅玄、刘炫、啖助、陆淳，皆以为与《左氏》文体不伦。"（见姚际恒：《古今伪书考》卷四，《姚际恒著作集》，台北"中央研究院中国文哲研究所"，1994，第 23 页。）

差异，从而推断二书非一人所作。如唐代赵匡以为：“《左传》、《国语》文体不伦，序事又多乖剌，定非一人所为也。”① 又如南宋陈振孙《直斋书录解题》认为《国语》与《左传》二书“事辞或多异同，文体也不类，意必非出一人之手。司马子长‘左丘失明，厥有国语’，又似不知所谓”②。

二是发现《国语》中的诸篇文体的差异，推测《国语》本身非出自一人之手。由于《国语》各篇记事独立、互无联系，那么，在后世的流传中，插入篇章便变得十分容易，一些学者认为，能证明这一点最显见的证据便是各篇文体的差异。如钱穆先生云：“余读《国语》诸篇，文体不相类，如《越语》之与鲁，《楚语》之与齐，《晋语》之与周，皆不同，其非出一手甚显。”③ 所以他不相信《左传》《国语》同出左丘明。此后，王叔民先生亦有详细论证，甚至指明一些篇章的年代与来源：“《国语》非一时一人所作，从各篇内容的不一致，也可以得到充分证明。如《周语》、《楚语》、《晋语》、《郑语》等文多古朴，《鲁语》多记琐事而亦不同于后世之文。至《齐语》则全同于《管子》、《小匡》篇，殆出于战国时期稷下先生之流。《吴语》、《越语》皆记夫差与勾践之事，而《越语》下则黄老家之言，此三《语》写成时代不会早于战国时期，由此可知《周语》等五部分原为各国的固有之书，流传中或遭删节，所存者基本上犹为原文；而《齐语》等三部分则出于后人补作，当日或亦有‘语’之称，编书者遂并取之。”④ 那么，由这些论证带来一个思维逻辑是，既然《国语》非出于一人之手，那么《左传》和《国语》自然不可能是同一作者所作。

3. 史料价值不同

相较于《左传》，《国语》长篇记言、务富文采，然而与之相伴的便是

---

① 陆淳：《春秋集传纂例》卷一。

② 陈振孙：《直斋书录解题》卷三，上海古籍出版社，1987，第 54 页。

③ 钱穆：《先秦诸子系年》，中华书局，1985，第 452－453 页。

④ 王叔民：《国语的作者和编者》，载《国语集解·附录》，中华书局，2002，第 602－603 页。

有些内容浮夸阔诞，并不完全记实，甚至有虚构的故事情节存在。所以在一些人眼中，其史料价值要逊于《左传》。[①] 于是便有学者认为，《国语》荒诞矛盾与《左传》叙事严谨的反差，是因出自不同作者之故，如柳宗元认为"《国语》诬淫，不概于圣"，并怀疑"越之下篇尤奇峻，而其事多杂，盖非出于左氏"。[②] 又崔述云："余按《左传》之文，年月井井，事多实录，而《国语》荒唐诬妄，自相矛盾者甚多。《左传》记事简洁，措词也多体要，而《国语》文词支蔓，冗弱无骨，断不出于一人之手明甚。"[③]

4. **避讳**

南宋黄震根据《国语》文字避汉讳，怀疑《国语》并非出自左丘明之手，其《黄氏日钞》云："今《国语》避汉讳，谓鲁庄严公，又果左丘明之作否耶?"[④]

5. **"左丘明"之姓名**

面对《太史公自序》《报任安书》"左丘"与《十二诸侯年表》"左丘明"称法不同的疑问，学界有一种说法，即将司马迁所谓的"左丘明"一分为二，即认为"左丘失明，厥有《国语》"中的"左丘"与《十二诸侯年表》中的"左丘明"并非一人。这样一来，《国语》和《左传》的作者便成了两人。不过，诸家在总体结论上虽大致相同，但在具体一些看法上则略有小异。

一种观点认为，《左传》出于左氏，《国语》出自左丘氏。如叶梦得在《春秋考》中云："古有左氏、左丘氏。太史公称：'左丘失明，厥有《国语》。'今《春秋传》作左氏，而《国语》出左丘氏，则不得为一家。"[⑤] 又

---

① 柳宗元云："务富文采，不顾事实，而益之以诬怪，张之以阔诞。"（见柳宗元：《柳宗元集》卷四四，中华书局，1979，第1328页。）

② 柳宗元：《柳宗元集》卷四十四，中华书局，1979，第1328页。

③ 崔述：《崔东壁遗书》，上海古籍出版社，2013，第395页。

④ 黄震：《黄氏日钞》卷五二，元后至元刻本。

⑤ 朱彝尊：《经义考》卷一六九，上海古籍出版社，1987，第876页。

云："传初但记其为'左氏'而已，不言为丘明也。自司马迁论《春秋》，言'鲁君子左丘明……'，班固从而述之。……班固以丘明为名，则'左'为氏矣；然迁复言'左丘失明，厥有《国语》。'按《姓谱》有'左氏'、有'左丘氏'，迁以'左丘'为氏，则传安得名'左氏'耶？"[①] 近代以来，持此观点的学者亦不在少数，如梁启超《中国历史研究法》云："左丘或称左丘明，今本《左传》共称为彼所撰。然《史记》所称述，则彼固命丘，不名丘明，仅传《国语》而未撰《左传》。"[②]

另一种观点认为《国语》出自左丘氏，而《左传》作者则另有其人，"左丘明"属司马迁误记。如卫聚贤道："《史记》所说系太史公所误……以年限考察既在孔子死后五十四年纂《国语》，绝不能见到孔子而成那《左氏春秋》。太史公对此忽略过去，他在《年表》和《自序》上的记载是矛盾的。是以说《年表》所载'左丘明……成《左氏春秋》'，是太史公所误"；"史迁称'左丘失明'，则左丘系复姓而单名明。《元和姓纂》：'齐国临淄县有左丘'，是复姓左丘有其族，其书应名《左丘春秋》，如复姓公羊、穀梁之例。何能如《吕氏春秋》而名《左氏春秋》哩！是左丘明与《左氏春秋》名实不符。……可见二书绝非一人所作。"[③]

6. 内容详略

内容详略也是以往学者关注的重点。

《左传》与《国语》两书相较，同记一事，常有内容详略的不同。清代高塘认为，二书"时代先后不同，而篇章长短各异，似非出一人之手"[④]。

又有学者比对《国语》诸国史实详略，认为鲁国的内容过少，不太可能是熟知鲁史的鲁君子左丘明所作。如沈长云先生说："至于《国语》作者所

① 叶梦得：《春秋考》卷三，清武英殿聚珍版丛书本。
② 梁启超：《中国历史研究法》，河北教育出版社，2000，第21页。
③ 卫聚贤：《左传的研究》，载《古史研究（第一集）》，新月书店，1928，第105、109页。
④ 高塘：《高梅亭读书丛抄·〈国语抄〉序》，清乾隆五十三年广郡永邑培元堂杨氏刊本。

属国籍，从其包含的八国之‘语’的分量及具体内容分析，可以肯定它不会出于‘鲁君子’之手。《国语》共二十一卷，其中《周语》三卷，《鲁语》二卷，《齐语》一卷，《晋语》九卷，《郑语》一卷，《楚语》二卷，《吴语》一卷，《越语》二卷，《晋语》的卷数几乎占全书的一半。……看来，只有晋国的后代——韩赵魏三晋之人编辑《国语》的可能性最大。”①

7.《国语》中反映的历史事件与典章制度

和论证《左传》成书年代的思路一样，也有学者找出《国语》中被认为不符合春秋时代的典章制度，从而证明《国语》不可能为左丘明所作，于是《左传》和《国语》的作者便不可能同为左丘明。如沈长云先生说：“从《国语》叙述的历史事件看，有许多确实是与孔子同时的左丘明无法看到的，一些典章制度也不是左丘明那个时代所具备的。如《晋语》谈到智伯之亡（在前453年，上距孔子卒已26年）、谈到赵襄子的谥号（襄子卒在前425年，上距孔子卒已54年），就不应是左丘明所能了解的。《国语》中也有一些预言或占卜之类，如《晋语四》中的姜氏之语：‘商之享国三十一王，瞽史之纪曰唐叔之世，将如商数，今未半也。’表明《国语》之作必在晋亡之后，晋亡于韩赵魏三家分晋之年（前376年），当然不可能为左丘明所及。在典章制度方面，如《周语中》提到的畿服及五等爵制，《鲁语下》提到的‘三公九卿’，《晋语四》提到的‘三公九卿’，《晋语四》提到的‘将军’，《晋语二》提到的郡县之制，《齐语》里提到的轨、里、连、乡之制，《晋语四》提到的岁星纪年等等，诸如此类制度，都不应存在于春秋时代。还有我们就《齐语》都鄙规划计算出来的齐国人口数，也不应是春秋时期齐国的实际情形。因此，把《国语》归于左丘明所著，对于《国语》本身就是无法说通的。”②

① 沈长云：《国语编纂考》，载《上古史探究》，中华书局，2002，第331－332页。
② 沈长云：《国语编纂考》，载《上古史探究》，中华书局，2002，第329－330页。

8. 从古籍成文规律推测

随着历代人们对古书认识不断加深，不少学者从先秦古籍成书规律的角度推测《国语》《左传》出于众人之手。这样，二者的作者就比较复杂，不可能是同一人。

如唐代啖助就从古书的命名角度，做出《国语》作者系后人假托的推测："丘明者，盖夫子以前贤人，如史佚、迟任之流，见称于当时耳，焚书之后莫得详知，学者各信胸臆，见传及《国语》但题左氏，遂引丘明为其人。"①

王树民先生则从先秦《语》体的流传脉络，证明《国语》非出自一人之手，不可能为左丘明所作："在春秋时期，各国的《语》还是由各国的统治者直接控制，到了战国时期，逐渐流入民间，因而有了不同的传本。把当时流传的各国的《语》集合起来，编成一书，便为《国语》，即列国之语的意思。《晋语六》记鄢陵之战公有四条，内容无大出入，惟有详略之异，是其本出同源，因传录者取舍不同而有异。可知《国语》为集合故有之资料而成书，绝非出于一人之手笔。"②

还有学者从《左传》成书的角度，证明《左传》《国语》二者作者不同。如姚鼐云："太史公曰：'左邱失明，厥有《国语》'，吾谓不然。今《左氏传》非尽邱明所录，吾固论之矣。若《国语》所载，也多为《左传》采录，而采之者，非必邱明也。"③

（二）《左传》《国语》均为左氏家族所作

以上梳理了前人推断《左传》与《国语》非一人所作的主要依据。在

① 陆淳：《春秋集传纂例》卷一，清英武殿聚珍版丛书本。
② 王树民：《〈国语〉的作者和编者》，载《国语集解》，中华书局，2002，第602页。
③ 姚鼐：《惜抱轩全集·文集》卷五，中国书店，1991，第73页。

今天看来，有些并不一定成立。

关于二书记史内容不同。事实上，根据这点推断《左传》《国语》作者不同并不可靠。因为《左传》和《国语》内容上的差异可能是史家存异的做法，如《四库全书总目提要》就已指出：“（《国语》）中有与《左传》未符者，犹《新序》、《说苑》，同出刘向，而时复抵牾。盖古人著书，各据所见之旧文，疑以存疑，不似后人轻改也。”①

另外说到《国语》各篇内容存在不同，可举《史记》的例子。我们知道，今本《史记》除少量续补篇章外，基本上可认定为司马迁所作。但是，《史记》全书也存在一些前后矛盾的地方。例如关于商末纣王残暴，箕子佯狂为奴的事件，《史记·殷本纪》认为箕子佯狂在比干死后：

> 纣愈淫乱不止。微子数谏不听，乃与大师、少师谋，遂去。比干曰：“为人臣者，不得不以死争。”乃强谏纣。纣怒曰：“吾闻圣人心有七窍。”剖比干，观其心。箕子惧，乃佯狂为奴，纣又囚之。②

而《宋微子世家》则记载箕子佯狂之后，比干才被杀：

> 箕子者，纣亲戚也。纣始为象箸，箕子叹曰……乃被发佯狂而为奴。遂隐而鼓琴以自悲，故传之曰箕子操。
>
> 王子比干者，亦纣之亲戚也。见箕子谏不听而为奴，则曰：“君有过而不以死争，则百姓何辜！”乃直言谏纣。纣怒曰：“吾闻圣人之心有七窍，信有诸乎？”乃遂杀王子比干，刳视其心。③

《史记》中这样前后不一的例子还有很多。一般认为，这主要是因为司马迁依据不同的史料造成的。因此，如同不能因为《史记》内容上的矛盾就否定《史记》为司马迁所作一样，我们也不能因为《国语》各篇章存在一

---

① 永瑢：《四库全书总目提要》卷五一，中华书局，2008，第460页。

② 司马迁：《史记》，中华书局，2010，第108页。

③ 司马迁：《史记》卷三八，中华书局，2010，第1609－1610页。

些内容差异，就断言《国语》与《左传》为不同作者所作。

同时，我们知道，《史记》对《左传》《国语》皆有采纳。司马迁作为一个优秀的史学家，不可能没看出《国语》与《左传》内容上的不同。以史家审慎的态度，若据此产生对二书作者的怀疑，必然会说明辨别。因此在司马迁看来，《国语》与《左传》的内容差异，与二书为同一作者所作之间不存在矛盾。

关于《左传》与《国语》文体不同。实际上，同一人著写风格不同的作品并不奇怪。例如宋朝词人李清照前期词作语言清新自然、欢快美满，而后期作品则情感沉重、苍凉悲苦。这说明作者在不同时期的文风是可以改变的。同时，文体风格也受创作主旨的影响，南宋陈造云："盖传在先秦，古书六经之亚也，纪史以释经，文婉而丽。《国语》要是传体，而其文壮，其辞奇。"[①] 因此，《左传》和《国语》文风的不同并不足以证明二者非出同一作者之手。当然，还有一种可能，司马迁《太史公自序》及《报任安书》说"左丘失明，厥有《国语》"，如果左丘明是失明作《国语》，那么《国语》就应是由左丘明口述，他人代录而成。这一编著方式显然含有更多口语化的词句，故文体与更重书面化措辞的《左传》差异明显，同时也容易混入听写者自己习惯的用词，所以张以仁先生就说："因为口述人录的与亲手写成的多少有些不同，但我们却不能说不是同一人所作。"[②]

关于《国语》诸篇文风的不同。由于《国语》作为国别体语书，采用的史料素材可能来自各国的语类材料，[③] 对这些原始语料素材编写、加工的程度不同，使得各篇不同程度上保留一些原始的文风，这也不足为怪。[④]

关于史料价值不同。其实，人们对史料价值的认识具有一定主观性，受

① 陈造：《江湖长翁集》卷三一，明万历刻本。

② 张以仁：《张以仁先秦史论集》，上海古籍出版社，2010，第16页。

③ 傅刚：《略说先秦的语体与语书》，《中山大学学报（社会科学版）》2013年第5期。

④ 当然，我们并不反对《国语》中有后人窜入的篇章，但在没有明确证据之前，《国语》中有多少篇章属于后人添入仍需存疑。

到时代与具体情境的影响。关注的焦点不同，得出的结论也可能完全相反，比如同样也有人质疑《左传》史料的真实性，如东汉王充云："言多怪，颇与孔子'不语怪力'相反也。"[①] 又东晋范宁曰："《左氏》艳而富，其失也巫。"[②] 唐代韩愈亦在《进学解》中称："《春秋》严谨，《左氏》浮夸。"[③] 甚至到了清代依然有学者批评《左传》记史的真实性，如韩菼在为高士奇《左传纪事本末》作序中谈及《左传》："好语鬼神，易致失实。"[④] 故从这一点上，晁公武反而认为《左传》和《国语》出于同一人之手无疑："范宁曰：'《左氏》艳而富'，韩愈云：'《左氏》浮夸'，今观此书（《国语》），信乎其富艳且浮夸矣，非左氏而谁?"[⑤] 然而，纵然《国语》中有不少浮夸失实的地方，仍有学者肯定其价值。例如司马迁修《史记》就把《国语》作为重要的参考资料。时至今日，《国语》的史料价值也越来越受到学界的重视，[⑥] 越来越多的学者利用《国语》中的史料进行史学研究。这说明史料价值的判断具有一定的灵活性，没有绝对的标准。所以，我们不能因为《国语》过去被边缘化，就习惯性地认为《国语》的史料价值就比《左传》低。这样根据史料价值断定《左传》和《国语》关系的做法实则没有多少依据。

关于避讳。不可否认，文献中的避讳现象是判断文献成书年代的一个重要参考。然而，需要注意的是，我们现在看到避当时名讳的作品可能不一定创作于当时，也就是说，避汉讳的作品并不一定是汉人所作。例如上博简《孔子诗论》提出了"邦风"的概念，一些学者认为，《诗经》"邦风"变为

---

① 黄晖：《论衡校释》，中华书局，1990，第1164页。

② 阮元校刻：《春秋穀梁传注疏·春秋穀梁传集解序》，载《十三经注疏》，中华书局，1980，第2361页。

③ 马其昶：《韩昌黎文集校注》，上海古籍出版社，1986，第46页。

④ 高士奇：《左传纪事本末》，中华书局，1987，第2页。

⑤ 马端临：《文献通考》卷一八三，中华书局，2011，第5412页。

⑥ 卞辑：《〈国语〉的史料价值》，《古籍整理研究学刊》1999年第5期；陈其泰：《〈国语〉的史学价值和历史地位》，《中国史研究》2015年第2期。

“国风”是汉人避刘邦名讳，将“邦”改为“国”。[①] 这说明先秦典籍中的一些避讳现象并非原有，存在在流传过程中后人改换的可能。

关于左丘明之姓名。这里面牵涉学界争论不休的左丘明以“左”为氏，或以“左丘”为氏，还是以“丘”为氏的问题。[②] 在这一疑团至今尚未明朗的情况下，我们仍需做三种假设，考查司马迁《太史公自序》（《报任少卿书》）称“左丘”与《十二诸侯年表》称“左氏”是否存在矛盾。先看左丘明若以“左”为氏，对此，杨伯峻先生有非常精辟的总结：

> 《艺文志》云：“左丘明，鲁史也。”是言“丘明为传”，以其姓左，故号为《左氏传》也。但怎样解释司马迁之称他为“左丘”呢？有人说，古人本有复名单称之例，如晋文公重耳，《左传》屡见，而定公四年《左传》所引载书（盟约），省称为晋重。这种例子并不少见。何况司马迁是在做文章，并不曾考虑到因此引起后代争议。杨树达先生《古书疑义举例续补》有两字之名省称一字例子，而且说：“史记中此例甚多。”那么，司马迁省左丘明为左丘，便不足为奇了。何况若称丘明，便和本句下文“失明”的“明”字重复。司马迁这段文字既都是四字一逗，又要避免重复，其称左丘明省为左丘，竟是文势所不得不然。[③]

从杨先生引述中可以得见，实际上前人已经通过上下文例，分析司马迁

① 周建江：《邦风·国风》，《光明日报》2003 年 7 月 30 日。

② 左丘明姓“左”名“丘明”的说法，如孔颖达《左传正义》：“以其姓左，故号为《左氏传》也”；左丘明为“左丘”复姓的说法，如朱彝尊《经义考》以司马迁“左丘失明，厥有《国语》”之言，认为“左丘为复姓甚明”；左丘明“丘”姓的说法可见于应劭《风俗通义》：“丘姓，左丘明，鲁左丘明之后。”此外，今有学者据《左传精舍志》推断左丘明以“丘”为氏，其后代经历了初以“丘”为氏，后改为“左”为氏，后复以“丘”为氏的过程。（参见王为民、王钧林：《左丘明姓氏推考》，《管子学刊》2001 年第 1 期。）但《左传精舍志》是明天启年间集族谱而编，对左丘明的记载本属晚出，可靠性仍需更多查证。

③ 杨伯峻：《春秋左传注》，中华书局，2009，第 31 页。

省称“左丘”的原因。[①] 故若左丘明以“左”为氏，《十二诸侯年表》的记载便不存在疑点。

再看左丘明若以“左丘”为氏。那么，“左丘失明”的称法已不成问题，关键是《十二诸侯年表》里的“左氏”如何解释？貌似与“左丘”氏有不可调和之矛盾。其实不然，这里提供一种可能。中国姓氏在发展中有省称的现象，例如战国名将赵奢，被赵惠文王封在马服，称为马服君，子孙最初以“马服”两字为氏，后省去“服”字，遂称马氏。如《世本》云：

马氏，本自伯益之裔，赵王子奢封马服君，后遂氏焉。[②]

又《通志·氏族略》有言：

马氏，即马服氏。嬴姓伯益之后，赵奢封马服君，因以为氏。或去服为马，秦灭赵奢孙兴徙咸阳。[③]

在中国姓氏发展中，类似这样复姓省称的现象屡见不鲜。例如巫马氏与巫氏、段干氏与段氏、上官氏与官氏、欧阳氏与欧氏或阳氏、西门氏与西氏、百里氏与百氏、钟离氏与钟氏、宗正氏与宗氏、闻人氏与闻氏等，均属于这种情况。以此观“左丘明”姓氏。据先前“左丘明”本为“左丘”氏的假设推测，在汉代，“左丘”氏很可能如此类复姓一般，有一部分或已省

---

① 或许在新近发现的出土文献中可以找到另外一条证据。《清华大学藏战国竹简（陆）》中收有《郑文公问太伯》一篇，记载了太伯临终时告诫郑文公之辞，其言有云：“君女（如）由皮（彼）孔吿（叔）、**逹**（佚）之巨（夷）、帀（师）佢鹿、**𡊄**（堵）之俞沵（弥），是四人者，……”关于“**𡊄**（堵）之俞沵（弥）”，整理者注云：“《左传》僖公二十年：‘夏，郑公子士洩、堵寇率师入滑’事在郑文公三十三年。《左传》僖公二十四年：‘郑公子士洩、堵俞弥帅师伐滑。’事在郑文公三十七年。旧说皆读作‘公子士’、‘洩堵俞弥’，以‘洩堵’为‘俞弥’之氏，非是。《左传》宣公三年称郑文公‘娶于江，生公子士’，疑‘士’、‘洩’一名一字，或名‘士洩’而单称‘士’，如晋文公重耳称‘晋重’之例。”（见李学勤：《清华大学藏战国竹简（陆）》，中西书局，2016，第123－124页。）倘若属于后一种情况，也就意味着在出土文献中找到古人双名单称的用例。

② 秦嘉谟等辑：《世本八种·秦嘉谟辑补本》，商务印书馆，1957，第283页。

③ 郑樵：《通志二十略》，中华书局，1992，第93页。

称、分化为“左氏”。[①] 因而，司马迁在一些地方的记载中据当时习惯，省称“左丘氏”为“左氏”未尝不可。

最后看左丘明若以“丘”为氏。俞正燮曾推论“左”乃是“左史”官名的省称：“丘明传《春秋》，而曰《左氏传》者，以为左史官言之。”[②] 照此，左丘明以“丘”为氏与《十二诸侯年表》中《左氏春秋》之称也不矛盾。

关于内容详略。《左传》与《国语》此详则彼略，此略则彼详，只能说明二者本是独立的著作，不足以证明二书不为同一作者所作。按三国吴韦昭《国语解叙》的说法：“（左丘明）雅思未尽，故复采录前世穆王以来，下讫鲁悼智伯之诛，以为《国语》。”假如真是如此，《国语》是作为《左传》的补充而作，反而更能解释《左传》和《国语》各有详略的现象。而《国语》中鲁史简略也不能说明作者不是鲁人，正如我们之前在论及《左传》记载晋楚之事较多，不能证明《左传》作者不是鲁人一样。典型的反例就是，《春秋》为孔子所修，但“其事则齐桓、晋文”，并不以鲁国为详。所以，《国语》对各国史实的偏重应出于编写者的通盘考虑，包括作品的主旨、作者的喜好、各国史料的搜集等，不能简单用《国语》各篇的详略来推测作者出于何地。

然而，前人有些理据则具有一定的道理。例如赵襄子的谥号、预言事件、岁星纪年等都极可能是后世窜入的。此外，从古籍成文规律推测的方法也是值得重视的。就现今出土文献的情况来看，目前我们还没有发现一部传世的先秦古籍能在流传中保持它最初的原貌。尤其是像《国语》这样篇章独立的文献，可以想象，后世增修添改则更加容易。因此，《国语》非一人所成从一定范围上讲是正确的。但《国语》中究竟有多少篇章属于后世作品？

---

① 在传世文献中，汉代人物并无以“左丘”为氏之人。在汉代玺印中，据前贤对复姓的统计，暂时也未见“左丘”这一姓氏。（见刘乐贤：《汉印复姓杂考》，载《于省吾教授百年诞辰纪念文集》，吉林大学出版社，1996；赵平安：《汉印复姓的考辨和统计》，载《秦西汉印章研究》，上海古籍出版社，2012，第133－144页；吴良宝：《汉印复姓的考辨与统计补正》，《文史》2002年第1辑，第247－251页；石继承：《汉印文字研究》附录《汉印复姓的考辨与统计三补》，复旦大学博士学位论文，2015，第227－240页。）

② 俞正燮：《癸巳类稿》卷七，辽宁教育出版社，2001，第246页。

这是有疑问的。目前可以举出确实的例证屈指可数，那么，用仅有的几处例证来鉴别《国语》整体的成书作者未必是合理的。

实际上，我们在反思司马迁说法的同时，还应仔细思考这一说法的内在合理性。《左传》和《国语》的作者关系问题有以下六点十分值得注意。

其一，两书整体文法相似。尽管《左传》和《国语》的体裁、文风各不相同，但不可否认，其文法具有高度的相似性。高本汉《左传真伪考及其他》说《左传》和《国语》文法相近，像是一人所作。① 洪业先生更是发现《国语》有几乎与《左传》相同的文辞，他说："（左传）全书之布局陈辞，拈字缀句，时复酷类《国语》。"② 另外，陈长书曾对《国语》词汇进行了系统的研究，认为其符合战国中早期的特点，③ 这与《左传》的词汇时代颇为相近。

其二，两书相关内容相似。白寿彝先生曾做过统计，《国语》跟《左传》对看，同于《左传》者共计92条。④ 在内容比重上，张以仁先生统计，《国语》与《左传》重出的部分在《国语》中的分量要占到三分之二。⑤ 1978年，上海师范大学古籍整理组整理校勘《国语》韦注本，以每事拟定一个小标题。以此参照，《国语》与《左传》相关题材共计82题。这些都指明二书内容上的相关性。总体来看，这82题中的差异大都是细节差异，史实的主旨没有本质的差别。⑥ 而在相同点方面，《左传》和《国语》有些叙事语

---

① 高本汉：《左传真伪考及其他》，商务印书馆，1936，第106页。

② 洪业：《春秋经传引得序》，载《洪业论学集》，中华书局，1981，第272页。

③ 陈长书：《〈国语〉词汇研究》，山东大学博士学位论文，2005。

④ 白寿彝：《〈国语〉散论》，《人民日报》1962年10月16日。

⑤ 张以仁：《论〈国语〉与〈左传〉的关系》，载《张以仁先秦史论集》，上海古籍出版社，2010，第49页。

⑥ 刘知几言《左传》和《国语》"或重出而小异"。（见浦起龙：《史通通释》卷一，上海古籍出版社，1978，第14页。）对于二者差异的细致研究，可参见张以仁：《论〈国语〉与〈左传〉的关系》第二部分《同述一事而史实有差异》，上海古籍出版社，2010，第21页；张居三：《〈国语〉研究》第四章第二节第二部分《〈国语〉、〈左传〉同记一事而有差异》，东北师范大学博士学位论文，2008。

句非常相似，例如《左传·庄公二十三年》记载曹刿批评庄公如齐观社：

> 二十三年夏，公如齐观社，非礼也。曹刿谏曰："不可。夫礼，所以整民也。故会以训上下之则，制财用之节；朝以正班爵之义，帅长幼之序；征伐以讨其不然。诸侯有王，王有巡守，以大习之。非是，君不举矣。君举必书，书而不法，后嗣何观？"①

与之相对应可见《国语·鲁语上》：

> 庄公如齐观社。曹刿谏曰："不可。夫礼，所以正民也。是故先王制诸侯，使五年四王、一相朝。终则讲于会，以正班爵之义，帅长幼之序，训上下之则，制采用之节，其间无由荒怠。夫齐弃太公之法而观民于社，君为是举而往之，非故业也，何以训民？土发而社，助时也。收捃而蒸，纳要也。今齐社而往观旅，非先王之训也。天子祀上帝，诸侯会之受命焉。诸侯祀先王、先公，卿大夫佐之受事焉。臣不闻诸侯相会祀也，祀又不法。君举必书，书而不法，后嗣何观？"公不听，遂如齐。②

两相比较，《国语》与《左传》该段叙事几乎相同，诸多词句如出一辙，只是《左传》更为简洁明了。这类相似性实际上暗示，《左传》和《国语》之间，一书曾对另一书有过参考。

其三，《左传》和《国语》所采史料皆迄于鲁悼公时代，俱言智伯之亡。这一巧合似乎暗指二书内容基本成型年代相近。

其四，《国语》和《左传》的窜入成分证明二书具有极大的相关性。例如《左传》和《国语》都提到了赵襄子的谥号，两书均含有诸多相似的预言材料等。此外，两书中岁星材料的相似性，也暗指它们之间存在莫大的关

① 阮元校刻：《春秋左传正义》卷十，载《十三经注疏》，中华书局，1980，第1778－1779页。

② 徐元诰：《国语集解》，中华书局，2002，第144－146页。

联。此前，我们曾论及一些学者认为《左传》中的岁星材料不是天象的真实记录，而是根据战国某一时期逆推得来。如果承认这种说法，那么拿《左传》与《国语》中的岁星记载参照，可以发现两者逆推的时间相差无几，张培瑜先生说：

> 《国语》所书岁星位置，在公元前640年（639.5年）前后与天相差约3.27次，由 $639.5 - 3.27 \times 86.1069 = 358.23$ 可以看出，《左传》所书的岁星位置，大约是公元前358年的作者，根据岁星12年行天1周计算加进去的。
>
> 《左传》所书岁星位置，在公元前538年前后与天相差约2.1次，由 $538 - 2.1 \times 86.1069 = 357.18$ 可以看出，《左传》所书的岁星位置，大约是公元前357年的作者，根据岁星12年行天1周计算加进去的。[①]

张先生由此结论道："《国语》岁星纪事与《左传》纪事时间上可以互补。它们都与实际天象不符，皆非观测实录。有趣的是，两书与天的差失符合同一规律。"[②] 若该说可信，这一巧合表明《左传》和《国语》中的岁星材料似一人所为，那么至少可以推测，它们的成文很可能曾经过同一个人之手。

其五，《左传》《国语》中的筮例有某些共性。《左传》《国语》共记载了24条筮例。近年来也出土了不少楚地占筮材料，包括包山简、望山简、葛陵简、天星观简以及清华简《筮法》等。这些材料说明占筮之风在楚国颇为盛行。然而，包含丰富楚国史料的《左传》和《国语》均没有记载楚国的筮例，这种惊人的一致性是十分耐人寻味的。同时，通过比对发现，《左传》和《国语》与这些出土的筮例材料具有不少共同的差异。[③] 这不仅表明

---

① 张培瑜：《先秦秦汉历法与殷周年代》，科学出版社，2015，第45页。

② 张培瑜：《先秦秦汉历法与殷周年代》，科学出版社，2015，第49页。

③ 王华平：《〈左传〉和〈国语〉之筮例与战国楚简数字卦画的比较》，《考古》2011年第10期；廖名春：《清华简〈筮法〉篇与〈说卦传〉》，《文物》2013年3期；刘震：《清华简〈筮法〉与〈左传〉、〈国语〉筮例比较研究》，《周易研究》2015年第3期。

当时社会上存在着诸多占筮系统，而且暗示《左传》和《国语》中的筮例具有某些共通性。

其六，我们还可以从其他史料线索获知，《左传》和《国语》作者同属左丘明的说法由来已久，不是司马迁的首创。贾谊的《新书》曾大篇幅征引《国语》，同时，贾谊亦作为“左传学”传承的重要人物。有学者已经注意到这一点，推测至少在西汉早期，已存在《左传》《国语》皆出自左丘明的说法。如清代董增龄道：“《儒林传》载贾生治《春秋左氏传》，今又兼述《国语》，则贾生亦以《内传》《外传》之同出左氏也。”[①] 近来，李佳的《国语研究》也从贾谊传习二书的角度，认为左丘明纂《国语》的说法可信：

> 贾谊对《春秋》《左传》颇有研究，其治《春秋左氏传》而兼及《国语》，其弟子后人一直研习二书不辍。而从无一人对司马迁、班固等人关于《国语》为左丘明所纂的观点有所讨论，由此不难推知贾谊亦当认为《国语》为左丘明所作，贾氏一门家学以及弟子的传承为《国语》纂者的传统说法的可靠性提供了旁证。[②]

综合以上这些线索，尽管不能直接证明《左传》《国语》均出自左丘明之手，但代表了相同作者说的合理性。可以说，《左传》和《国语》除左丘明之外，即便有不同作者参与，这些作者之间也可能存在某种密切的联系。

那么，在没有绝对证据推翻传统说法的情况下，如何解决现有研究与传统说法之间的矛盾？或许，结合前文对《左传》成文的认识，我们可做一个推论，《左传》和《国语》的作者存在紧密的联系，他们最有可能同是左氏族人。原因与此前论述《左传》相类，现简述如下：

第一，先秦古书不可避免地会有后世窜入的成分，尤其是像《国语》这

① 董增龄：《国语正义》，巴蜀书社，1985，第2页。
② 李佳：《〈国语〉研究》，中国社会科学出版社，2015，第53页。

样内容各自独立成篇的语体书，存在这一情况的概率和比重可能会更大一点。这一点前人在研究中已找到诸多证据，说明《国语》不太可能只是左丘明独立的作品。

第二，从史官的传承角度来看，《国语》最初编纂可能确实出于左丘明，后传其继承史官的子孙进一步完善扩编成书，托名为祖上所作。史书成书类似的情况历史上多见（参见本书第二编中所述《左传》成书的三个阶段）。而且，这也符合古人对古书认知的思维习惯，与传统说法并不矛盾。

第三，如果《国语》和《左传》一样，也是左氏家族集体的成果，那么，正好解释了为何《左传》和《国语》整体文法相似，同时又存在些许内容差异。先秦史官的世袭传统，意味着左氏子孙曾受到过左氏史官家族的学术培养。这使得他们经历了数代，在编史时仍能保持家族特有的文辞使用习惯，由此造成了《左传》和《国语》二书的文法具有诸多相似性。不过，《左传》和《国语》虽同出自左氏一族，但毕竟经过不同人之手，行文文法虽容易取得一致，然而采集史料的来源，选择史料的倾向，甚至学识水平难免有所不同，故二书又难以达到绝对的统一，造成不少史料重复，甚至一事异记的现象。①

第四，《左传》和《国语》若皆由左氏一族所作，那么，二书在编撰中能够相互参阅自然不是难事。《国语》和《左传》内容有大量雷同的情况就可以得到很好的解释。

因此，《国语》很可能和《左传》一样，最初由左丘明发起编纂，后经过左氏子孙的扩充续编成书。这种推测既能解释传统说法的由来，又能释通过去人们对二书关系的怀疑，相比以往诸说，可能更符合历史背景与古书成书的规律。

---

① 尽管《国语》内容存在不统一的现象，但可以看出，其写作是有明确的指导思想，因而具有清晰的内在系统性（可详见李佳：《〈国语〉编纂析论》，《史林》2014 年第 2 期，后收入著作《〈国语〉研究》），在这点上恰好体现了左氏一族对《国语》编纂思想的传承性和一贯性。

第三编　经学之争

一、汉代经学与《春秋》三传的古今论争

（一）西汉刘歆争立

《春秋》文字简练，思想深奥，要读懂它颇为不易，所以传书成为后人理解《春秋》经义的门径。那么，问题来了，流传下来的《春秋》传书有三部，它们的来源不同，流传方式不同，体例不同，甚至很多解释也都截然相反，究竟哪一部真正反映了孔子的思想？这不仅是我们心中的疑问，也是古人极为关心的问题。当然，古人不可能坐时空穿梭机亲自去问孔子老人家孰是孰非，所以解决问题的方法落在了争辩上。从汉代开始，三传支持者展开了持续近两千年的争论。无须本书多言，读者也能想到这场旷日持久的争论定然盘根错节，千条万绪。其中，最为重要的一条主线是三传的今、古文之争。

今、古文之争不是从三传诞生一开始就有，从春秋战国到西汉初年，三传各自流传，未见有争论。这可能是因为当时社会纷乱，加之秦朝建立后焚书坑儒，三家传书自顾不暇；也可能是因为先秦史料匮乏，留存下来不足十分之一，即便有记载也未能存世。而伴随着汉初大规模整理儒家典籍的风气

与汉武帝“独尊儒术”的文化政策，大量儒家典籍从此光明正大地“重出江湖”。在《春秋》传书方面，出于政治需要及今文经家推动，《公羊传》和《穀梁传》两部今文经被立于学官，设立博士并招收学生。有了官方支持，今文两传的处境与秦代相比，来了个180度大转弯，一时间成了“香饽饽”，受到众多儒生追捧，他们中有不少通过今文两传受统治者重视，这反过来又促进了今文传书的繁荣兴盛。相比较而言，属于私学的《左传》则冷清不少，在刘歆以前少有学者研习，汉初《左传》方面的著作只有贾谊所著的《左氏传训故》，但此书到东汉初年班固写《汉书·艺文志》时已然不见。贾谊是西汉初年著名政论家、文学家，他的作品像《过秦论》《吊屈原赋》《鵩鸟赋》等都是脍炙人口、广为流传的名篇，而偏偏《左氏传训故》早早便亡佚了，很可能是因传习较少以致失传，这也从侧面说明《左传》在汉初确实鲜有人研习。因此，与汉初今文两传“大红大紫”相比，《左传》显然未受到广泛重视，只于民间流传。[①] 造成这一现象的原因是多方面的。比如，今文两传通过师徒口授传承，老师亲口教授的方式传播力强、受众面广、师承清晰，而《左传》则一开始就以文献方式流传，其体系宏大、卷帙浩繁、携带定然不便，寻常人很难有条件阅读，而且到西汉末刘歆时仍遗留先秦时期的面貌，多古字古言，说明即便对汉代人而言，阅读《左传》也颇为不易，需要先秦古文字基础。另外一个重要原因是，尽管《左传》的汉初传授者有张苍、贾谊等官员群体，但他们似乎并不热衷于用《左传》去影响政治，也就是说，《左传》在汉初缺乏像董仲舒那样具有政治敏锐性的经师，能够将今文传书经义与时下政治相结合，以谋求统治者的支持。

尽管武帝立五经博士后，今文两传和《左传》官方地位相差悬殊，但并不妨碍当时一些学者对《左传》的喜好，据黄觉弘先生统计，左传学在西汉

① 有关《左传》西汉授受世系，可参见黄觉弘：《〈左传〉早期流变研究》，中国社会科学出版社，2010，第144－156页。

共计13家14部，数量上甚至还超过《公羊》学和《穀梁》学著作。比如司马迁对《左传》非常熟悉，《史记·十二诸侯年表序》最早对《左传》的由来做了系统记载：

> 孔子明王道，干七十余君，莫能用。故西观周室，论史记、旧闻，兴于鲁而次《春秋》。上记隐，下至哀之获麟。约其辞文，去其烦重，以制义法。王道备，人事浃。
>
> 七十子之徒，口受其传指；为有所刺讥褒讳挹损之文辞，不可以书见也。鲁君子左丘明，惧弟子人人异端，各安其意，失其真；故因孔子、史记，具论其语，成《左氏春秋》。[1]

在司马迁看来，《左传》的创作目的是希望后世《春秋》学者不要“各安其意，失其真”，纠正后世传经中的错误，并且他编写《史记》就采用了大量《左传》内容。

面对今文经学备受推崇，《左传》传授者也并未愤愤不平，汉初三传各自传授，倒也相安无事。然而，从西汉中后期开始，《左传》学者开始热衷于争取学官地位。这一转变有多层原因：首先，随着西汉经学地位确立，读经成为进入仕途的捷径，对士人有着巨大的政治吸引力，[2] 至西汉末年，今文经学立于学官已百年，获得了巨大利益，自然也使《左传》学者心动，希望加入学官阵营。其次，今文经学发展到西汉末年缺点显现，逐渐走向了烦琐僵化的死胡同。今文学家死守师法，故步自封，动辄“曰若稽古三万言”“一经说至百余万言”，这也刺激《左传》学者向今文经学发起挑战。再次，从学术层面上讲，《左传》内容丰富，体系宏大，叙事生动，本身是一部极

---

① 司马迁：《史记》，中华书局，2010，第509－510页。

② 《史记》记载：“公孙弘以《春秋》白衣为天子三公，封以平津侯，天下之学士靡然向风矣。”司马迁：《史记》，中华书局，2010，第3118页。

为优秀的作品。尽管没有立为学官，但常言道“是金子总会发光”，随着时代发展，越来越多学者开始关注《左传》，欣赏《左传》，为《左传》争取官方地位。

然而，一旦古文经被立为学官，势必挤占今文经空间，作为既得利益者的今文经学自然不愿意分一杯羹。[①] 从西汉成帝开始，今、古文就为立《左传》一事争论不休，[②] 光汉代就有四次大争论。第一次，也是最令后世议论的一次是刘歆与太常博士的争论。刘歆是汉代皇族后裔，少时受父刘向熏陶，通习今文《诗》《书》，后又治今文《易》和《穀梁春秋》等，本对今文经颇为精通，后来转而偏好古文经。《汉书》记载刘歆于汉成帝河平三年（前26年），受诏与其父刘向领校“中秘书”（内秘府藏书），发现了深藏宫中的《左传》，大为喜爱，便与丞相史尹咸共同校对。[③] 又据桓谭《新论》记载，刘向、刘歆及其兄刘伋本来就精通《左传》，乐于“教授子孙，下至妇女，无不读诵”[④]。王充《论衡·案书》也有类似记载：“刘子政玩弄《左

① 侯外庐等先生《中国思想通史》第二卷第九章第三节说：“经今古文学之争，不在争取学说之公开流传，而是争取置博士，设弟子员——即学官的地位之确立。所以然者，因为博士的官阶并不算小：汉初俸四百石，其后增至六百石，内迁可为奉常、侍中，外迁可为郡国守相诸侯王太傅等等。‘禄利之路’的效验是多么大呀。”（见侯外庐等：《中国思想通史（第二卷）》，人民出版社，1980，第327页。）

② 汉成帝时曾议立《左传》，胥安君独驳《左传》不祖孔子，最后不了了之。《华阳国志》卷十《士女传》引《春秋穀梁传·首序》曰：“成帝时，议立三传博士，巴郡胥安君独驳《左传》不祖圣人。”（见任乃强：《华阳国志校补图注》，上海古籍出版社，1987，第618页。）但此条不见于今本《穀梁传》，胥安君其人也不见于汉代史籍，不知《华阳国志》从何处引得，但既有所载，姑且暂列于上。

③ 《汉书·楚元王传》：“歆及向始皆治《易》，宣帝时，诏向受《穀梁春秋》，十余年，大明习。及歆校秘书，见古文《春秋左氏传》，歆大好之。时丞相史尹咸以能治《左氏》，与歆共校经传。歆略从咸及丞相翟方进受，质问大义。初《左氏传》多古字古言，学者传训故而已，及歆治《左氏》，引传文以解经，转相发明，由是章句义理备焉。歆亦湛靖（沉静）有谋，父子俱好古，博见强志，过绝于人。歆以为左丘明好恶与圣人同，亲见夫子，而公羊、穀梁在七十子后，传闻之与亲见之，其详略不同，歆数以难向，向不能非间也，然犹自持其《穀梁》义。及歆亲近，欲建立《左氏春秋》及《毛诗》、《逸礼》、《古文尚书》皆列于学官。”（见班固：《汉书》，中华书局，1964，第1967页。）

④ 严可均：《全上古三代秦汉三国六朝文》，中华书局，1958，第546页。

氏》，童仆妻子，皆呻吟之。”① 乍一看，《汉书》与《新论》《论衡》所言似乎有些不同，但其实并不矛盾，结合两方面记载，刘歆很可能原先已从尹咸、翟方进那里受习《左传》，同时在校秘中书时又发现了更早版本——由古文书写的《春秋左氏传》。尽管早年受习《穀梁传》，但刘歆认为左丘明与孔子同时代，可以亲身面见夫子，而公羊、穀梁时代已在孔门七十子之后，只能听闻夫子之言，所以《左传》要优于今文两传。刘歆为此曾与以《穀梁传》为正宗的父亲刘向有过争辩，刘向甚至无法说服儿子。不过，刘歆的抱负远不止在家中争赢父亲，他还有更大的宏愿，就是要争取古文经的学官地位。于是在汉哀帝建平元年（前 6 年），凭借哀帝宠幸，刘歆正式上书请立包括《左传》在内的古文经于学官。然而，“理想很丰满，现实很骨感”，刘歆显然想得过于简单，今文经学在朝廷经营日久，树大根深，自然不愿意分享政治和学术地位。当时今文经内部已是派系林立，争论不断，更何况还要立一个不属于自己阵营的竞争对手，所以刘歆此次轻率请立的结果可想而知。当哀帝下诏征询臣下意见，让刘歆与今文经学家讨论经义时，他们便沉默以对，“或不肯置对”。这个情况令刘歆始料未及，很可能他都已经做好了与今文经学家唇枪舌剑的准备，但结局却是人家根本连“机会”都不给，最后支持者仅有王龚和房凤两人。既然此处受阻，刘歆便另寻他路，计划先说服几个重臣，于是他数次找丞相孔光谋求帮助，但又遭到拒绝。尽管到处碰壁，但刘歆并未气馁，而是以笔为武器，写出了历史上著名的《移让太常博士书》，强烈抨击今文经学家顽固不化、抱残守缺。《移让太常博士书》在内容上大体可包含三个部分：第一部分论述孔子与六艺的关系及经学的产生；第二部分介绍古文经的由来；第三部分痛斥太常博士们“抱残守缺，挟恐见破之私意，而无从善服义之公心”，并倡议将古文经列为学官。

① 黄晖：《论衡校释》，中华书局，1990，第 1164 页。

可以说，《移让太常博士书》不仅是一篇言辞峻切、笔锋犀利的“宣战书”，而且也是汉代经学史上一篇重要文献，代表了《左传》学正式兴起，拉开了汉代今古文经学斗争的序幕。

客观地说，刘歆这篇《移让太常博士书》不管是文采还是气势都堪称宏文，此文一出，可谓一石激起千层浪，今文经学家这次再也坐不住了，纷纷激烈反击，例如大司空师丹就摆出了祖宗家法，将原本的学术争论上升到政治礼法，认为刘歆大逆不道，“乱改旧章，非毁先帝所立”[①]，因此，尽管此时刘歆受哀帝亲信，但也抵不住今文经学家人多势众，群起攻之，于是外调避祸，“数年以病免官”[②]。就这样，刘歆首次争立《左传》以失败告终。

然而，平帝即位后，随着王莽得势，局面峰回路转。一方面，王莽素与刘歆交好，两人都曾为黄门郎，关系十分密切，王莽临朝当权，刘歆自然也跟着沾光，先出任侍中太中大夫，后又升任骑都尉、奉车光禄大夫、羲和官，一跃成为显赫人物，无限风光，所谓“近水楼台先得月”，刘歆为古文经争立的主张自然受到了王莽大力支持；另一方面，古文经与王莽托古改制、推行古法的理念相合，同时又能够为王莽篡汉提供谶纬理论支持，比如，《左传·昭公二十九年》记载：“陶唐氏既衰，其后有刘累”，[③] 是说刘姓为尧帝后裔，这条正好被王莽加以利用，并炮制了“王氏舜后”的说法，既然上古尧传位给舜，那么尧的后人也应禅位给舜的后人，这就为自己代汉而立制造了舆论。[④] 当然，更深层次的原因是王莽想借立古文经学的契机压制刘汉的官僚群体，于是连同《左传》在内的古文经学受到王莽重视。此次《左传》争立也受到一些今文经学家的非议，但在王莽大力支持下，《左传》

①② 班固：《汉书》，中华书局，1964，第1792页。

③ 《汉书》记公孙禄言：“国师嘉信公（刘歆）颠倒五经，毁师法，令学士疑惑。”（见班固：《汉书》，中华书局，1964，第4170页。）

④ 《汉书》载王莽言：“予之皇始祖考虞帝受嬗于唐，汉氏初祖唐帝，世有传国之象。”（见班固：《汉书》，中华书局，1964，第4108页。）

终于在汉平帝元始元年（1 年）得立学官。然而，《左传》此番得立犹如昙花一现，随着刘歆自杀，王莽新朝覆灭又重回原点。东汉初年，光武帝以中兴汉室为号召，力图恢复西汉学术旧有传统，所以，今文经学重新占据“五经十四博士”的官方地位，而古文经学又一次被沦为私学。但是，经过了西汉末年刘歆的争立与推广，古文经学已不再势单力薄，而是受到越来越多学者的重视，形成了一定学术基础，这就为东汉今、古文争论埋下了伏笔。

那么，我们如何评价刘歆？由于刘歆曾出任新莽国师，是王莽篡汉的重要帮手，后世对刘歆其人多有恶评。但公允地说，刘歆对中国古代学术发展的贡献是值得肯定的。鲁迅先生曾说：“第一个吃螃蟹的人是很令人佩服的。”正是刘歆第一次争立《左传》，使得《左传》从民间私学广泛进入当时学者的视野。尽管争立过程一波三折，但让当时诸多儒生认识到《左传》的价值，从而扩大了《左传》的研究群体。可以说，刘歆是《左传》学的开创者和奠基者，对《左传》的传播与发展功不可没。不过，有必要介绍的是，由于刘歆所处的特殊时代及其与王莽的特殊关系，《左传》也正是在王莽的支持下才取得学官地位，王莽甚至还利用《左传》给自己篡汉提供理论依据。因此自清末以来，有不少学者以为，《左传》是刘歆为帮助王莽篡汉伪造出来的，最早系统论述刘歆作伪的论著当属刘逢禄《左氏春秋考证》：

> 刘歆强以为传《春秋》，或缘经饰说，或缘《左氏》本文前后事，或兼采他书以实其年……要之，皆出点窜，文采便陋不足乱真也。[①]

此后，龚自珍、康有为、崔适、钱玄同、顾颉刚等皆从此说，认为《左传》根本不是先秦古籍，是汉人附会编纂出来的。如张西堂《〈左氏春秋考证〉序》评价刘逢禄《左氏春秋考证》说：“他这部书不惟揭穿了《左氏春

① 刘逢禄：《左氏春秋考证》卷上，朴社，1933，第 19 页。

秋》的黑幕，举凡假冒的招牌，粗劣的原料，不清的来路，一一地发现，而且开出了一条考订伪经的新路线，几乎把新学伪经的真赃实证都道破。”[①] 与此针锋相对，刘歆作伪说也受到当时诸多学者的反对。他们主要从三个方面加以驳斥：一是有针对性地逐条反驳，如章太炎《春秋左传读》《春秋左传读叙录》就是对刘逢禄《左氏春秋考证》逐条辩驳。[②] 二是对《左传》材料可靠性的考查，如刘师培《周季诸子述左传考》《左传学行于西汉考》是从《左传》于先秦汉初已广为流传的角度，证明《左传》一书早已有之，非刘歆独创。又如罗倬汉《史记十二诸侯年表考证》，用大量证据证明《十二诸侯年表》里的很多条目只能根据《左传》而来，他的结论不仅达到前者的目的，还证明了司马迁对《左传》的熟悉与采纳。[③] 三是从刘歆生平入手，如钱穆《刘向歆父子年谱》，详细考证刘向、歆父子及王莽的身世经历，指出二十八条证据证明刘歆不可能作伪。[④] 由于以上这三个方面涉及《左传》的内在和外延，故 1949 年后，刘歆作伪说逐渐式微。直到 20 世纪 70 年代末 80 年代初，徐仁甫发表多篇论文，并在此基础上写成《左传疏证》，重持刘歆作伪说，再次引发了学界对《左传》作伪的争论。值得注意的是，此次，徐仁甫所持的刘歆作伪说与先前有所不同，为了应对旧有伪书论的缺陷，他不再像清末民国那些疑古学者那样认为《左传》连史料都是出自刘歆伪造，而只是认定出于刘氏编纂之手，他说：

> 我并不是说《左传》的内容，都是伪造的。相反，我认为刘歆根据当时皇家秘府堆积如山的典籍，按照《春秋》的年代所编纂的史实，是最可靠的……我不赞同康有为认定“刘歆遍伪群书”（钱穆早已驳倒此

---

① 顾颉刚：《古史辨（第五册）》，上海古籍出版社，1982，第 274 页。
② 章太炎：《章太炎全集（二）》，上海人民出版社，1982。
③ 罗倬汉：《史记十二诸侯年表考证》，商务印书馆，1943。
④ 钱穆：《两汉经学今古文平议》，商务印书馆，2001。

说），以及“《左传》从《国语》分出”的说法……总之，我是反对康有为，而不是随声附和他。[①]

然而，即便徐氏有此调和，其立论仍不足以信众。胡念贻在前人对《左传》各角度研究的基础上，利用文献学、天文学、语言学等领域的研究成果，并结合当时新近出土的马王堆《春秋事语》，对刘歆作伪说做了总结性的批判。此外，他还在方法论上指明徐仁甫的错误。[②] 与此同时，台湾方炫琛的《春秋左传刘歆伪作窜乱辨疑》也系统论证并否定了刘歆作伪的可能。[③] 故此之后，信从徐仁甫说法的学者寥寥无几。

同时，从刘歆争立《左传》整个过程来看，刘歆首度争立《左传》是在汉哀帝时，当时王莽正受政局影响卸职隐居，也就是说，刘歆首次申立《左传》在王莽仕途低潮、前途未明之时，当时刘歆没有动机为王莽篡汉编纂《左传》，当然王莽也没有能力为刘歆提供支持。

（二）东汉的三场风波

虽然《左传》随着新莽覆灭暂时失去了学官地位，但东汉《左传》与今文两传的争论并没有因此戛然而止，反而愈演愈烈，整个东汉经历了三次大争论。

第一次是光武帝时期，今文经学家范升和古文经学家陈平的争论。光武帝建武二年（26 年），尚书令韩歆上疏欲立《费氏易》《左传》为学官，光武帝下令群臣在云台议论，范升与韩歆及太中大夫许淑等互相辩难，一直到

---

① 徐仁甫：《论刘歆作左传：与持不同意见的同志商讨》，《文史》1981 年第十一辑，第 35 页。

② 胡念贻：《左传的真伪和写作时代问题考辨》，《文史》1981 年第十一辑。

③ 方炫琛：《春秋左传刘歆伪作窜乱辨疑》，台湾政治大学硕士学位论文，1979。

中午才罢休。范升绝非以往封己守残、食古不化的儒生，除了表明今文学家以往的门派观点，认为“左传不祖孔子，师徒相传，又无其人之外”，他又指出现实问题，认为今、古文经分立会造成各有所执，思想混乱，不利于东汉政权的稳定，所以奏立《左传》，非当务之急。[①] 面对范升的责难，陈元

① 《后汉书·郑范陈贾张列传》：时尚书令韩歆上疏，欲为费氏易、左氏春秋立博士，诏下其议。四年正月，朝公卿、大夫、博士，见于云台。帝曰：“范博士可前平说。”升起对曰：“左氏不祖孔子，而出于丘明，师徒相传，又无其人，且非先帝所存，无因得立。”遂与韩歆及太中大夫许淑等互相辩难，日中乃罢。升退而奏曰：“臣闻主不稽古，无以承天；臣不述旧，无以奉君。陛下愍学微缺，劳心经蓺，情存博闻，故异端竞进。近有司请置京氏易博士，群下执事，莫能据正。京氏既立，费氏怨望，左氏春秋复以比类，亦希置立。京、费已行，次复高氏，春秋之家，又有驺、夹。如令左氏、费氏得置博士，高氏、驺、夹，五经奇异，并复求立，各有所执，乖戾分争，从之则失道，不从则失人，将恐陛下必有猒倦之听。孔子曰：‘博学约之，弗叛矣夫。’夫学而不约，必叛道也。颜渊曰：‘博我以文，约我以礼。’孔子可谓知教，颜渊可谓善学矣。老子曰：‘学道日损。’损犹约也。又曰：‘绝学无忧。’绝末学也。今费、左二学，无有本师，而多反异，先帝前世，有疑于此，故京氏虽立，辄复见废。疑道不可由，疑事不可行。诗书之作，其来已久。孔子尚周流游观，至于知命，自卫反鲁，乃正雅、颂。今陛下草创天下，纪纲未定，虽设学官，无有弟子，诗书不讲，礼乐不修，奏立左、费，非政急务。孔子曰：‘攻乎异端，斯害也已。’传曰：‘闻疑传疑，闻信传信，而尧舜之道存。’愿陛下疑先帝之所疑，信先帝之所信，以示反本，明不专己。天下之事所以异者，以不一本也。易曰：‘天下之动，贞夫一也。’又曰：‘正其本，万事理。’五经之本自孔子始，谨奏左氏之失凡十四事。”时难者以太史公多引左氏，升又上太史公违戾五经，谬孔子言，及左氏春秋不可录三十一事。诏以下博士。”（见范晔：《后汉书》，中华书局，1973，第 1228－1229 页。）

上书针锋相对，据理力争。[①] 最为重要的是，针对范升所言“先帝不以《左传》为经，故不置博士”，陈元认为“先帝后帝所立，不必其相因也”，可谓正中光武帝下怀。新朝新气象，光武帝作为一代雄主，开国之君，当然不愿做一个因循守旧的守成之主。于是，在陈元与范升双方互相争辩十余次之后，光武帝终于下定决心立《左传》。不过，作为成熟的政治家，光武帝大概为了减少阻力，他绕开了直接与今文经学家针锋相对的陈元，而是封李封为博士。然而，即便光武帝有此苦心，但今文经学家仍然不依不饶，“自公卿以下，数庭争之”，[②] 同时，光武帝发现，古文经学家大都为学质朴，像个只会纯学术的“老学究”，不似今文经学家那样通晓图谶。“图谶”是指典籍中被过度引申和阐发的预言和预兆内容。图谶起源很早，流行于秦汉，尤以东汉最为盛行。光武帝对图谶尤为重视，例如李通以图谶“刘氏复起，李氏为辅”，劝说刘秀起兵；《后汉书·光武帝纪上》载：“光武先在长安时同

① 陈元奏书如下：陛下拨乱反正，文武并用，深愍经艺谬杂，真伪错乱，每临朝日，辄延群臣讲论圣道。知丘明至贤，亲受孔子，而《公羊》、《穀梁》传闻于后世，故诏立《左氏》，博询可否，示不专己，尽之群下也。今论者沉溺所习，玩守旧闻，固执虚言传受之辞，以非亲见实事之道。《左氏》孤学少与，遂为异家之所复冒。夫至音不合众听，故伯牙绝弦；至宝不同众好，故卞和泣血。仲尼圣德，而不容于世，况于竹帛余文，其为雷同者所排，固其宜也。非陛下至明，孰能察之！

臣元窃见博士范升等所议奏《左氏春秋》不可立，及太史公违戾凡四十五事。案升等所言，前后相违，皆断截小文，媟黩微辞，以年数小差，掇为巨谬，遗脱纤微，指为大尤。抉瑕摘衅，掩其弘美，所谓“小辩破言，小言破道”者也。升等又曰：“先帝不以《左氏》为经，故不置博士，后主所宜因袭。”臣愚以为若先帝所行而后主必行者，则盘庚不当迁于殷，周公不当营洛邑，陛下不当都山东也。往者，孝武皇帝好《公羊》，卫太子好《穀梁》，有诏诏太子受《公羊》，不得受《穀梁》，孝宣皇帝在人间时，闻卫太子好《穀梁》，于是独学之。及即位，为石渠论而《穀梁氏》兴，至今与《公羊》并存。此先帝后帝各有所立，不必其相因也。孔子曰，纯，俭，吾从众；至于拜下，则违之。夫明者独见，不惑于朱紫，听者独闻，不谬于清浊，故离朱不为巧眩移目，师旷不为新声易耳。方今干戈少弭，戎事略战，留思圣艺，眷顾儒雅，采孔子拜下之义，卒渊圣独见之旨，分明白黑，建立《左氏》，解释先圣之积结，洮汰学者之累惑，使基业垂于万世，后进无复狐疑，则天下幸甚。

臣元愚鄙，尝传师言。如得以褐衣召见，俯伏庭下，诵孔氏之正道，理丘明之宿冤；若辞不合经，事不稽古，退就重诛，虽死之日，生之年也。（见范晔：《后汉书》，中华书局，1973，第1230－1231页。）

② 范晔：《后汉书》，中华书局，1973，第1233页。

舍强华，自关中奉赤伏符，曰：‘刘秀发兵捕不道，四夷云集龙斗野，四七之际火为主。’”刘秀以为“受命于符”。可以说，从发兵到称帝，光武帝笃信图谶，至死不渝，甚至“宣布图谶于天下”，这与古文经学质朴的学风很不相合。比如东汉初年的《左传》名家郑兴与尹敏都因不善谶纬而不受光武帝重用。① 因此，光武帝在内、外双重因素的影响下对《左传》的态度有所动摇了，一方面今文经学家群起攻之，众怒难平；另一方面，《左传》既立，君命难收，光武帝夹在中间骑虎难下，最后终于借李封病卒的机会，再次把《左传》废弃了。东汉《左传》的首次争立也以立而又废告终。

东汉关于《左传》的第二次争论是明帝、章帝时期贾逵与李育之争。贾逵，字景伯，扶风郡人，东汉著名古文经学家、天文学家。贾逵的父亲贾徽，从刘歆受习《左氏春秋》，兼习《国语》《周官》，又受《古文尚书》于涂恽，在家学的熏陶下，贾逵自幼勤学聪慧，博学多才，弱冠便能背诵《左传》和《五经》。卓绝的才学使他抓住了一次亲近汉明帝的机会。当时有五彩羽毛的神雀飞临宫殿，明帝询问临邑侯刘复是什么缘故，刘复答不上来，推荐贾逵，明帝于是召见贾逵，贾逵答道：“从前周武王完成父亲的基业，凤凰出现在岐山，汉宣帝威德并用，戎狄归服，神雀也曾出现过，所以这是胡人降服的预兆。”② 明帝大为欣喜，命令贾逵写一篇《神雀赋》，并拜贾逵

---

① 《后汉书·郑范陈贾张列传》：帝尝问兴郊祀事，曰：“吾欲以谶断之，何如？”兴对曰：“臣不为谶。”帝怒曰：“卿之不为谶，非之邪？”兴惶恐曰：“臣于书有所未学，而无所非也。”帝意乃解。兴数言政事，依经守义，文章温雅，然以不善谶故不能任。（见范晔：《后汉书》，中华书局，1973，第 1231 页。）《后汉书·尹敏传》：帝以敏博通经记，令校图谶，使蠲去崔发所为王莽著录次比。敏对曰：“谶书非圣人所作，其中多近鄙别字，颇类世俗之辞，恐疑误后生。”帝不纳。敏因其阙文增之曰：“君无口，为汉辅。”帝见而怪之，召敏问其故。敏对曰：“臣见前人增损图书，敢不自量，窃幸万一。”帝深非之，虽竟不罪，而亦以此沈滞。（见范晔：《后汉书》，中华书局，1973，第 2558 页。）

② 时，有神雀集宫殿官府，冠羽有五采色，帝异之，以问临邑侯刘复，复不能对，荐逵博物多识，帝乃召见逵，问之。对曰：“昔武王终父之业，鸑鷟在岐，宣帝威怀戎狄，神雀仍集，此胡降之征也。”帝敕兰台给笔札，使用《神雀颂》，拜为郎，与班固并校秘书，应对左右。（见范晔：《后汉书》，中华书局，1973，第 1235 页。）

为郎，与班固一道典校秘书，留在皇帝身边以备咨询。这番“天兆祥瑞”的解释在我们今天看来固然是无稽之谈，但贾逵因此得到了明帝的赏识，也为《左传》发展带来了新机遇。另外，从这里可以看出，与以往古文经学家不同的是，贾逵精于图谶，主动附会谶纬，并积极将之引入《左传》。这使贾逵改变了之前古文经学家不晓图谶、不受待见的境遇，受到了统治者的欢迎。尤其是后来“特好古文《尚书》、《左氏传》”的汉章帝对《左传》更是倾心。建初元年（76 年），汉章帝诏贾逵入讲北宫白虎观、南宫云台，贾逵乘机上奏：

> 臣谨摘出《左氏》三十七事尤著明者，斯皆君臣之正义，父子之纪纲。其余同《公羊》者什有七八，或文简小异，无害大体。至于祭仲、纪季、伍子胥、叔术之属，《左氏》义深于君父，《公羊》多任于权变，其相殊绝，固以甚远，而冤抑积久，莫肯分明。
>
> 臣以永平中上言《左氏》与图谶合者，先帝不遗刍荛，省纳臣言，写其传诂，藏之秘书。建平中，侍中刘歆欲立《左氏》，不先暴论大义，而轻移太常，恃其义长，诋挫诸儒，诸儒内怀不服，相与排之。孝哀皇帝重逆众心，故出歆为河内太守。从是攻击《左氏》，遂为重仇。至光武皇帝，奋独见之明，兴立《左氏》、《穀梁》，会二家先师不晓图谶，故令中道而废。凡所以存先王之道者，要在安上理民也。今《左氏》崇君父，卑臣子，强干弱枝，劝善戒恶，至明至切，至直至顺。且三代异物，损益随时，故先帝博观异家，各有所采。《易》有施、孟，复立梁丘，《尚书》欧阳，复有大小夏侯，今三传之异亦犹是也。又《五经》家皆无以证图谶明刘氏为尧后者，而《左氏》独有明文。《五经》家皆言颛顼代黄帝，而尧不得为火德。《左氏》以为少昊代黄帝，即图谶所谓帝宣也。如令尧不得为火，则汉不得为赤。其所发明，补益实多。
>
> 陛下通天然之明，建大圣之本，改元正历，垂万世则，是以麟凤百

数，嘉瑞杂遝。犹朝夕恪勤，游情《六艺》，研机综微，靡不审核。若复留意废学，以广圣见，庶几无所遗失矣。①

这篇奏文只有区区500余字，却用意深长，涵盖了诸多信息，归纳起来至少包含五层含义：第一，求同存异。《左传》与《公羊传》虽然形式不同，分属古、今文两大阵营，但“同《公羊》者什有七八”，小有差异，无伤大体。此言可谓一举两得，一方面肯定了《公羊传》传经地位，另一方面消除《左传》与《公羊传》的学术矛盾，“同《公羊》者……”，在语气上以《公羊传》为参照标准，满足今文学者的自尊心，减少今文学家的阻力。第二，推倒重来。尽管贾逵所学《左传》传自刘歆，但他并不赞同刘歆争立的方式，认为刘歆申立操之过急，又太过于“天真”，不先讨论大义，反而轻易地交给太常议论，满以为《左传》经义无懈可击可以压倒今文经，这固然招致今文经学家的联合抵制，所以《左传》要立足学官，必须改变旧有与今文经学“针尖对麦芒”的对抗方式。第三，柔中带刚。尽管前两条似乎是贾逵有意“退避三舍”以博得今文经学家的好感，但他实则以退为进，明确指出《左传》优于今文两传的两个方面。一方面是“人无我有”，相较以往古文经不善图谶，贾逵以为《左传》不但含有谶纬，反而内容比今文两传更为丰富。比如，《五经》诸家都无法用图谶证明刘氏是尧帝后代，而《左传》却有明确记载。《五经》各家都以颛顼代替黄帝，而尧不得为火德。但《左传》却以为少昊代替黄帝，就是图谶所谓的帝宣。另一方面是“人有我优”，贾逵列举三十事，证明《左传》经义“皆君臣之正义，父子之纪纲”。比如同样是写到祭仲、纪季、伍子胥、叔术等历史人物时，《左传》深刻发挥君臣大义，而《公羊》多是通权达变，因此《左传》所宣扬的“崇君父，卑臣子，强干弱枝，劝善戒善，至明至切，至直至顺”，不仅更切合《春

① 范晔：《后汉书》，中华书局，1973，第1236－1237页。

秋》原义，也更符合统治者的政治需要。第四，遵循祖制。针对过去今文经学家认为立《左传》“乱改旧章，非毁先帝所立”，贾逵以为上古三代不同事物，随时有所损益，所以先帝吸收各种学说，采取各家之长，五经学官本来就不独有一家。例如《易经》立了施、孟两家，后又立了梁丘氏，《尚书》不仅立了欧阳一家，又立了大小夏侯，现在《春秋》三传并立并非标新立异，正是遵循先帝旧制。不得不说贾逵聪慧过人，具有敏锐的政治洞察力，他知道怎样减少阻力，并找到关键点说服统治者。再加之贾逵遇到了难得的外部条件：一是章帝喜好古文，“降意儒术，特好《古文尚书》、《左氏传》”[①]，贾逵此时为《左传》争取地位可谓投其所好，正当其时；二是从光武帝到章帝，东汉立国已逾半世纪，东汉到章帝时已是社会安定，政权稳固，当初东汉初年求稳保守的学风开始出现转向，也给贾逵提供了良好的时代环境。所以，贾逵此奏书一上，立即得到了章帝的嘉奖。章帝赐予贾逵布五百匹，衣一袭，并准许他从《公羊》学派的颜、严诸生中选择才学较高的儒生二十八人，教授他们《左传》。[②] 一些细心的读者可能会发现这里面存在两个疑问：此次贾逵为《左传》争取支持为何没有给《左传》带来学官地位？甚至贾逵在奏书中也无此要求，只言及“留意废学，以广圣见”；另外，章帝准许贾逵招收太学儒生这不难理解，但问题是为何偏偏要从曾与《左传》有过争论的《公羊》颜、严诸生中选择？对于第一个疑问，后世学者有过不少猜测，有说可能是贾逵为减少阻力，所以退而求其次，暂时没有申立学官；也有说汉章帝为避免今、古文纷争，不立《左传》；还有说汉章帝“将欲存立，但未及而崩”。[③] 结合贾逵奏书及第二个疑问，我们可再提

① 范晔：《后汉书》，中华书局，1973，第1236页。

② 书奏，帝令嘉之，赐布五百匹，衣一袭，令逵自选《公羊》学派的颜、严诸生高才者二十人，教以《左传》，与简纸经传各一通。（见范晔：《后汉书》，中华书局，1973，第1239页。）

③ 见《公羊注疏序》徐彦疏。阮元校刻：《春秋公羊传注疏》，载《十三经注疏》，中华书局，1980，第2191页。

供一个新的可能性：暂时不申立《左传》转而招收《公羊》学儒生、教授他们《左传》可能正是贾逵的策略。首先，尽管贾逵比刘歆、陈元有更有利的外部环境，但不可否认，东汉学官系统还是今文经的"天下"，如果再次轻率申立《左传》，很可能招致今文经学家口诛笔伐。从前文贾逵奏书中分析中可以看出，贾逵极富谋略，他很可能不会立马奏请立《左传》，采用与今文经学家分庭抗衡的老路子，而是采用更加温和且有效的方式，即通过招收《公羊》学儒生，将《左传》逐渐渗透到今文经学内部。此外，当时很多东汉今文经学家反对《左传》只是出于门户偏见，他们并没有仔细阅读过《左传》，更不会有师傅教授他们《左传》，贾逵正是借教授今文经儒生《左传》的契机，扩大《左传》的传播面和影响力，从而博得一些开明今文学家的理解。

贾逵的策略确实在一定程度上起到了作用。今文经学家们并没有马上激烈反击，这可能正是因为《左传》没有被立学官，未立马伤及今文经学的政治地位。直到三年之后的建初四年（79 年），贾逵和李育在白虎观会议上才有第一次正面交锋。李育，字元春，与贾逵同为扶风郡人，从小习读《公羊传》，勤于思考，博览群书，在太学颇为知名，拜为博士。李育也绝非顽固不化的今文经学者，而是"颇涉猎古学""尝读《左氏传》"，他虽然肯定《左传》的文采，但还是认为《左传》"不得圣人深意""不据理体"，于是早在建初元年作《难左氏义》四十一事，与贾逵隔空论战。[①] 到了建初四年（79 年）白虎观会议上，李育便"以《公羊》义难贾逵，往返皆有理证"，但此番争论似乎并不激烈，双方也仅从学理层面展开辩论，这可能也是因为

---

① 李育，字元春，扶风漆人也。少习《公羊春秋》。沉思专精，博览书传，知名太学，深为同郡班固所重。固奏记荐育于骠骑将军东平王苍，由是京师贵戚争往交之。州郡请召，育到，辄辞病去。常避地教授，门徒数百。颇涉猎古学。尝读《左氏传》，虽乐文采，然谓不得圣人深意，以为前世陈元、范升之徒更相非折，而多引图谶，不据理体，于是作《难左氏义》四十一事。建初元年，卫尉马廖举育方正，为议郎。后拜博士。四年，诏与诸儒论《五经》于白虎观，育以《公羊》义难贾逵，往返皆有理证，最为通儒。（见范晔：《后汉书》，中华书局，1973，第 2582 页。）

贾逵没有申立《左传》之故，但《左传》却取得了迅猛的发展。建初八年(83年)，章帝下诏诸儒各选高才生学习《左氏》《穀梁春秋》《古文尚书》《毛诗》，至此，《左传》受到官方支持，广泛传习于世。此外，章帝还封贾逵所选弟子和门生为千乘王国郎，早晚在黄门署学习，这使当时学者大为羡慕。[①] 皇帝的诏命和封赏对天下儒生具有莫大吸引力，促进了他们对《左传》的研习热情。应该说此时《左传》虽无学官之名，却已有学官之实，这使《左传》在“旷日持久的斗争中越变愈强，已隐然具备足以分庭抗礼的实力”。[②]

东汉《左传》与今文传书的第三次争论是东汉末年郑玄、服虔与何休的争论。此次争论与前两次颇有不同，自贾逵之后近百年，研究《左传》的学者和著作层出不穷，一片生机勃勃之象；然而，今文两传则死守家法，陷于滞固，逐渐式微，可谓“三十年河东，三十年河西”。不过今文经学也并非不堪一击，尽管与西汉相比，东汉《公羊》学人才凋敝，但经历了两汉几百年积淀，诞生了将《公羊》学理论推向成熟的今文经大家——何休。何休，字邵公，任城郡樊县人，出生于官宦家庭，为人质朴踏实，说话结巴，但才学过人，对“三坟五典，阴阳算术，河洛谶纬及远年古谚、历代图谱”极为精通。面对《左传》“蒸蒸日上”，何休欲使《公羊传》重现活力与辉煌，他苦思冥想，十七年足不出户，写出了《春秋公羊学解诂》，对《公羊》学理论做了系统全面的总结。他同时还作了《左氏膏肓》《穀梁废疾》《公羊墨守》，称之为“三阙”。此处“膏肓”和“废疾”意义相近，都是比喻有重症而无法治愈，而“墨守”是说像墨子一样善于防守，从题名可以看出，何休这三部著作可谓“攻守兼备”，但何休把《公羊》学定位为“守”，则

① 八年，乃诏诸儒各选高才生，受《左氏》《穀梁春秋》《古文尚书》《毛诗》，由是四经遂行于世。皆拜逵所选弟子及门生为千乘王国郎，朝夕受业黄门署，学者皆欣欣羡慕焉。(见范晔：《后汉书》，中华书局，1973，第1239页。)

② 黄觉弘：《〈左传〉流变研究》，中国社会科学出版社，2010，第228页。

反映了东汉末年今、古文攻守角色转换的趋势及《公羊》学岌岌可危、不断没落的境遇。面对何休的挑战，古文经学自然是“兵来将挡”“见招拆招”，最先站出来与何休“过招”的是郑玄，他写了《发墨守》《起废疾》《箴膏肓》与何著针锋相对，气得何休道：“郑玄进入我的家，拿着我的矛进攻我。”① 郑玄的大名，想必很多读者如雷贯耳。郑玄，字康成，北海高密人，是东汉经学集大成者。郑玄治经很有气度，不排斥今文，而是以古文为宗，兼及今文。他遍注群经，有《周易》《尚书》《毛诗》《仪礼》《礼记》《论语》《孝经》《尚书大传》《中候》《车乞象历》等，当时人称“经神”。不知读者是否发现，虽然郑玄喜好《左传》，却没有给《左传》作注。按《世说新语》的说法，郑玄原本打算为《左传》作注，一次他外出投宿客栈，听到外面车上有人跟别人说起自己注《左传》的想法，郑玄悄然凝神听了很久，发现这人很多想法与自己不谋而合，便上前与他结识，说：“我很早就打算给《左传》作注了，但还没有完成。听了您刚才的话，很多想法和我一致，为了避免做重复工作，现在我把我作的注全部给你。”郑玄所言之人就是服虔。那么服虔又是何许人也？服虔，字子慎，初名重，又名祇，后更名虔。服虔年少清苦，曾在太学受业，有雅才，善于写文章。《世说新语》说他想要为《左传》作注，想参考不同观点，听说幽州名士崔烈教授门徒《左传》，于是便隐姓埋名混入崔府当厨子，每当崔烈开讲时，就站在墙壁外偷听。服虔听了几次，感觉崔烈的学识不及自己，一次与崔烈的学生稍为议论了一下崔烈研究的得失。崔烈听闻后，怀疑此人可能就是大名鼎鼎的服虔。为了证实自己的怀疑，第二天一大早，服虔还在睡梦中，崔烈就前往大声叫唤服虔的字：“子慎！子慎！”服虔惊醒，不自觉地作了应答，从此两人

---

① 范晔：《后汉书》，中华书局，1973，第1207－1208页。

便成为了好友。[①] 不过，《世说新语》属于文言志人小说集，“郑玄让注”“崔烈呼子慎”一事的真实性还需存疑，但可以确实的是，服虔确实是东汉末年的《左传》大家，撰有很有影响力的服虔注本。[②] 尽管正史有关服虔的记载不多，且他的著述今都已不存，但从一些书名中仍然可以看出，他也加入了何休与郑玄的论战，比如《春秋左氏膏肓释疴》，一看这书名，就知道是针对何休《左氏膏肓》而作。

以上我们简要地介绍了汉代《春秋》三传今古文争论大致脉络，为了避免过于复杂，能够对初学者阅读更为友好，很多内容没能展开，但此类研究著作很多，有余力的读者可以详细参阅。虽然东汉一朝《左传》最终没有立为学官，但出现诸如陈元、孔奋、孔奇、孔嘉、马严、郑兴、郑众、贾徽、许淑、马融、郑玄、服虔、颍容、延笃、彭汪、刘陶、卢植、谢该、荀爽、崔瑗、李封等一大批《左传》名家。[③] 魏晋南北朝以后，学官博士体系逐渐衰落，但《左传》影响力却与日俱增，学者已不胜枚举。至唐初，由政府主导，孔颖达主持编纂的《五经正义》正式收录了包括今、古文在内的《春秋》三传，这代表着《左传》最终确立了儒学官方地位。自此以后，尽管时有学者对《左传》提出质疑，但始终未能从根本上动摇《左传》的经学地位，时至今日《左传》仍是十三经中一部重要的儒家经典。

---

① 服虔既善春秋，将为注，欲参考同异。闻崔烈集门生讲传，遂匿姓名，为烈门人赁作食。每当至讲时，辄窃听户壁间。既知不能逾己，稍共诸生叙其短长。烈闻，不测何人。然素闻虔名，意疑之。明蚤往，及未寤，便呼：“子慎！子慎！”虔不觉惊应，遂相与友善。（见余嘉锡：《世说新语笺疏》，中华书局，1983，第 194 页。）

② 可惜服虔所撰著作已经亡佚，后代学者如王谟、马国翰等有多种辑本。

③ 见《〈左传〉流变研究》第六章。黄觉弘：《〈左传〉流变研究》，中国社会科学出版社，2010。

二、“三科九旨”——论《公羊传》的义法与历史哲学

前文我们曾简单提及《公羊传》的诸多思想，诸如《春秋》王鲁说、大一统说、孔子为王说、孔子改制说、天子一爵说、天人感应说、夷夏之辨说、经权说、张三世说、通三统说、大复仇说等等。想必有些读者要问，这么多概念，怎样才能记忆和掌握呢？实际上，这些思想虽名称各异，但它们有一个历史发展过程，形成了一个“一以贯之”的纲目——“三科九旨”。

什么是“三科九旨”？“三科九旨”是东汉经学大师何休在对两汉《公羊》学做了全面整理和总结的基础上，所建立的《公羊》学哲学理论体系。它是《公羊》学最重要的纲目，也是历代《公羊》学者不能回避的问题，对后世《公羊》学的发展产生了极为深远的影响。[①] 三“科”之“科”，是指分段；九“旨”之“旨”，是指旨意。连起来，“三科九旨”就是说，整部《春秋》可分为三个命题，每个命题包含三个旨意，共计九个旨意。

“三科九旨”的核心思想是“三世说”。“三世说”是《公羊》学所阐发的一种社会历史学说，它源自“三世异辞”。根据编纂者的人生经历，《公羊》学家认为，孔子编写《春秋》，有的内容与孔子同时代，是孔子亲身经

① 陈冬冬：《清代〈公羊〉学者论“三科九旨”》，《北京理工大学学报（社会科学版）》2014年第5期。

历过的；有的内容时代早一些，是孔子从亲历者那里听闻的；还有的内容年代更为久远，是当时社会流行的传说；即所谓的“所见、所闻、所传闻”。那么，问题来了，《春秋》这三部分该如何划分呢？目前已知最早对《春秋》“三世”做系统划分的是董仲舒：

> 《春秋》分十二世以为三等：有见、有闻、有传闻。有见三世，有闻四世，有传闻五世。故哀、定、昭，君子之所见也，襄、成、宣、文，君子之所闻也，僖、闵、庄、桓、隐，君子之所传闻也。所见六十一年，所闻八十五年，所传闻九十六年。①

确定孔子“所见”事并非难事，孔子生于鲁襄公二十二年（前551年），而鲁襄公在鲁襄公三十一年（前542年）去世，当时孔子还只有9岁，还是未谙世事孩童。因此，孔子所见之事起于昭公，而终于哀公十六年（前479年）。然而，董仲舒对“所闻”和“所传闻”的划分有何根据我们不得而知，有可能是特意遵照了“有见三世，有闻四世，有传闻五世”中“三、四、五”逐次递增的数字规律。更为重要的是，董仲舒认为，《春秋》这三部分的书写特征是不相同的：

> 于所见，微其辞，于所闻，痛其祸，于传闻，杀其恩，与情俱也。是故逐季氏，而言又雪，微其辞也；子赤杀，弗忍言日，痛其祸也；子般杀，而书乙未，杀其恩也。②

对于“所见”事，孔子用隐晦的笔法表达，对于“所闻”事，孔子的情感表达更为直接，对于“所”传闻事，孔子表达的恩情就比较单薄了。为何会有这样的差异？因为这是和人情相通的，而人伦性情是儒家思想中非常

---

① 苏舆：《春秋繁露义证》，中华书局，1992，第9－10页。
② 苏舆：《春秋繁露义证》，中华书局，1992，第10－11页。

重要的内容。

何休在董仲舒的基础上，对“三世异辞”有类似且更深入的阐发：

> 所见者，谓昭、定、哀，己与父时事也；所闻者，谓文、宣、成、襄，王父时事也；所传闻者，谓隐、桓、庄、闵、僖，高祖、曾祖时事也。异辞者，见恩有厚薄，义有深浅，时恩衰义缺，将以理人伦、序人类，因制治乱之法，故于所见之世，恩己与父之臣尤深，大夫卒，有罪无罪，皆日录之，“丙申，季孙隐如卒”是也。于所闻之世，王父之臣恩少杀，大夫卒，无罪者日录，有罪者不日略之，“叔孙得臣卒”是也。于所传闻之世，高祖曾祖之臣恩浅，大夫卒，有罪无罪皆不日略之也，公子益师、无骇卒是也。①

我们可以看到，何休对董仲舒之说做了完善，《春秋》“所见”“所闻”“所传闻”有了分界依据，“所见”事属于孔子及其父亲所处的时代；“所闻”属于王父，即祖父所处的时代；“所传闻”属于高祖、曾祖所处的时代。这三个时代由近及远，与孔子关系亲疏不同，即所谓“恩有厚薄，义有深浅”。并且，“三世”所处的环境不同，这也造成了《春秋》对“三世”叙史笔法存在差异：

> 于所传闻之世，见治起于衰乱之中，用心尚粗觕，故内其国而外诸夏，先详内而后治外，录大略小，内小恶书，外小恶不书，大国有大夫、小国略称人，内离会书，外离会不书是也。于所闻之世，见治升平，内诸夏而外夷狄，书外离会，小国有大夫，宣十一年“秋，晋侯会狄于攒函”，襄二十三年“邾娄鼻我来奔”是也。至所见之世，著治大平，夷狄进至于爵，天下远近小大若一，用心尤深而详，故崇仁义，讥

① 阮元校刻：《春秋公羊传注疏》，载《十三经注疏》，中华书局，1980，第2213页。

二名，晋魏曼多、仲孙何忌是也。[1]

在何休看来，所传闻之世，正值东周之始，世道衰乱，所以，书写重心放在中国（周的统治范围为内），对诸夏（周边华夏各族）则比之更为省略；所闻之世，由乱转治，则以诸夏为尊，以外夷（周边其他少数民族）为外；而所见之世，步入太平，故内外大同，远近小大若一。为了更加直观，一些学者曾以表格的形式概括何休“三世说”的基本内容，[2] 我们也借鉴这一方式，可列表如下（见表8）：

表8

三世	所处时代	所处环境	内容
所传闻世	隐、桓、庄、闵、僖	据乱世	内其国而外诸夏
所闻世	文、宣、成、襄	升平世	内诸夏而外夷狄
所见世	昭、定、哀	太平世	天下远近小大若一

实话实说，《公羊》学用“三世说”解释《春秋》，有牵强的地方。比如把春秋初期的“所传闻世”比作“据乱世”倒还好理解，因为平王东迁后，天子大权旁落，礼乐崩坏，诸侯争霸，确实可以说是步入乱世，但处在春秋中期及晚期的“所闻世”“所见世”与之相比，弑君亡国之事愈演愈烈，情况显然更加“糟糕”，而且之后的战国，诸侯国之间尔虞我诈，杀伐掠地，天子如同虚设，与儒家追求的理想社会相去甚远，如何称得上“升平世”和“太平世”呢？正如顾颉刚先生所说：“此三世之说殊难稽信也。事实上春秋时愈降则愈不太平，政乱民苦无可告诉，可谓太平乎？”[3] 所以，《公羊》学“三世说”有生搬硬套的嫌疑。不过，我们也不能全盘否定“三世说”，“三世说”也有历史进步意义，即它通过《春秋》242年的历史，总

①② 张振：《历史与诠释：〈公羊〉学“三科九旨”的历史哲学解读》，首都师范大学博士学位论文，2006，第35页。

③ 顾颉刚：《〈春秋三传〉及〈国语〉之综合研究》，巴蜀书社，1988，第15页。

结出一套系统的、动态的社会进化学说，从而证明历史存在变易和变革的客观规律。尽管这一观点不一定全然符合《春秋》的真实内容、不一定完全贴合孔子作《春秋》的真实想法，但它具有朴素的唯物主义精神，成为近代变革思想的重要来源。例如龚自珍开始将《公羊》学的“三世”与《礼记·礼运》联系起来，认为人类历史“通古今可以为三世”①。受此观念的进一步影响，康有为明确地把《公羊》学“三世说”、《礼记·礼运》“小康”“大同”与近代进化论思想融合在一起，系统地提出了以“三世”说为基础的历史进化论，从而为维新变法寻找到理论支撑。因此，我们可以说，“三世说”的哲学意义实际上大于其历史意义。而“三科九旨”是何休以“三世说”为基础，进一步衍生出来的，可见于徐彦疏：

何氏之意，以为三科九旨正是一物，若总言之，谓之三科，科者，段也；若析而言之，谓之九旨，旨者，意也。言三个科段之内，有此九种之意。故何氏作《文谥例》云“三科九旨者，新周，故宋，以《春秋》当新王”，此一科三旨也；又云“所见异辞，所闻异辞，所传闻异辞”，二科六旨也；又“内其国而外诸夏，内诸夏而外夷狄”，是三科九旨也。②

为了更加直观，我们同样可以列表如下（见表9）：

表9

内容	科、旨
新周，故宋，以《春秋》当新王	一科三旨
所见异辞，所闻异辞，所传闻异辞	二科六旨
内其国而外诸夏，内诸夏而外夷狄	三科九旨

① 龚自珍：《定庵全集》续集卷二，清光绪二十三年万本书堂刻本。
② 阮元校刻：《春秋公羊传注疏》，载《十三经注疏》，中华书局，1980，第2195页。

可以看出，“三统说”“三世异辞”“异内外”“王鲁说”“夷夏之辨”等这些《公羊》学理论原本有自己独立的理论来源和发展脉络，何休通过“三世说”这一理论支点，调和这些理论彼此之间的差异，[①] 将它们融为一体，从而构建了结构完整、前后贯通、体系宏大的《公羊》学理论。这使《公羊》学步入新的历史发展阶段，正如杨向奎先生说：“何休实际上结束了早期《公羊》学派。”[②] 然而，何休借《公羊传》发挥、整合这些思想的做法是否符合《公羊传》本义历来受到怀疑。通俗地讲，不少学者批评何休的理论七拐八绕、生搬硬套、牵强附会，黄开国先生曾总结道：

在晚清以前，人们对何休的评价基本上是贬斥的，多数人认为何休是《公羊》的罪人，他的春秋《公羊》学多违圣人之义。如晋代的王接说：“《公羊》附经立传，经所不书，传不妄起，于文为俭，通经为长。任城何休训释甚详，黜周王鲁，大体乖硋，且志通《公羊》而往往还为《公羊》疾病。”宋代吕大圭说：“故尝以为三传要皆失实，而失之多者莫如《公羊》。何、范、杜三家各自为说，而说之缪者如何休。《公羊》之失既以略举其一二，而何休之谬尤甚……其巫圣人也甚矣。”苏轼说：“三家之传迂诞奇怪之说，《公羊》为多，而何休又从而附成之，后之言《春秋》者，黜周王鲁之学，与夫谶纬之书者皆祖《公羊》，《公羊》无明文，何休因其近似而附成之。愚以为，何休《公羊》

① 例如张振先生就曾言及何休“三统说”与“三世说”的差异，他说：“‘三统说’与‘三世说’是两种不同的历史哲学理论，如何将两种不同的历史哲学结合到一起，这是一个理论上的难点。何休在处理这一问题时，主要是将董仲舒的‘三统说’中关于历史发展规律——即黑、白、赤三统循环的部分加以有意的淡化处理，代之以自己的‘据乱、升平、太平’的‘三世说’，而主要取其关于过去王朝的‘三王、五帝、九皇’递降的历史传统观。这样一来，就形成了在解释过去的历史时，用的是董仲舒‘三统说’的历史传统观，而在论述历史发展规律、未来历史的发展趋势时，则是‘三世说’的历史进化论，两种历史哲学理论同时并存，各有其有效范围的有趣现象。”（见张振：《历史与诠释：〈公羊〉学“三科九旨”的历史哲学解读》，首都师范大学博士学位论文，2006，第37页。）

② 杨向奎：《绎史斋学术文集》，上海人民出版社，1983，第172页。

之罪人也。”朱熹说：“何休注甚谬。”王应麟说：“何休《解诂》，牵合谶纬，穿凿尤多。大圭所论，于三家得失，实属不诬。视诸家之弃《传》谈《经》，固迥然有别。”宋人在评说前人注解三传的优劣时，往往都以何休之说为下。①

如果我们按还原《公羊传》历史真实的角度去看，显然何休对《公羊传》的主观阐发过多而有失于真实，因为无论是在《公羊传》中，还是在董仲舒《春秋繁露》中，都从未出现过“三科九旨”的提法和观念。“三科九旨”主要反映的是汉代人的思想，其含义本身也有争议，比如“以《春秋》当新王”的提法，确切的含义到底是什么？历代有各种解读，有说是《春秋》开启了一个新王的时代，也有说《春秋》展现出一个新的王道。但不管哪种说法，我们最早也只能从汉人著作中看到，是否为孔子的真实想法还不得而知，哪怕孔子真有这样的思想，以孔子“尊王崇周”的主张，定然也不可能用“以《春秋》当新王”这样的表述。然而，如果我们不拘泥于历史真实，从思想发展的角度看待“三科九旨”，则会得出不一样的结论。何休能够着眼于其当下的政治现实，在繁杂的《公羊》诸义中理出一条清晰的线索，将《公羊》学纷繁的概念融为一体，使《公羊》学从汉初的繁乱走向明晰，确实有他的高明之处。尽管后世毁誉参半，但都不能动摇“三科九旨”在《公羊》学史上，乃至在中国思想史上的非凡意义。

总而言之，不管从何角度看待“三科九旨”，都不能否定何休作为两汉《公羊》学的集大成者，奠定了汉代《公羊》学的思想基础，对后世《公羊》学的发展产生了深远影响，时至今日也是我们研究《公羊》学所必须掌握的内容。

---

① 黄开国：《公羊学发展史》，人民出版社，2013，第421－422页。

第四编　《春秋》的回响及其他

一、《公羊》学“大一统”对古代政治的影响

大家都知道，诸子百家之学之中，儒学是非常重视现实的学问，这也反映在儒家经典当中，尤以《春秋》与政治结合得最为紧密。《春秋》及三传的诸多思想对中国古代政治产生过重要影响。当然，有关思想对历史影响的论述是一项颇有难度的工作，因为如今科学地研究《春秋》学需要严谨的态度，《春秋》对政治的所有影响不可能都被记录，有些是有明确记载，直接推动了历史发展进程，有些则没有被史书载录，潜移默化地左右历史发展走向。就后者而言，我们很难找到证据，因此，若没有明确记载，我们很难说受到哪些思想影响。但就前者来说，我们可以以“大一统”为例，给读者做一个简单介绍。

说起“大一统”，很多了解中国历史的读者都知道，作为古代国家政统和法统的思想根基，“大一统”理念在中国古代历史上发挥了极其重要的作用。尽管“大一统”概念最早由《公羊传》提出，但“大一统”思想有一个从萌芽、产生到发展的过程，“早在先秦时期，中国就有了‘天下一家’思想的悠久传统”[1]。比如《孟子·公孙丑下》记载：

① 刘家和：《论汉代春秋〈左传〉学的大一统思想》，《史学理论研究》1995年第2期。

孟子见梁襄王，出，语人曰："望之不似人君，就之而不见所畏焉。卒然问曰：'天下恶乎定？'吾对曰：'定于一。''孰能一之？'对曰：'不嗜杀人者能一之。'……"

这里面"定于一"的"一"怎么理解？有三种解释，[①] 有说这个"一"是指儒家"仁政"理念；有说这个"一"是指帝王；还有一种说法是把"一"理解成"统一"或"合一"。不管哪种解释准确，有一点是可以确定的，就是在孟子的观念中，天下若要安定，必须定于"一"。这个"一"不论是思想——仁政，还是空间——统一，抑或是人物——帝王，其实都有共通性，因为前面都有一个动词"定于"。也就是说，天下要安定，不能是思想上众说纷纭，统治上群雄割据，管理上四分五裂，而是各种政治思潮要归于仁政，纷乱的环境要重新形成秩序，诸侯国各自为政、政出多门的局面要中止于圣王。如果把天下看成一个微观的化学世界，孟子的"定于一"就是让各类分散、游离的元素组合成一个统一的整体，如此天下才能步入稳定。那么，这样看来，"定于一"就是"大一统"的思想萌芽。

又比如《吕氏春秋·审分览》：

王者执一，而为万物正。军必有将，所以一之也；国必有君，所以一之也；天下必有天子，所以一之也；天子必执一，所以抟之也。一则治，两则乱。

"执一"是执守的根本，按大多数注疏家的解释，有道家"清虚"之意，[②] 但"执一"的目的却不是为了隐世，而是"为了统一、集权。'执一'

---

① 具体这三种观点，可参见吴昕春：《"定于一"命题与孟子的政治思想》，《学术界》1995 年第 3 期。

② 王利器注云：《尸子·分》："执一以静，令名自正，令事自定。"又曰："执一之道，去智与巧。"《韩非子·扬权》篇："圣人执一以静，使民自静，令事自定。"执一以静者，即道家清虚以自守之旨也。（王利器：《吕氏春秋注疏》，巴蜀书社，2002，第 2097 页。）

是实现大治的保证”[1]。因此，这里“执一”便含有“大一统”思想的雏形。除了以上两例以外，像《礼记·中庸》《管子》等文献中也有类似思想，只是这些文献成书过程复杂，成书年代至今仍有争论，因此此处不展开说明。我们要明白的是，至少在战国诸子作品中，已有“大一统”的影子，但当时还没有形成“大一统”的概念，“大一统”称法正式提出，见于《公羊传·隐公元年》，该年《春秋》书：

元年，春，王正月。

《公羊传》释义：

元年者何？君之始年也。春者何？岁之始也。王者孰谓？谓文王也。曷为先言王而后言正月？王正月也，何言乎王正月，大一统也。[2]

何休注“大一统”说：

统者始也。总系之辞。夫王者，始受命改制，布政施教于天下，自公侯至于庶人，自山川至于草木昆虫，莫不一一系于正月，故云政教之始。[3]

这里“大一统”，“大”并不是形容词，而是动词，意为“以一统为大”，或者按现代汉语习惯，可以解释为“推崇”“重视”。“统”意为开始，对应解释《春秋》经文“元年，春，王正月”。“元年”是君主即位开始的第一年；“春”是一年中的首季，“正月”是一年中的首月，这不难理解。但问题是，《春秋》为何要“推崇开始”？这里要注意的是，《春秋》中的“正月”前面还有一个“王”字，“大统”中间还有一个“一”字，这两个

---

① 张双棣、张万彬、殷国光等：《吕氏春秋译注》，吉林文史出版社，1987，第590页。
②③ 阮元校刻：《春秋公羊传注疏》，载《十三经注疏》，中华书局，1980，第2196页。

字是释通“大一统”的关键。所谓“王正月”，亦即“周正”，也就是周王朝颁布的历法。历法在中国古代社会具有神圣性，每逢王朝更迭，历法也随之更替，夏、商、周三朝都有自己的历法，即所谓的“三正”。因此，历法是王朝统治的象征，天子于每年季冬把第二年的历书颁发给诸侯，叫“告朔”。《周礼·春官·大史》：“颁告朔于邦国。”然而，到了春秋战国时期，由于周朝王室衰落，天子已无力推行历法，《汉书·五行志下之下》就说：“周衰，天子不班朔。”于是，诸侯各行其是，出现各种历法。比如，《左传》记晋国事用夏历，一般认为是晋国史书采用了夏历，《左传》搜集史料时未及修改所致。因此，《公羊传》认为“王正月”代表了东周列国历法重新统一于周王朝，即“《公羊传》所言‘大一统’，是谓政教的开始须有历法之节点，政教之推行也须有时间之展开”[①]。

《公羊传》提倡“大一统”，并不是单纯地统一历法那么简单，其背后折射的是国家统一政治、思想、文化的主张。所以，徐彦疏曰：“王者受命，制正月以统天下，令万物无不一一皆奉之以为始，故言大一统也。”[②] 当然，《公羊传》“大一统”思想也不只反映在“王正月”上，还可举一些例子，比如《春秋·隐公元年》：

祭伯来。

《春秋》这段经文只有短短三个字，“祭伯”是谁？为什么称“来”？《公羊传》解释得非常清楚：

祭伯者何？天子之大夫也。何以不称使？奔也。奔则曷为不言奔？王者无外，言奔，则有外之辞也。[③]

---

① 董琳：《儒家“大一统”思想的空间观》，《中原文化研究》2018年第6期，第20页。
② 阮元校刻：《春秋公羊传注疏》，载《十三经注疏》，中华书局，1980，第2196页。
③ 阮元校刻：《春秋公羊传注疏》，载《十三经注疏》，中华书局，1980，第2199页。

祭伯从周王朝逃亡到鲁国，原本《春秋》记载逃亡都用“奔”，而祭伯是天子大夫，天子为天下共主，统治疆域无内外之别，故不可用“奔”，而用“来”。所以，《公羊传》此处所谓“王者无外”，也暗含了“大一统”思想。在《公羊传》观念中，“大一统”之“正统”源自居于中央的天子，因而其“大一统”之思想以天子为“尊”，例如《春秋·僖公二十八年》载：

> 五月癸丑，公会晋侯、齐侯、宋公、蔡侯、郑伯、卫子、莒子，盟于践土。陈侯如会。公朝于王所。……天王狩于河阳。[①]

此处“天子”又是受“朝于王所”又是“狩于河阳”，好不气派，但周襄王狩猎于河阳的历史真相不是晋文公觐见周襄王，而是“晋侯召王”[②]。也就是说，天下共主的堂堂周天子，被诸侯呼来唤去，实在是威严扫地，与《春秋》所记大相径庭。这之间的反差不少人认为是《春秋》曲笔，是为了给周王挽回颜面，但事实当然不是那么简单，这点《公羊传》已说得很明白：

> 曷为不言公如京师？天子在是也。天子在是，则曷为不言天子在是？不与致天子也。[③]

这段话是解释“公朝于王所”。当时周天子就在践土，为何只说“王所”，不说明地点，就是因为不赞成诸侯盟会召周天子前来。还有《公羊传》对“天王狩于河阳”也是类似的解释：

> 天王狩于河阳。狩不书，此何以书？不与再致天子也。[④]

---

①③ 阮元校刻：《春秋公羊传注疏》，载《十三经注疏》，中华书局，1980，第2261页。
② 阮元校刻：《春秋左传正义》，载《十三经注疏》，中华书局，1980，第1827页。
④ 阮元校刻：《春秋公羊传注疏》，载《十三经注疏》，中华书局，1980，第2262页。

这是反对诸侯第二次召周天王前来。

以上举例看似《公羊传》尊王，但尊王不能理解为只尊崇天子个人，而要将之视为推行“大一统”、维护中央正统的手段。从《公羊》学兴起的时代来看，《公羊》学的这一主张正好迎合了当时统治者加强中央集权的需要，为国家统一提供了理论依据。董仲舒曾就《公羊》学“大一统”观念向汉武帝建议：“《春秋》大一统者，天地之常经，古今之通谊也。今师异道，人异论，百家殊方，指意不同，是以上亡以持一统，法制数变，下不知所守。臣愚以为诸不在六艺之科，孔子之道者，皆绝其道，勿使并进，邪辟之说灭息，然后统纪可一而法度可明，民知所从矣。”[①] 董仲舒认为，思想各异，法制数变，便会“下不知所守”“民不知所从”，所以必须要统一国家的思想与法度，这一主张大受汉武帝赏识，因为“大一统”思想“不但为全国政治的统一和皇帝专权的中央集权制提供理论依据，而且为全国意识形态的统一和儒学的统治地位提供理论依据”[②]。正是在《公羊》学思想的推动下，汉武帝采取了远征匈奴、怀柔诸夷、实行推恩、独尊儒术等诸多政策，实现了政治、文化、思想空前统一。更重要的是，在《公羊》学家看来，“大一统”思想超越了空间与时间，是“天地之常经，古今之通谊”。也就是说，尽管“大一统”称法由《公羊传》提出，但“大一统”的思想不是《公羊》学家的首创，也不只适用于一时一地，而是传承延续的政治信念和放眼“天下”的政治目标，这使之具有重大的思想价值和历史意义，对后世产生深远影响。此后，历代王朝不论是由汉族建立，还是由少数民族建立，不论是处在统一时期，还是分裂时期，都以华夏正统自居，把“大一统”作为国家认同的思想来源与政治追求。这一方面是中原汉族对周边少数民族的身份认同，而另一方面是少数民族对“中国”及对“大一统”的认

① 班固：《汉书》，中华书局，1964，第2523页。
② 寇养厚：《汉武帝为何重视〈公羊传〉》，《文史哲》1999年第4期，第82页。

同。中原汉族对周边少数民族的身份认同，这在史书中体现得尤为明显，比如司马迁《史记·匈奴列传》记录匈奴历史：

> 匈奴，其先祖夏后氏之苗裔也。①

又如魏收《魏书》记述鲜卑族历史：

> 昔黄帝有子二十五人，或内列诸华，或外分荒服。昌意少子，受封北土，国有大鲜卑山，因以为号。黄帝以土德王，北俗谓土为托，谓后为跋，故以为氏。②

再如《辽史》记载契丹族历史：

> 辽之先，出自炎帝，世为审吉国。③

以上这类例子不胜枚举，可以看出，诸多汉族编纂的史书皆认为少数民族与汉族同宗同源，皆属华夏。

关于少数民族对“中同”及对“大一统”的认同，陈喜波、韩光辉先生举出了历史上诸多例子：

> 黄河中下游及中原地区是中华民族的发祥地，是举世公认的中华文化的核心区域。先秦时期中国是指周王朝的京都所在地，秦汉以后中国成为定都于中原地区的历代王朝的代称，中华民族既不是从黄河中下游地区由单一汉民族向四方扩散所形成，也不是来自中国域外的任何一方，而是由各族祖先在祖国大地上长期融合所生成的中华民族统一体。他们对中国历史的发展都做出了自己的贡献，都把中国看成是自己的祖国。

---

① 司马迁：《史记》，中华书局，2010，第 2879 页。

② 魏收：《魏书》，中华书局，1974，第 1 页。

③ 尽管《辽史》为元朝统治者组织编纂，署名为脱脱，但编纂官员中大多数是汉族史官，诸如贺惟一、张起岩、欧阳玄、揭傒斯、吕思诚等。

在少数民族掌握中原政权时期，各统治者均以中华正统自居而不自外于中国。西晋之后北方游牧渔猎民族入主中原，形成历史上东晋十六国时代，又称作“五胡乱华”。世居中原的汉族被迫远离故土偏居一隅。在历史上，中原地区出现的所谓“五胡乱华”实际上就是华夷融合。其重要性还在于“它突破了以中原汉民族为中心的狭隘观念”，使各民族共同获得了中华一体观念，也使大一统观念得到空前扩展，得到广泛认同。南北朝时期，北朝占领中原，以身居中原为中华正统，斥偏处一隅的南朝为蛮夷，南朝以其秉承中华正朔自居也没有把北方各民族当成中原之主。如果说南北朝时期“南北双方还是相互排斥，各自以中华正统自居的话”，那么到了“宋辽金时期”南北政权则以互相承认来表达对大一统现实的理解和认可。在宋辽金对峙时期，辽金自称北朝，称宋为南朝，宋真宗也自称南朝，把契丹称为北朝。辽代从耶律阿保机到耶律德光，将中国帝王名数“尽袭用之”以此表达自己是中国之君。10 世纪上半叶，回鹘人在西域西部建立的黑汉朝（喀喇汗），其汗王自称是“桃花石汗”，“桃花石”乃中国之代称。在 11 世纪著名的维吾尔族人麻赫穆德·喀什噶里编纂的《突厥语大词典》中称华北辽朝为“秦”，称中原宋朝为“桃花石”，亦即“马秦（大秦）”，又称以喀什噶尔为中心的王朝版图为“下秦”，“桃花石”与“秦”即中国，说明作者特别强调喀喇汗王朝与中原自古都是秦——中国这一大家庭的共同成员。作者维护祖国统一和民族大家庭完整的意愿是再明显不过的了，康熙时期，厄鲁特蒙古准噶尔部首领噶尔丹建立准噶尔汗国时依然不敢自外于中华皇帝。他承认本人及本汗国始终在“中华皇帝道法之中”与“中华一道同轨”。①

① 陈喜波、韩光辉：《中国古代“大一统”思想的演变及其影响》，《中共中央党校学报》2005 年第 3 期。

在这之中，《春秋》成为华夏身份认同的重要载体。例如在中原学者对《春秋》的阐释中，“华夷之辨”不是以地域、血缘辨别华夏与蛮夷，而是以文化作为区分的标准，即便在汉族与少数民族割据时期亦如此。比如，宋朝曾与几个少数民族政权长期对峙，甚至北宋也亡于金，所以“夷夏之辨”是宋代《春秋》学者非常重视的内容，但他们并没有因为宋与周边少数民族政权的现实对抗而树立封闭狭隘的夷夏观。例如，宋代《春秋》学家孙复在解释《春秋》对楚人的称谓时说：

> 吴楚本子爵，入春秋始则曰荆、曰楚、曰吴，终则称人、称子。楚始谓之荆者，楚先吴僭，罪大贬重，犹日荆州之夷也。既而曰楚、曰吴者，君臣同辞，以国举之也。终则称人、称子者，以其渐同中国与诸侯会盟及修礼来聘，称人少进也，称子复旧爵也。[①]

《春秋》经文言及楚国时有称“荆”，有时称“楚”，有时后面跟“人”，有时跟“子”，这是怎么回事呢？在孙复看来，这种差异代表了《春秋》的夷夏观。楚国最初不服周天子统治，僭越称王，所以用“荆”称之，将其排除在华夏文明之外，后来渐同中原诸侯“会盟及修礼来聘”，受习华夏礼仪，所以后将其复归华夏，称其爵位为“楚子”。而且，对华、夷的判断不是单方面的，而是双向的，夷狄尊奉华夏文化可以进为华夏，而华夏诸侯不守华夏之礼也同样会退为夷狄。

比如《春秋·成公三年》载：

> 郑伐许。

孙复《发微》云：

---

① 孙复：《春秋尊王发微》卷五，清文渊阁《四库全书》本。

其日郑伐许者，狄之也。狄之者，郑襄背华即夷，与楚比周，一岁而再伐许，故狄之也。[①]

在孙复看来，中原诸侯互相攻伐，全无道义可言，与夷狄实则没有什么分别，“故狄之也”。如果我们以孙复为代表，可以看出，受到《春秋》本身和历代《春秋》学的影响，“夷夏之辨”不以种族、地域为界，而是以文化礼教为标准。所以，表面上，《春秋》“华夷之辨”是讲如何区分华夏与蛮夷，而深层次上，是建构了中华民族融合的理论框架。[②] 因为，“华”“夷”不是永恒不变的，对于周边少数民族而言，只要奉行华夏文化礼俗，都可以纳入华夏范围，成为华夏成员，甚至被赋予完成“大一统”的使命。我们可以看到，后世由少数民族建立的“大一统”王朝即通过对汉文化的主动融入，以塑造自身的正统形象，谋求华夏文明圈的认同。例如元朝统治集团不仅以弓马之利统一中国，也借用包括《春秋》在内的儒家经典寻求法理依据，忽必烈登基之初即在《中统建元诏》中明确指出：“建元表岁，示人君万世之传；纪时书王，见天下一家之义。法《春秋》之正始，体《大易》之乾元，炳焕皇猷，权舆治道。”所谓“法《春秋》之正始”，即效法《春秋》宣扬的礼仪与法则。又例如清朝统治者在推进“一统中国”的进程中，积极推行“满蒙一家”“满蒙一体”“满汉一家”“满汉一体”的民族政策，从而推动了中华民族从“多元”走向“一体”、从“自在”走向“自觉”的历史进程。[③] 如同后世科举制给寒门庶族提供了社会阶层的上升通道，“华夷之辨”也为周边“夷”族融入华夏民族提供了途径，给他们进入中原实现

---

① 孙复：《春秋尊王发微》卷八，清文渊阁《四库全书》本。以上两例采自王博：《孙复〈春秋尊王发微〉之“尊王”研究》，中国政法大学硕士学位论文，2014，第66页。

② 尽管这可能不是历代学者阐释“华夷之辨”的初衷，但事实上却解决了周边少数民族面对种族、地域等差异，如何融入华夏文明的问题。

③ 李克建：《清朝多民族“一体论”及其政策实践研究》，《西南民族大学学报（人文社会科学版）》2018年第12期。

“大一统”创造了理论条件，从而促进了“中华一体”或“中华民族多元一体格局”的形成与发展。[①]

综上，“大一统”思想经过了春秋战国时期的萌芽、发展，最后由汉代《公羊》学者的系统阐发而确立了其思想地位。伴随着后世《公羊》学家不断补充和完善，“大一统”的内涵愈加丰富且备受历代统治者推崇，成为中国统一多民族国家重要的思想基础。尽管后世王朝几经分合，但“六合同风，九州共贯”[②]的“大一统”蓝图始终是历代有为统治者所孜孜追求的目标。即便在步入近代之后，“大一统”仍有现实意义，“大一统思想和中华民族整体观念深入人心，并在近代全国各族人民反帝反封建的民族解放斗争中得到升华，成为凝聚各族人民的重要的精神力量”[③]。时至今日，我们仍在讨论“大一统”的历史意义与当代价值，近些年，学术界讨论“大一统”的文章不胜枚举。因此，作为《公羊》学的核心思想之一，“大一统”对中国政治性格的形成与政治哲学的发展产生了极为深远的影响，它不仅是历久弥新的研究课题，更是中华民族宝贵的精神财富。这也从一个方面证明了《公羊》学的现实意义，并以此为例，回答了现如今我们为何还需要阅读和学习《春秋》及其传书。

以上我们通过理清《公羊》学“大一统”思想的产生、兴起和发展，简要阐述了《公羊》学对古代政治的影响。当然，“大一统”不是《公羊》学唯一影响巨大的思想，只是由于受限于本书的体例篇幅，无法一一说明，有兴趣的读者可以在本书的基础上阅读相关著作，以进一步理解《公羊》学的发展脉络和思想内涵。

---

① 有关“中华一体”，参见张博泉：《“中华一体”论》，《吉林大学社会科学学报》1986年第5期；“中华民族多元一体格局”的观点最初见于费孝通先生于1988年在香港中文大学发表的会议论文《中华民族的多元一体格局》，此后费先生又对其进行了更为详尽系统的阐述，见费孝通主编：《中华民族多元一体格局》，中央民族大学出版社，1999。

② 班固：《汉书·王吉传》，中华书局，1964，第3063页。

③ 刘正寅：《试论中华民族整体观念的形成与发展》，《民族研究》2000年第6期，第68页。

二、沙鹿与梁山的崩塌——论《左传》中的预言与中国史学传统

在前面介绍《左传》成书年代时，我们曾提及《左传》中的预言。这些预言大量涉及宗教性活动与神异现象，包括卜占、筮占、巫占、梦占、相占、天象占等，据笔者统计共有95条。这些预言大都被说得灵异无比，颇受历代学者关注。如汉代王充在《论衡·案书》中称《左传》："言多怪，颇与孔子'不与怪力'相反也。"① 又东晋范宁撰《穀梁传集解》时云："《左氏》艳而富，其失也巫。"② 唐代韩愈亦在《进学解》中称："《春秋》严谨，《左氏》浮夸。"③ 到了清代，依然有学者对《左传》中的神异预言加以评论。如韩菼在为高士奇《左传纪事本末》作序时谈及《左传》"好语鬼怪，易致失实"④。可见，前人对《左传》中的神异预言均持批评态度，且批评主要集中在这些预言夸张失真方面。这些批评无疑指出了《左传》预言的基本问题。令人好奇的是，孔子"不语怪力乱神""敬鬼神而远之"，为何作为《春秋》传书的《左传》要编写那么多预言？既然是编造的，那这

---

① 黄晖：《论衡校释》，中华书局，1990，第1164页。

② 杨士勋：《春秋穀梁传注疏·春秋穀梁传集解序》，载阮元校刻：《十三经注疏》，中华书局，1980，第2361页。

③ 马其昶：《韩昌黎文集校注》，上海古籍出版社，1986，第46页。

④ 高士奇：《左传纪事本末》，中华书局，1987，第2页。

些预言是否都是一无是处，毫无价值？为了解答这两个问题，我们便要从史学史角度审视《左传》预言的编写目的及史学影响。

（一）预言历史思维的“二重性”

从创作思想来说，《左传》预言受原始宗教思维影响，继承了夏商周以来早期中国历史思维的特点，以达到“神乎其神”的叙事效果。《左传》预言的“神异”性主要包含了以下四个方面。

1.“自然”崇拜

“自然”崇拜，一般被认为是原始宗教最早的一种崇拜方式。在《左传》“神异”预言中，崇拜日月星辰、山河湖海成为自然崇拜的具体形态之一。星占之例可见《左传·昭公十年》载：

> 十年春，王正月，有星出于婺女。郑裨灶言于子产曰：“七月戊子，晋君将死。今兹岁在颛顼之虚，姜氏、任氏实守其地。居其维首，而有妖星焉，告邑姜也。邑姜，晋之妣也。天以七纪。戊子，逢公以登，星斯于是乎出。吾是以讥之。”①

地象预言如见《左传·僖公十四年》：

> 秋八月辛卯，沙鹿崩。晋卜偃曰：“期年将有大咎，几亡国。”②

以上可知，“神异”预言中的天地通过各类自然现象如“妖星”现、“沙鹿崩”影响“晋君将死”“几亡国”这些重大的历史进程。然而，天地性情又是无可捉摸的，如上述两则预言，“妖星”为何此时出现，“沙鹿”

① 阮元校刻：《春秋左传正义》，载《十三经注疏》，中华书局，1980，第2058页。
② 阮元校刻：《春秋左传正义》，载《十三经注疏》，中华书局，1980，第1803页。

山又为何会“崩”，《左传》并未多做解释。但有一些预言则出现了天人交感的思维萌芽，用以解答异常自然现象出现的原因。例如《左传·昭公六年》载士文伯言郑国之火灾：

> 士文伯曰：“火见，郑其火乎？火未出而作火以铸刑器，藏争辟焉。火如象之，不火何为？”①

在这则预言中，从“作火以铸刑器”到“火见”，再到“郑其火乎”，这三者形成了逻辑上的因果联系。因此，可以说《左传》对自然崇拜在此不再仅仅停留在对自然现象的简单敬畏，而是进一步将天地人格化，从而使其能对人间的行为做出相应的反应。但这种交感思维还处于非常质朴的阶段，如在解释预言原因时《左传》说：“火如象之，不火何为？”将“大火星”象征“火灾”，把这样的结果归咎于“作火以铸刑器”，这是典型的形象联想。预言中对于天人关系思考还尚未发展到如董仲舒系统的感应学说那样以君主“仁义道德”作为感应依据的阶段。

总之，《左传》对自然是极其崇拜的，“神异”预言中的自然具有绝对权威，一旦天地出现征兆，应兆的结果是无法避免的。在《左传》看来，天地的“神异”征兆无疑是推动历史发展的重大的决定因素。

2. 对“卜、筮”的追崇

在《左传》“神异”预言中，“卜、筮”行为随处可见，且应验率极高，足见《左传》在采集各国史料时是十分钟迷于“卜、筮”之事的，现举一例，如《左传·闵公二年》：

> 成季之将生也，桓公使卜楚丘之父卜之。曰：“男也。其名曰友，在公之右。间于两社，为公室辅。季氏亡，则鲁不昌。”又筮之，遇

---

① 阮元校刻：《春秋左传正义》，载《十三经注疏》，中华书局，1980，第2044页。

"大有"之"乾"，曰："同复于父，敬如君所。"及生，有文在其手曰"友"，遂以命之。①

如上，"卜""筮"共同出现在同一预言里，关于成季的诞生。桓公是命卜人先"卜"后"筮"，重点在于在它们背后都有很详尽的逻辑解释，如对卜象的解释为："男也。其名曰友，在公之右。间于两社，为公室辅。季氏亡，则鲁不昌。"在筮遇"大有"之"乾"之后，又对卦象阐发为："同复于父，敬如君所。"这说明"卜筮"作为了解天意的媒介，在解释历史的时候具有极高的灵活性与操作性，并且与自然崇拜被动接受预兆相比，卜筮是人在渴望了解历史发展方向时主动咨询于神灵，如刘玉建先生在论及占卜思维时说：

过去原始的征兆迷信，其兆象的出现，是天地之神不定时地赐给人们的，而不是人们主动地去请示天地之神。如今，为了适应生产活动的需要，原始先民决定大胆地主动地向天地之神求兆象。而要达到这种主动求"兆象"的目的，所从事的或简单或复杂的手续方法等活动，就是原始的占卜活动。②

"卜筮"是《左传》数量里最多的一类预言，它依托于对神灵的崇拜，又能满足人们随时贞问的需要，更重要的是，"卜筮"之辞大都模糊，解释具有很高的灵活性，给《左传》提供了极大的发挥空间。正因有这些特点，《左传》大量记载"卜筮"预言，利用"卜人"之言把历史前进的究极动因表现为"卜兆"与"筮数"。

3. 对"巫、鬼"的信奉

作为一种前宗教现象，巫术曾广泛盛行于早期古代社会，时至今日，在

① 阮元校刻：《春秋左传正义》，载《十三经注疏》，中华书局，1980，第1787页。
② 刘玉建：《中国古代鬼卜文化》，广西师范大学出版社，1992，第47页。

我们日常生活的某些观念中也还有巫术遗留下的痕迹，英国文化人类学的奠基人爱德华·泰勒曾对巫术定义为：

巫术是建立在联想之上而以人类的智慧为基础的一种能力，但在相当大的程度上，同样也是以人类愚钝为基础的一种能力。这是我们理解魔法的关键。人早在低级智力状态中就学会了在思想中把那些他发现了彼此间的实际联系的事物结合起来。但是，以后他就曲解了这种联系，得出了错误的结论；联想当然以实际的同样联系为前提的。以此为指导，他就力求用这种方式来发现、预言和引出事变，而这种方法，正是我们现在所看到的这种具有纯粹幻想的性质。①

简单而言，巫术具有超自然的神秘联系，但这种神秘联系需要意识主体参与，这在《左传》“神异”预言中称之为“巫”与“鬼”，《左传》对“巫、鬼”的崇拜，一方面表现为对“巫”者之言的深信不疑，另一方面体现在对“鬼怪”事件的纯粹幻想。比如《左传·僖公十年》载：

秋，狐突适下国，遇大子，大子使登，仆，而告之曰：“夷吾无礼，余得请于帝矣。将以晋畀秦，秦将祀余。”对曰：“臣闻之，神不歆非类，民不祀非族。君祀无乃殄乎？且民何罪？失刑乏祀，君其图之。”君曰：“诺。吾将复请。七日新城西偏，将有巫者而见我焉。”许之，遂不见。及期而往，告之曰：“帝许我罚有罪矣，敝于韩。”②

这则预言的结论非常简单，即晋侯将“敝于韩”，但在内容上却是一个“巫”“鬼”相交织的灵异事件。在预言中，类比的联想使得“鬼”具有既同于现实人举止，又超越现实人能力的特征，能够驾车，能够与凡人交流，

① 爱德华·泰勒：《原始文化》，连树生译，上海文艺出版社，1992，第121页。
② 阮元校刻：《春秋左传正义》，载《十三经注疏》，中华书局，1980，第1801－1802页。

甚至还能“请于帝”，此后大子之“鬼”降魂于巫人，告：“帝许我罚有罪矣，敝于韩。”这一鬼神附体与诅咒过程是典型巫蛊行为所具有的特征。最后预言还惊人准确，见《左传·僖公十五年》载：

> 壬戌，战于韩原，晋戎马还泞而止。公号庆郑。庆郑曰：“愎谏违卜，固败是求，又何逃焉？”遂去之。梁由靡御韩简，虢射为右，辂秦伯，将止之。郑以救公误之，遂失秦伯。秦获晋侯以归。①

晋侯被俘于韩原，与前文所引预言相较，所验证的人物、地点、结局、无一不准确。可见，“神异”预言中的“巫”“鬼”虽不是主宰万物的神灵，但前者作为凡间沟通天地的桥梁，后者充当阴间联系天地的信使，被《左传》赋予了探知未来无限夸大的能力，而这种能力又直接来源自《左传》对于“巫鬼”的信奉，从而将这些事件进行刻意的史学创作与加工。

4. 对“诡秘”的敬畏

《左传》“神异”预言的前宗教思维中还有一种类型比较特殊，其预兆是被一种毫无常识的臆想左右，纯粹是凭空推断：

> 秋七月壬午朔，日有食之。公问于梓慎曰：“是何物也，祸福何为？”对曰：“二至、二分，日有食之，不为灾。日月之行也，分，同道也；至，相过也。其他月则为灾，阳不克也，故常为水。”于是叔辄哭日食。昭子曰：“子叔将死，非所哭也。”八月，叔辄卒。②

对于这则昭公二十一年发生的预言，杜注解释为：“意在于忧灾”，然而昭子单就子叔“忧灾”哭日而断定其将死是很难让人用常规逻辑去理解的。这一诡秘的事件似乎意味着“哭日”忧灾是一种不可碰触的行径。因此，

① 阮元校刻：《春秋左传正义》，载《十三经注疏》，中华书局，1980，第1806页。
② 阮元校刻：《春秋左传正义》，载《十三经注疏》，中华书局，1980，第2098页。

“哭”于此时成为了一种类似禁忌的行为。[①] 不过，“神异”预言中的“诡秘”思维在《左传》史笔下并不是一种固定的思维习惯，这使得《左传》中人人随时都有可能通过某种类“禁忌”情景的触发而成为“预言家”。[②] 又如见《左传·襄公三十一年》：

> 公作楚宫。穆叔曰：“《大誓》云：‘民之所欲，天必从之。’君欲楚也夫！故作其宫。若不复适楚，必死是宫也。”六月辛巳，公薨于楚宫。[③]

在上述材料中，诡秘事件是伴随人物某种心念的萌生而出现的，如穆叔说：“《大誓》云：‘民之所欲，天必从之。’君欲楚也夫！故作其宫。”可见，对“楚”国心向神往的心念促成了鲁君作楚宫，然而鲁君不依天命，不从民欲，“不复适楚”的行为又卷入了由心念所设的禁地。这一因果关联穿凿附会，随念而生，因此在“公作楚宫”的情景下，穆叔认为襄公“不复适楚”属于不可为的行径，必将招致上天的惩罚——“必死是宫也”。

“神异”预言对于“诡秘”的联想摒弃了巫术烦琐的仪式环节与复杂的

---

① 就如同弗雷泽在《金枝》第十九章《禁忌的行为》中谈及原始思维中某些禁忌习俗那样，对禁忌的臆想实质上也是巫术思维的衍生。（参见［英］詹·乔·弗雷泽著，徐育新、汪培基、张泽石译：《金枝》，大众文艺出版社，1998。）

② 弗雷泽在《金枝》中所描述的各种禁忌在一定程度上是一种社会文化共识，这种文化共识能够使在这一文明区域内的绝大部分人都有意识地去遵守禁忌的规定，比如他谈道：“那些禁忌行为就好比绝缘体，保藏这些人们身上所充满的灵性的力量，不使与外界接触而遭受痛苦或贻害于人。”这一思维可以简单地用导图表示为：禁忌预设→全民遵守。然而，与古人守忌的思维模式相比，《左传》记载的思路却正好相反，因为暂未找到合适的词汇，如果我们借用“禁忌”一词来称呼《左传》诡秘事件中的“不可为”之事（虽然可能并不一定贴切，但这些“不可为”之事具有与禁忌相似的属性），那么，在涉及诡秘事件的《左传》“神异”预言中，《左传》不是记载人物如何守忌，而总是先记载当事人在毫不知晓“禁忌”前提下的“犯忌”事件，之后才解释这是一种不可为之事，用简单的导图表示思维导向即是：触犯“禁忌”→解释说明。然而，对于这种临时设立的“禁忌”而言，我们无可怀疑它的效力，因为“犯忌”后所带来的恶果总是无一幸免，因此从这一现象中我们还可以得到一种可能，这种牵强附会的历史表述实际上给了《左传》能够在记史过程中得以部分夸张与臆造的空间。

③ 阮元校刻：《春秋左传正义》，载《十三经注疏》，中华书局，1980，第2014页。

思维推导过程，只需要简单的类比臆想便可使整个预言充满着“神异”意味，而在这些臆想的背后所反映的不仅仅是记史者受巫术知识背景的影响，甚至从中还映射出他某些奇特的禁忌心理暗示，这或许对我们更深层次地了解一个史家的作史过程大有裨益。弗洛伊德在其著作《图腾与禁忌》中阐释禁忌心理的来源时道：

我们对禁忌解释早已暗示出良知的本质与来源了。当人们提到禁忌良知，或在禁忌被破坏后所产生的罪恶感之中，人们已经具备有良知的素质了。禁忌良知也许是产生良知最早的现象和形式。”[①]

同时他还谈到禁忌心理中存在着某些与神经相通的因素：

首先，我们在神经中发现了一个特质：过分的良知（正直）。这也是一种在潜意识里与潜伏的企图斗争所产生的症状。如果他们的疾病日益恶劣时，他们将受到强烈罪恶感的压迫。[②]

对于《左传》作者而言，他前所未有地把大量诡秘事件记载于史书中，这实际上折射出史家对社会良知日益沦丧的焦虑心情。为此，他把这种由焦虑而引发的强迫精神寄托于类似禁忌的现象之中。这一方面，作为一个良知的洁癖者，他无时无刻不对社会诱发的诸多罪恶[③]感到异常恐惧；另一方面，作为诡秘魔力的崇拜者，他希望通过某种神秘的扼制力量来重塑社会良知。因此，不可否认，《左传》对于诡秘事件既恐惧又敬重的矛盾心理使得预言中所反映的“前宗教”思维内涵更加丰富。

“神异”思维特性是《左传》预言里最为直观和突出的特点，虽然这些

① 弗洛伊德：《图腾与禁忌》，文良文化译，中央编译出版社，2005，第72页。
② 弗洛伊德：《图腾与禁忌》，文良文化译，中央编译出版社，2005，第73页。
③ 罪恶的判定建立在《左传》的理解标准之下。

思维有着不同的取向，但都延续着原始社会所遗留下来的路径，《左传》沿着这条道路继续开拓使得这些神秘思维得以继承与发扬。

（二）理性思维

预言所显现的思维并不仅仅是为了反映先验预测的神秘性，而更多的是在“神异”的形式下表现出某些重大的理性突变。因此，《左传》“神异”预言的历史思维是二元的，具体表现为“神异”与“理性”思维相互交织的二重性的特点。预言历史思维二重性的另一个特点是其具有理性特征。理性是一个富有争议的词汇，在不同的时代抑或不同文化背景下会有其不同的概念定义。[①] 而我们在此论述的预言理性思维是一种具有突变于宗教精神的思维，它脱胎于宗教“神异”思维的环境下，朝着相反的方向发展。

如果用这样的标准，“神异”预言虽然均具有“神异”特性，但在一些预言中却存在甚至与我们当今思维相通的理性依据。这些理性依据往往与“神异”依据相互交织在一起。譬如《左传·僖公三十三年》载：

> 子玉请杀之。楚子曰：“晋公子广而俭，文而有礼。其从者肃而宽，忠而能力。晋侯无亲，外内恶之。吾闻姬姓，唐叔之后，其后衰者也，其将由晋公子乎。天将兴之，谁能废之。违天必有大咎。”乃送诸秦。[②]

对于重耳前程的预测，《左传》记载楚子依据“吾闻姬姓，唐叔之后，其后衰者也”的传言，认为晋公子归国即位乃“天将兴之，谁能废之”。即将外因完全归于“天”这一权威力量。然而，当涉及事物的内因时，《左

---

① 韩震：《重建理性主义信念》第二章《抽象理性主义批判》第一节《理性概念分析》，北京出版社，1998。

② 阮元校刻：《春秋左传正义》，载《十三经注疏》，中华书局，1980，第1815－1816页。

传》的记述却又含有非常理性的依据，如“晋公子广而俭，文而有礼。其从者肃而宽，忠而能力。晋侯无亲，外内恶之”，此处将重耳“广而俭，文而有礼”及其从人“肃而宽”的高尚品行与晋惠公因无德而引起“无亲，外内恶之”的危机局面作对比，这一现实的对比无疑包含了深刻的理性思考，即使是我们，读到此处也不难由此预判出文公、惠公二人未来迥然不同的命运。

以上这则预言的理性成分存在于预言者所述的文本之中，因此我们比较容易发现。然而，对于另外一些预言，我们假若孤立地从预言内容来看，似乎很难寻获到任何关于理性的蛛丝马迹，① 但如果我们把《左传》所有的文本结构作为一个整体，或者将预言背后史实的来龙去脉甚至是《左传》作者的某些评论作为预言的脚注来看待，我们会发现诸多理性的闪光。因此，若从这个角度看预言的结论也并非像人们平常所认为的那样空穴来风、荒诞不经。如见《左传·昭公十三年》：

> 初，灵王卜，曰：“余尚得天下。”不吉，投龟，诟天而呼曰：“是区区者而不余畀，余必自取之。”②

光从这则预言的占卜结论来看，灵王不得天下似乎是上天有意为之，但这并不是这则预言的唯一依据，紧接下来的是作者对此的评论：

> 民患王之无厌也，故从乱如归。③

可见，《左传》认为预言结果的根源在于“民患王之无厌也”，不仅仅于此，更多的理性依据反映在为预言铺垫的史事上，摘抄几处如下：

---

① 前人对《左传》预言加以研究并最终得出结论很多是基于此：将《左传》整体的文本过于割裂地看待。实际上，单纯从预言的本身出发而抛弃与之相关的其他记载显然并没有真正地把预言放置于《左传》的语境下。

②③ 阮元校刻：《春秋左传正义》，载《十三经注疏》，中华书局，1980，第2070页。

卫侯在楚，北宫文子见令尹围之威仪，言于卫侯曰：“令尹似君矣！将有他志，虽获其志，不能终也。《诗》云：‘靡不有初，鲜克有终。’终之实难，令尹其将不免?”公曰：“子何以知之?”对曰：“《诗》云：‘敬慎威仪，惟民之则。’令尹无威仪，民无则焉。民所不则，以在民上，不可以终。”

——襄公三十一年①

此处言灵王“无威仪”。

事毕，赵孟谓叔向曰：“令尹自以为王矣，何如?”对曰：“王弱，令尹强，其可哉！虽可，不终。”赵孟曰：“何故?”对曰：“强以克弱而安之，强不义也。不义而强，其毙必速。《诗》曰：‘赫赫宗周，褒姒灭之。’强不义也。令尹为王，必求诸侯。晋少懦矣，诸侯将往。若获诸侯，其虐滋甚。民弗堪也，将何以终？夫以强取，不义而克，必以为道。道以淫虐，弗可久已矣！”

——昭公元年②

此处论灵王“不义而强”“道以淫虐”。

子产见左师曰：“吾不患楚矣，汰而愎谏，不过十年。”左师曰：“然。不十年侈，其恶不远，远恶而后弃。善亦如之，德远而后兴。”

——昭公四年③

此处述灵王“汰而愎谏”。

---

① 阮元校刻：《春秋左传正义》，载《十三经注疏》，中华书局，1980，第2016页。
② 阮元校刻：《春秋左传正义》，载《十三经注疏》，中华书局，1980，第2021页。
③ 阮元校刻：《春秋左传正义》，载《十三经注疏》，中华书局，1980，第2035页。

楚子欲迁许于赖，使斗韦龟与公子弃疾城之而还。申无宇曰：“楚祸之首，将在此矣。召诸侯而来，伐国而克，城竟莫校。王心不违，民其居乎？民之不处，其谁堪之？不堪王命，乃祸乱也。”

——昭公四年①

此处谓灵王“王心不违”将导致民“不堪王命”。

对上述历史事件的记述，使《左传》无时不在其字里行间里烘托出一个乖张无道的楚灵王，而这些事迹又为楚灵王的日后败亡提供了一个个深具理性的线索。如果将这些线索汇集在一起，我们会发现灵王虽强大但占卜不得天下是一种理性的必然。这使我们更深刻地认识到在《左传》看来预言的实现并不只是受“神异”力量的左右，而更多的是来自于历史客观规律的作用。

（三）预言视角的理性转变

当《左传》的历史思维发生超脱于巫术的嬗变时，这种历史思维的视角便从残留的巫术视角转向了“别是非，阐幽隐，维世运”② 的理性视角。而这样的视角转变是先前萌芽阶段史学所不具备的。宗周时期，史官的历史观察角度更多地停留在神职天道与君臣王道上。当时的史官作为上层建筑的一部分，在他们的意识中理所当然地把自身所在的上层建筑作为其思考和记载的对象。然而，虽然《左传》时代下的史官具有神职职能这点没有改变，③《左传》因此也没能摆脱对“神异”的推崇，其预言依旧充斥着神性的色

① 阮元校刻：《春秋左传正义》，载《十三经注疏》，中华书局，1980，第 2035 页。

② 王源：《左传评》，载《四库全书存目丛书》，经部第 139 册，齐鲁书社，1997。

③ 见《左传·闵公二年》：“狄人囚史华龙滑与礼孔以逐卫人。二人曰：‘我，太史也，实掌其祭。不先，国不可得。’”（见阮元校刻：《春秋左传正义》，载《十三经注疏》，中华书局，1980，第 1788 页。）

彩，但却更多地以宏大的视角去探求社会发展的进程和人事的变迁。这在我们之前所掌握的三代史料中从未遇见，如昭公四年浑罕对于子产作丘赋后所做的预测：

> 浑罕曰："国氏其先亡乎！君子作法于凉，其敝犹贪。作法于贪，敝将若之何？姬在列者，蔡及曹、滕其先亡乎！逼而无礼。郑先卫亡，逼而无法。政不率法，而制于心。民各有心，何上之有？"①

浑罕对于各国亡国先后做出如此准确的预测让人匪夷所思，这当然不会是历史真相，但从《左传》对这则预言的记载和加工所指向的目的来看，显然是把视角放在了探求各国的兴亡乃至社会发展的规律上。而当《左传》寻求这一规律时，它又把目光聚焦到人事上，且看昭公三十二年史墨追忆的这段预言：

> 赵简子问于史墨曰："季氏出其君，而民服焉，诸侯与之，君死于外，而莫之或罪也。"对曰："物生有两，有三，有五，有陪贰。故天有三辰，地有五行，体有左右，各有妃耦。王有公，诸侯有卿，皆有贰也。天生季氏，以贰鲁侯，为日久矣。民之服焉，不亦宜乎？鲁君世从其失，季氏世修其勤，民忘君矣。虽死于外，其谁矜之？社稷无常奉，君臣无常位，自古以然。故《诗》曰：'高岸为谷，深谷为陵。'三后之姓，于今为庶，王所知也。在《易》卦，雷乘《乾》曰《大壮》，天之道也。昔成季友，桓之季也，文姜之爱子也，始震而卜。卜人谒之，曰：'生有嘉闻，其名曰友，为公室辅。'及生，如卜人之言，有文在其手曰'友'，遂以名之。既而有大功于鲁，受费以为上卿。至于文子、武子，世增其业，不废旧绩。鲁文公薨，而东门遂杀适立庶，鲁君于是

① 阮元校刻：《春秋左传正义》，载《十三经注疏》，中华书局，1980，第2035－2036页。

乎失国，政在季氏，于此君也，四公矣。民不知君，何以得国？是以为君，慎器与名，不可以假人。”①

这则“始震而卜”预言最初可见于闵公二年，② 此处则在史墨回答赵简子疑问时再次引出，我们姑且不论《左传》是如何去诠释预言的，但就陈述这则预言的目的来说显然是为了牵引出季孙氏“大功于鲁”“世增其业，不废旧绩”的人事业绩。也正是由于自闵公二年卜命以来季孙氏世代昌盛，所以才会出现“季氏出其君，而民服焉，诸侯与之，君死于外，而莫之或罪也”的现象。可见，此刻预言的着眼点已从阐述预言的结果转移到阐明人事的变迁，而人事变迁又与历史发展的主线紧密相连。因此，对占卜事例的追忆不再是类似于档案查阅，③ 而是以预言作为观察历史动因的切入点。

《左传》认为整个社会发展是动态的，并将对社会发展进程的理解以及对社会规律的认识微观地阐明于“神异”预言之中。因此，《左传》记载这些预言的主观目的恰恰证明了其历史思维视角的理性转变。

（四）人本思维的理性深化

在《左传》的思维脉络中，视角的转变引发到对人事的思考。而这种理性的思考并不仅仅停留在社会的上层，它向下延伸，形成以民本为主导的人本的思潮，这种人本思维的萌发即使在《左传》的“神异”预言当中也完

---

① 阮元校刻：《春秋左传正义》，载《十三经注疏》，中华书局，1980，第 2128 页。

② 见“成季之将生也，桓公使卜楚丘之父卜之。曰：‘男也。其名曰友，在公之右。间于两社，为公室辅。季氏亡，则鲁不昌。’又筮之，遇‘大有’之‘乾’，曰：‘同复于父，敬如君所。’及生，有文在其手曰‘友’，遂以命之。”（见阮元校刻：《春秋左传正义》，载《十三经注疏》，中华书局，1980，第 1787 页。）

③ 如同样记载占卜事例的甲骨卜辞，从现有的挖掘资料来看其中有诸多卜骨是非常有秩序地储积于穴窖之中，说明殷人对于记载卜辞的目的极有可能是为了将其作为档案方便日后进行查阅，具体可参看陈梦家：《殷墟卜辞综述》第一章，中华书局，1988。

全能够感受得到，如昭公元年：

刘子归，以语王曰："谚所为老将知而耄及之者，其赵孟之谓乎！为晋正卿，以主诸侯，而侪于隶人，朝不谋夕，弃神人矣。神怒民叛，何以能久？赵孟不复年矣。神怒，不歆其祀；民叛，不即其事。祀事不从，又何以年？"①

这则预言在论述中将"赵孟不复年"归咎于他"弃神人矣"，正因这一做法才会引起"神怒民叛"。显而易见，《左传》在此将"神"与"民"并列看待，也就是说，"神异"预言此刻虽然还把推动预言发展的一部分动因归咎于神的意旨，但很明显，他的视野已经离不开以"人"为中心的社会变动，注意到了"民叛"所能带来的后果。类似的"民本"思维还见于昭公四年：

浑罕曰："国氏其先亡乎！君子作法于凉，其敝犹贪。作法于贪，敝将若之何？姬在列者，蔡及曹、滕其先亡乎！逼而无礼。郑先卫亡，逼而无法。政不率法，而制于心。民各有心，何上之有？"②

如上"神异"预言之所以具有"神异"意味是因为它把各国灭亡的先后顺序做了如此惊人的准确排列。《左传》在解释这一论断的依据时，将其原因引到了各国当前的政治状况，比如蔡及曹、滕"逼而无礼"，郑"逼而无法"，最后它总结郑国道："政不率法，而制于心。民各有心，何上之有？"认为国家早亡的征兆归根到底起于"民各有心"，而"民各有心"则直接导致了"何上之有"，这就在一定程度上冲破了原本"神异"思维在认识论上的束缚，具有强烈的民本的思想倾向。不仅如此，《左传》还有一些

① 阮元校刻：《春秋左传正义》，载《十三经注疏》，中华书局，1980，第2022页。
② 阮元校刻：《春秋左传正义》，载《十三经注疏》，中华书局，1980，第2035－2036页。

“神异”预言更是体现了重民轻权、重民轻君的进步思潮，如《左传·文公十三年》云：

> 邾文公卜迁于绎。史曰：“利于民而不利于君。”邾子曰：“苟利于民，孤之利也。天生民而树之君，以利之也。民既利矣，孤必与焉。”左右曰：“命可长也，君何弗为？”邾子曰：“命在养民。死之短长，时也。民苟利矣，迁也，吉莫如之！”遂迁于绎。五月，邾文公卒。君子曰：“知命。”①

邾国和春秋其他诸侯大国相比可谓蕞尔小邦，综观先秦史料，对于其的记载也并不多见，因此，它对当时天下时局可以说是影响甚微，然而《左传》于此处却如此着重地记载这样一件在邾国发生的预言之事，这显然绝非偶然。

我们来分析史官的释卜之辞，可以发现对于邾文公来说，其实这则预言的结果是可以选择的，迁绎就意味着“利于民而不利于君”，相反，不迁则可以“利于君而不利于民”。而邾文公，虽为小国之君，但也处于权力的最高层，他在选择个人和人民之间的时候毅然选择了后者，为此说道：“民苟利矣，迁也，吉莫如之！”将人民的利益放置于君王的生命之上，这一以“民利”为重的做法得到了《左传》的高度肯定，故“君子曰：‘知命。’”

我们不妨再回过头来看邾文公的整段论述，其间甚至还牵涉到了君民如何生成的问题。君与天、君与民的关系自殷周以来一直被统治阶层视为一个核心命题。对此，《左传》借邾文公之口表达了“天生民而树之君”的观点，认为民是由天生成的，而君又是由民树立的，这就形成了天、民、君的三级关系。故君主并非是上天的代表，而是人民的代表，这就显然推翻了

---

①　阮元校刻：《春秋左传正义》，载《十三经注疏》，中华书局，1980，第1852页。

“君权神授”的天子定位。所以，在《左传》看来，君王的使命不在强君，而在于“养民”。

由上可知，即便在《左传》预言中，我们也能够看出，《左传》受到了周代史官和儒家学说的影响，继承了其对天道、王道中的人文倾向，在作为沟通天人之际的职守中，从以人为中心的视角起点继续远眺时，看到了“众”的力量，从而进一步地阐发以民本为主导的人本的思想。而这无疑是《左传》“神异”预言走上理性道路的一大嬗变。

（五）对于历史知识的运用

“未尝离事而言理”[①] 的思维起源很早，如《尚书·周书》就大量记载了众多周初统治者借鉴商代灭亡的历史经验和教训。《左传》继承了这一点，在叙述历史事件时也穿插了大量的历史故事，这一理性的现象甚至还延伸到了“神异”预言之中，这在其他先秦著作中是很少出现的。如昭公二十三年云：

> 八月丁酉，南宫极震。苌弘谓刘文公曰：“君其勉之！先君之力可济也。周之亡也，其三川震。今西王之大臣亦震，天弃之矣！东王必大克。”[②]

这是一则典型的借鉴历史经验的预言，苌弘预言天弃王子朝的根据是借鉴了西周灭亡时的情景，即他认为“西王之大臣亦震”是“周之亡也，其三川震”的历史再现。同样的例子又如宣公三年，楚王问鼎，王孙满云：

---

① 叶瑛：《文史通义校注》，中华书局，1985，第 1 页。
② 阮元校刻：《春秋左传正义》，载《十三经注疏》，中华书局，1980，第 2102 页。

“在德不在鼎。昔夏之方有德也，远方图物，贡金九牧，铸鼎象物，百物而为之备，使民而知神奸，故民入川泽山林，不逢不若，魑魅魍魉，莫能逢之，能用协于上下，能承天休。桀有昏德，鼎迁于商，载祀六百。商纣暴虐，鼎迁于周。德之休命，虽小，重也。其奸回昏乱，虽大，轻也。天祚明德，有所底止。成王定鼎于郏鄏，卜世三十，卜年七百，天所命也。周德虽衰，天命未改，鼎之轻重，未可问也。”①

王孙满以为，周“卜世三十，卜年七百”的预测依据是“周德虽衰，天命未改”，但在阐述这一依据时却运用了夏、商、周因德拥鼎的历史故事。

大量地运用历史故事确实是《左传》“神异”预言的一大亮点，这些预言中的历史故事充分地体现了《左传》对于探寻历史规律的渴望。可见，史家在这个时期虽然沿袭了先前史官神职职能的某些特性，但在履行这些职能时已不满足于原始臆想化的“神异”思维，而更多去寻求历史的理性依据。

综上，我们清楚地看到了《左传》“神异”预言深处所迸发出来的理性火花，这使得它建立起了理性的框架，尽管这个框架还很不成熟，还需要借助于某种预言形式，但从中散发出来的理性自觉却使我们更清楚地看到了《左传》中预言所体现的历史思维，它超越了原始宗教思维，利用预言形式记载史实，阐发自己的历史思想，而不是聚集在原始家教思维的一些特定功能。

（六）二重性的结合

《左传》“神异”预言思维中存在“前宗教性”与“理性”相交织的二重性，而这样的矛盾现象有其深层次的根源。二重性的结合正是通过对史家

① 阮元校刻：《春秋左传正义》，载《十三经注疏》，中华书局，1980，第1868页。

“知识体系”的整合来达到沟通大、小传统的目的。①

在“神异”预言中，二重性的表述需要基于史家对于知识的掌握，只有这样才能对每一件预言事例中所反映的“神异”形式予以深刻的记载与发挥，对于史官本身所具有的知识属性而言，具备记事、天文、占筮等方面的知识并非难事，这是史官的职守之学。② 同时，我们也要看到在二重性里，“神异”联想是《左传》将这些职守之学付之于实用的一个思维方向，理性闪光实则代表《左传》内心希望冲破“神异”禁锢的心理倾向，它们皆属于知识体系中的认知能力。那么，《左传》是如何将“知识体系”整合在预言之中的呢？我们首先来看襄公二十八年的这则预言：

> 二十八年春，无冰。梓慎曰：“今兹宋、郑其饥乎？岁在星纪，而淫于玄枵，以有时灾，阴不堪阳，蛇乘龙。龙，宋、郑之星也，宋、郑必饥。玄枵，虚中也。枵，耗名也。土虚而民耗，不饥何为？”③

从这则预言里，我们首先注意到的是对星象的观测：“岁在星纪，而淫于玄枵。”对于这一天象的准确表述显然需要凭借专门的天文知识。其次，在《左传》的知识世界里，“淫于玄枵”应该是一种亦非寻常的天象，而在当时人们的一般心理层面下，非常的现象意味着某种意想不到的征兆。然而，这种征兆代表着什么？《左传》认为这是“以有时灾，阴不堪阳，蛇乘

---

① 为了探寻这一现象背后的动因，我们或许可以尝试从历史环境与史家内心的联系入手。当然，我们并不是要对社会心理或者史家的心理人格做详尽的专业分析，因为这并不是本书的领域与目的，我们只是借用这一领域的某些成果来使我们能够用史学的眼光去关注史家在准备书写时的心理冲动。很显然，在稍后的论述中我们可以发现这一心理冲动的结果即是二重性结合所呈现给我们的情态。而当我们在论述“神异”二重性如何形成的时候，其实已经意识到《左传》“神异”预言所呈现的知识体系具有两个不同层面的文化趋向，那么接下来，我们的思路很自然地走到了罗伯特·雷德菲尔德所提出的对社会文化构成做二元分析的框架中，为此我们会发现“神异”预言的思维元素实际上也亦来源于上、下两个文化层面，并在大传统和小传统之间游走、排斥、交融。这将有助于解释史家在这一社会文化构成中究竟扮演一个什么样的角色。

② 许兆昌：《先秦史官的制度与文化》，黑龙江人民出版社，2007。

③ 阮元校刻：《春秋左传正义》，载《十三经注疏》，中华书局，1980，第1998页。

龙”的兆象。当社会普遍知晓的阴阳变动观念用一种“神秘”的形象概念加以表达的时候，这就使得预言解释开始迈出了“神异”联想的第一步。紧接着，星象分野，这种在春秋战国时期颇为流行的“神秘”学说开始登上诠释的舞台，形象的“蛇乘龙”概念也因此有了实际的指向。然而，最后《左传》又利用星宿转而呈射社会的现实状况：“玄枵，虚中也。枵，秏名也。土虚而民秏，不饥何为?”我们有理由相信“土虚而民秏”实则是对宋、郑社会现状的真实概括，那么，“土虚而民秏”而引起的“今兹宋、郑其饥”就会是一种必然。在这一系列的“神异”思路的最后，《左传》最终将预言归于理性的因果推导。

我们可以总结这种知识体系开始于对现象的识别，然后到“神异”联想，之后再到现实的理性分析。而关键的一步，将他们组织在一起依靠的是史家的解释能力，这种解释能力使得史家思维可以在二重性中自由游走，可再举《左传·桓公二年》一例：

> 初，晋穆侯之夫人姜氏以条之役生太子，命之曰仇。其弟以千亩之战生，命之曰成师。师服曰：“异哉，君之名子也！夫名以制义，义以出礼，礼以体政，政以正民。是以政成而民听，易则生乱。嘉耦曰妃，怨耦曰仇，古之命也。今君命大子曰仇，弟曰成师，始兆乱矣，兄其替乎?”①

这则预言很有意思，乍看之下好像并没有“神异”色彩，但倘若我们从偶然事件“大子曰仇，弟曰成师”到引发师服预言“始兆乱矣，兄其替乎”的角度来看，不难察觉其间因果实在过于巧合。这一近乎“神异”的思维来源不是别的，正是《左传》对某些理性观念过分夸大而造成的，体现在师服

① 阮元校刻：《春秋左传正义》，载《十三经注疏》，中华书局，1980，第1743－1744页。

对预言的解释之中："异哉，君之名子也！夫名以制义，义以出礼，礼以体政，政以正民。是以政成而民听，易则生乱。嘉耦曰妃，怨耦曰仇，古之命也。今君命大子曰仇，弟曰成师，始兆乱矣，兄其替乎？"在这段论述中，《左传》通过"制义""出礼""体政"一系列概念转化，最终将"君之名子"的普通行为导向了"正民"的社会功用。其实，我们知道，《左传》是借此阐发"名实相副"对社会秩序的重要性，这与春秋战国时名家所关注的视角相通，又与儒家宣扬正名的思想类近，如孔子也曾云："名不正，则言不顺；言不顺，则事不成。"[①] 这种历史观念有其自然的合理性，但是却构不成历史发展的单一必要条件，然而在这条预言中《左传》却仅凭这一点"小"题"大"做，将这种可能导致灾乱的因素必然化、绝对化、具体化。这不能不说是代表了"神异"预言二重性的结合方式，即将"神异"预言赋予理性的内涵，又通过在记史中的解释给理性观念披上"神异"外衣。

由此可见，在这相互交织二重性之中，"理性"与"神异"是统一不可分割的。而且在这二者结合的背后折射的是《左传》的内心归宿。从这一条条预言里，我们可以想象史家在面对社会秩序混乱时所产生的担忧与恐慌，这一心理促使他们利用自身的知识背景，运用所能掌握的知识，甚至不惜借用"神异"的形式，通过话语的解释，表达对理想社会秩序的愿望与追求，这就是二重性所呈现给我们最终的知识体系。

《左传》"神异"预言的"知识体系"是多维的，这一多维的现实来源呈现史家内心不同的趋向，戈纳德·杜温说："从社会表征的观点来看，知识不单单是一种对事件的描述，知识也是产生交互作用和沟通的源泉，知识的表达总是与人类的兴趣紧密相关。知识产生于人们之间的会面和交互作

① 阮元校刻：《论语注疏》，载《十三经注疏》，中华书局，1980，第2506页。

用，其中包括人类的兴趣和要求，甚至是各种满意或挫败情绪。”[①] 那么，作为与史家内心交互的对象就显得尤为重要。

首先我们来看大众社会下的共识性兴趣，从现有的出土资料中可以发现对于这个时代而言，对“未知”领域的神秘解释是人们的共同热情。比如秦简《日书》，这种选择时日吉凶宜忌的参考之书足见“神异”的思维已经渗入到了人们日常生活的方方面面。[②] 又如 20 世纪 40 年代出土于长沙子弹库一座小墓的《楚帛书图像》，内容即为天象与人间灾祸的关系、四时和昼夜形成的神话等，尤其是丙篇，专讲占星、堪舆、卜筮。由此可以窥见墓主对于这种热情甚至延续到了人生之后。[③] 目前发现的这类资料数量颇多，我们足以相信，在一般大众的精神世界里，各类的“神异”预测已经成为人们在寻求行为参考时不可或缺的方式。面对社会的剧烈动荡，原本农耕文化群体所期待的安定生活被打破，任何个人的命运都可能在历史瞬息的变化中沉浮不定，大众的心理因此陷入一种对前途未知的恐慌。当这种小传统的文化在寻找修复方式时，其自身的知识层面注定其无法达到用完全理性的眼光去分析这些历史的变化，因此他们更愿意转而从世代遗留下来的“神异”思维体系中去寻求精神上的信仰与慰藉。也许我们可以从底层文化出身的墨家之学中寻找到这种呼声[④]：

---

① 赛尔日·莫斯科维奇（Serge Moscovici）：《社会表征》，戈纳德·杜温（Gerard Dureen）为其作的引言《思想的力量》，管健、高文珺、俞容龄译，中国人民大学出版社，2011，第 3 页。

② 可参考吴小强：《秦简日书集释》，岳麓书社，2000。

③ 具体可参见商承祚：《战国楚帛书述略》，《文物》1964 年第 9 期；李零：《长沙子弹库战国楚简帛书研究》，中华书局，1985。

④ 在诸子的显学中，墨学一家保持着诸多下层群体的思维习惯，这其实也解释了为何只有墨家后来会形成如此严密的团体组织，为何会主张“尚贤”“非攻”“兼爱”，因为它从来都不是小众的精英学说，它始终扎根于小传统的影响下，有着广泛的下层成员的基础。这种身份就如同罗伯特·雷德菲尔德所指的小传统中的知识分子阶层。Robert Redfield, *Peasant Society and Culture: An Anthropological Appoach to Civilization*, The University of Chicago Press, 1961, p. 56.

> 鬼神之明智于圣人，犹聪耳明目之与聋瞽也。
>
> ——《墨子·耕柱》
>
> 鬼神之能赏贤而罚暴。
>
> ——《墨子·明鬼下》
>
> 鬼神之所赏，无小必赏之；鬼神之所罚，无大必罚之。
>
> ——《墨子·明鬼下》
>
> 率天下之民以尊天、事鬼、爱利万民。是故天鬼赏之，立为天子。
>
> ——《墨子·尚贤中》

墨家如此反复强调鬼神的存在，强调鬼神对于善恶的惩罚功用，实则代表了下层民众渴望树立一个超越世俗的权威，他们假设这种神圣而又神秘的力量永恒不变且无时不在，帮助他们惩恶扬善，重树内心所渴望的社会秩序。

而在社会的上层与文化的精英阶层中，“神异”形式自然在他们的心中还有残留，在他们的生活中也同样运用到许多“神”“人”沟通的行为，但或许“神”在他们大多数人心目中已经不再具有绝对的权威色彩，而更多的是一种象征的意义，并非出于实用。比如朱狄先生就以祭祀为例谈道：

> 中国古代也有类似的记录。《礼记·郊特牲》：“腥、肆、爓、腍祭，岂知神之所飨也？主人自尽其敬而已矣。”《礼记·檀弓下》：“奠以素器，以生者有哀素之心也。唯祭祀之礼，主人自尽焉耳。岂知神之所飨，亦以主人有齐敬之心也。”按照李安宅先生的看法，这种白昼见鬼的办法，是明知故做：“而且不但飨不飨是疑问，简直肯定地知道必不飨。”故“笾豆之荐，水土之品也。不敢用常亵味而贵多品，所以交于神明之义也，非食味之道也”。《礼记·郊特牲》：“……不过虽知无

效，偏有甘于自己哄哄自己。”[1] 他把这种假戏真做看作是一种“诗的态度”（make - believe）。

这样看来，古人的献祭仪式基本上是一种程序化了的形式主义，中外都是如此。[2]

这种形式化的人神观念，甚至在那些曾经来源于社会上层的诸子之学中也随处可见。法家对神怪完全持排斥态度，其集大成者韩非曾云：“龟筴鬼神不足举胜，左右背乡不足以专战。然而恃之，愚莫大焉。”[3] 他又说：“用时日，事鬼神，信卜筮，而好祭祀者，可亡也。”[4] 道家老子的唯物论调自不必去说，庄子虽然有谈及超自然的现象，但也并未朝神怪方向去解释。最后，即便是对鬼神观念持折中态度的儒家，也把“不语怪、力、乱、神”[5]奉为自己的准则。

这些社会上层与精英往往受过更为专业的教育，[6] 当面对统治危机与社会矛盾时，这些上层的教育背景将发挥作用，他们因此拥有更加开阔的眼界，会更多地从历史经验中寻求答案。虽然这一历程总是在杂糅各种思潮中曲折前进，但对周初理性政治经验的继承与对神怪的进一步摒弃使得他们更

---

① 李安宅：《〈仪礼〉与〈礼记〉之社会学研究》，上海人民出版社，2005，第 14 - 15 页。

② 朱狄：《信仰时代的文明：中西文化的趋同与差异》，武汉大学出版社，2008，第 89 页。

③ 陈奇猷：《韩非子新校注》，上海古籍出版社，2000，第 339 页。

④ 陈奇猷：《韩非子新校注》，上海古籍出版社，2000，第 300 页。

⑤ 阮元校刻：《论语注疏》，载《十三经注疏》，中华书局，1980，第 2483 页。

⑥ 《国语·楚语上》有一段关于贵族教育的记载，曾被很多学者拿来引用：“（士亹）问于申叔时，叔时曰：‘教之《春秋》，而为之耸善而抑恶焉，以戒劝其心；教之《世》，而为之昭明德而废幽昏焉，以休惧其动；教之《诗》，而为之导广显德，以耀明其志；教之处，使知上下之则；教之乐，以疏其会合而镇其浮；教之《令》，使访物官；教之《语》，使明其德，而知先王之务用明德于民也；教之《故志》，使知废兴而戒惧焉；教之《训典》，使知族类，行比义焉。’”由此窥见，贵族教育开始突破以“礼、乐、射、御、书、数”为主体的技能型教育传统（可参阅《周礼·保氏》），走上一条更具有现实意义与理性思想的教育之路。而与此同时，曾位于上层的诸子，虽然地位的下移导致私学兴盛，但其与乡间痒序相比，不论目的还是定位都明显不同，诸子私学为宣传诸家思想学说而设立，因此，更多是一种面向大传统系统化的精英教育。

可能通过某些理性观念去阐释社会发生的现象与历史发展的动因。

当然，我们并不能把这两类文化的界限说得如此绝对，对他们的划分只是为了强调差异。实际上，这两种文化并不是“老死不相往来”，它们之间存在着文化上的流通，罗伯特·雷德菲尔德（Robert Redfield）曾在他的《农民社会与文化》（*Peasant Society and Culture*）中以印度乡间社会为例，论述这两种文化间的交流。在雷德菲尔德看来，这两种文化之间存在一系列相互交流的实体，这一实体可能包括某些社会行为、社会组织或者是具体人物，它能够疏通大传统与小传统之间的沟通障碍，并被两种文化广泛地接受与认可。[①]

那么，让我们回归到《左传》的“神异”预言中来，上述两种文化层与史家存在怎么样的关系呢？我们认为，史家在其间就是这样一种参与沟通大、小传统的角色，而预言正是史家沟通大、小传统的重要桥梁。

当早期原始社会经历过了“重、黎绝地天通”，使“民神杂糅”的情况不复存在，“沟通人神”的工作便转交给了专门的“神职”人员。[②] 从《汉书·艺文志·数术略》的大序中可以看到这些“神职”人员的具体归属：

> 数术者，皆名堂羲和、史卜之职也。[③]

“绝地天通”使史、卜、巫之类官开始掌握对“天神”的沟通权利，那么，史官在这些“神职”人员当中是否具有其自身的特点？许兆昌先生曾在《重、黎绝地天通考辨二则》以萨满仪式为例论到萨满在癫狂状态中无法达到意识清醒，因此需要一名或几名神职人员用于解释神意，故他认为“重、

---

① Robert Redfield, *Peasant Society and Culture* : *An Anthropological Appoach to Civilization*, The University of Chicago Press, 1961, pp. 56 – 57.

② “重、黎绝地天通”的记载可分见于《尚书·吕刑》《国语·楚语下》《山海经·大荒西经》。

③ 班固：《汉书》，中华书局，1964，第 1775 页。

黎”之间的分治就如同“萨满（巫者）”与“栽利（解释神意人员）”的关系。[①] 我们受此启发推测，在“重、黎绝地天通”后分化出来的“神职”人员中，如果说“巫、卜”类似于“萨满”而长于对“神异”形式的专项操作的话，那么，早期史官则依靠发达的记事能力与广博的知识背景进行综合解释。就如同“栽利”一样，他们始终认为他们的解释具有权威的正确性。因此，在《左传》“神异”预言中我们很少看到“神异”形式具体操作过程，每一则预言均是着重于对“神异”现象的解释与推理。

虽然大、小传统对于人、神的态度在“绝地天通”之后朝着各自不同的轨迹发展，但这一历史进程使我们认识到对“神异”文化的认可是这些远古人们在大、小传统分化前所共有的思维基础，并且这一认同感在此后始终充当维系二者的纽带。当原本出身于文化上层并从事于“神职”的史官想要把自己的思想传导到下层文化圈中去，显然，“神异”纽带便是他彼时最可能首先想到的传播途径。于是，预言便在借助昔日“解释神意”的权威下大放光彩，最终把他们以文本形式传达给民众。汇通大、小传统的桥梁就在这样的解释中形成了。

然而，精英的理性思想仍然是史官脑海里的主流，这些理性思想不再满足于“神意”会如何，而是探求“神意”为何会如此。于是，神异的内涵被转化为道德、人性、天道等理念传递给了社会。历史在史官抑或是史家的眼中被重新赋予新的定义，一切世间的变化都被归结为以“人”为中心的因果联系。

因此，在这一沟通大、小传统的桥梁上并不光存在着思想上的融合，同时还存在着排斥。史官的理性使其无法掩盖其内心的矛盾，在很多预言或故事中我们可以看到《左传》既承认存在着“神异”的现象又试图冲破“神

① 许兆昌：《重、黎绝地天通考辨二则》，《吉林大学社会科学学报》2001 年第 2 期。

异”解释的樊笼：

十六年春，陨石于宋五，陨星也。六鹢退飞过宋都，风也。周内史叔兴聘于宋，宋襄公问焉，曰：“是何祥也？吉凶焉在？”对曰：“今兹鲁多大丧，明年齐有乱，君将得诸侯而不终。”退而告人曰：“君失问。是阴阳之事，非吉凶所生也。吉凶由人，吾不敢逆君故也。”①

此则预言依据天象来预测吉凶，又以“吉凶由人”来否定依靠天象的预测。这种思维上的冲突显然已跃然于纸面，又如：

神居莘六月。虢公使祝应、宗区、史嚚享焉。神赐之土田。史嚚曰：“虢其亡乎！吾闻之：国将兴，听于民；将亡，听于神。神，聪明正直而一者也，依人而行。虢多凉德，其何土之能得？”②

在“史嚚”的解释中我们发现，在他的观念里，“神”依然存在，但“神”不是天道的执行者，不能随意控制世间的变化，神只是天道的仲裁者，“依人而行”，凡裁决国事听命于神的国家只会招致灭亡。故“国将兴，听于民；将亡，听于神”，这样的事例在《左传》中共有八处之多，在这些矛盾之中，《左传》试图将“神异”事件视同于普遍的社会现象，来源于小传统的“神异”形式开始让位于源自大传统的“理性”观念，但《左传》并不摒弃小传统，并没有完全否定“神”的存在，而是通过这类事例告诉我们二者之间存在着另外一种默契：“神异”只是流于形式，“神异”形式下的“理性”内涵才是“神异”预言真正的中心。

这样，《左传》“神异”预言这座沟通大、小传统的桥梁在我们面前就显得明晰，它寄寓着史官对于全民教化的责任，当面对“春秋之中，弑君三

① 阮元校刻：《春秋左传正义》，载《十三经注疏》，中华书局，1980，第1808页。
② 阮元校刻：《春秋左传正义》，载《十三经注疏》，中华书局，1980，第1783页。

十六，亡国五十二，诸侯奔走，不得保其社稷者，不可胜数”的社会状况，《左传》自觉承担起唤醒民众、重拾信仰的任务，利用“神异”的形式，扛起“理性”的旗帜，把自己的理念传送给更加宽广的群体。春秋战国时期其他的史学作品随着各国的灭亡而荡然无存，时至今日，我们只能凭借运气在出土文献中看到他们零星的痕迹，这当然有秦始皇焚书的原因，但更多的是因为这些史书仅仅作为政府的档案而局限于上层人员的查阅，而《左传》依托于预言这一桥梁，真正将大、小传统勾连在一起，因此拥有更为广泛的受众群体，这也是它广为流传的一个深层原因。

（七）预言中的历史思想

《左传》“神异”预言的二重性离不开史家对于文本的解释[①]，所以，《左传》在解释“神异”预言的过程中已然寄寓它对“历史的理解”——历史观。[②]

这首先体现在对历史的评价。中国传统史学历来突出“彰善瘅恶，树之风声”[③]的“教化”的功能，“教化”标准取自史家对于价值的评判。在《左传》“神异”预言中，这些评判元素被寓于史家闳中肆外的史笔下，通过历史人物的言语传递给受阅者。从评价对象来分，包括对历史事件的评

① 正像人类之间的交流需要做到语言与思考同步那样，在历史的记述中，解释与理解是一对相伴而生的统一体。“描述与理解、解释等诠释活动是密不可分的。理解是对叙述的理解，它需要对叙述中直接表现出来的东西进行解释。如果没有解释，我们不可能通过故事性叙述直接领悟事件之间的联系。”（参见韩震、董立河：《历史学研究的语言学转向：西方后现代历史哲学研究》，北京师范大学出版社，2008，第248页。）

② 这些历史观念并不是以特定的评述形式出现，而是与预言的叙事冶于一炉。杜维运先生说：“一个最高的叙事与解释的艺术，是冶二者于一炉，叙事时，不但叙述一件事，也叙述相关的事；不但叙述一事的外貌，也叙述一事的内蕴；不但叙述历史事实的渊源、原因、发展、影响，也叙述历史整个的演进以及以往、现在、未来三者之间的关系。叙事范围扩大了，种种解释自然融汇于其中了。”（参见杜维运：《史学方法论》，北京大学出版社，2006，第166页。）

③ 范文澜：《文心雕龙注》，人民文学出版社，2008，第283页。

判、对历史人物的评析和对国家前途的评论。

《左传》“神异”预言对历史事件的评判是把特定历史情景作为自己的评价对象，如见《左传·昭公六年》载郑人铸刑书时，士文伯所述的一段预言：

> 士文伯曰：“火见，郑其火乎？火未出而作火以铸刑器，藏争辟焉。火如象之，不火何为”①

此则材料将“火见”的天象与人世上作“铸刑器”的行为相联系，显然，《左传》非常反对“作火以铸刑器”，对其评价是“藏争辟焉”，认为国家“铸刑器”意味着兴刑法，这将导致祸乱发生，因而“火如象之，不火何为”正是上天对此的警示。这样的例子又如《左传·僖公四年》：

> 初，晋献公欲以骊姬为夫人，卜之，不吉；筮之，吉。公曰：“从筮。”卜人曰：“筮短龟长，不如从长。且其繇曰：‘专之渝，攘公之羭。一薰一莸，十年尚犹有臭。’必不可。”弗听，立之。生奚齐，其娣生卓子。②

《左传》对晋献公立骊姬一事的评价犹如其所引龟繇之辞：“专之渝，攘公之羭。一薰一莸，十年尚犹有臭。”认为君王若对妃子专宠过甚，只会给国家埋下动乱的隐患。

《左传》“神异”预言除对历史事件阐发评价外还对具体的历史人物进行评析，这包括《左传》借用历史人物在预言中对自我的评价、对他人的评价以及《左传》的直接评价，如《左传·襄公九年》一例：

---

① 阮元校刻：《春秋左传正义》，载《十三经注疏》，中华书局，1980，第2044页。

② 阮元校刻：《春秋左传正义》，载《十三经注疏》，中华书局，1980，第1793页。

穆姜薨于东宫。始往而筮之，遇“艮”之八。史曰：“是谓‘艮’之‘随’。‘随’其出也。君必速也。”姜曰：“亡。是于《周易》曰：‘随，元亨利贞，无咎。’元，体之长也；亨，嘉之会也；利，义之和也；贞，事之干也。体仁足以长人，嘉德足以合礼，利物足以和义，贞固足以干事，然，故不可诬也，是以虽《随》无咎。今我妇人而与于乱。固在下位而有不仁，不可谓元。不靖国家，不可谓亨。作而害身，不可谓利。弃位而姣，不可谓贞。有四德者，《随》而无咎。我皆无之，岂《随》也哉？我则取恶，能无咎乎？必死于此，弗得出矣。”①

面对占卜结果，《左传》所记穆姜对自我的评价便是最好的诠释，“元亨利贞”，这些本属于占筮征象的词汇被赋予道德内涵：“元，体之长也；亨，嘉之会也；利，义之和也；贞，事之干也。体仁足以长人，嘉德足以合礼，利物足以和义，贞固足以干事。”穆姜自认“固在下位而有不仁”“不靖国家”“作而害身”“弃位而姣”，因而无此四德，即使提前获知预兆，也注定“弗得出”预兆的结局。除这样的自评之外，《左传》中还有一些预言是通过他人的评价来实现对人物的评析，如襄公二十八年载：

子大叔归，复命，告子展曰：“楚子将死矣！不修其政德，而贪昧于诸侯，以逞其愿，欲久，得乎？《周易》有之，在‘复’之‘颐’，曰：‘迷复，凶。’其楚子之谓乎？欲复其愿，而弃其本，复归无所，是谓迷复。能无凶乎？君其往也！送葬而归，以快楚心。楚不几十年，未能恤诸侯也。吾乃休吾民矣。”

裨灶曰：“今兹周王及楚子皆将死。岁弃其次，而旅于明年之次，以害鸟帑。周、楚恶之。”②

① 阮元校刻：《春秋左传正义》，载《十三经注疏》，中华书局，1980，第1942页。
② 阮元校刻：《春秋左传正义》，载《十三经注疏》，中华书局，1980，第1999页。

《左传》通过子大叔运用《周易》卦与变卦之象的阐释“《周易》有之，在‘复’之‘颐’，曰：‘迷复，凶。’其楚子之谓乎？欲复其愿，而弃其本，复归无所，是谓迷复。能无凶乎”来评价楚子“不修其政德，而贪昧于诸侯”，而这一评价最后为裨灶所言“今兹周王及楚子皆将死”做了实质的铺垫。“神异”预言中，他人的评价不仅借用如上当权者的评语，甚至还在一处征引了孔子的评价：

> 初，昭王有疾。卜曰：“河为祟。”王弗祭。大夫请祭诸郊，王曰：“三代命祀，祭不越望。江、汉、睢、章，楚之望也。祸福之至，不是过也。不谷虽不德，河非所获罪也。”遂弗祭。
>
> 孔子曰：“楚昭王知大道矣！其不失国也，宜哉！《夏书》曰：‘惟彼陶唐，帅彼天常，有此冀方。今失其行，乱其纪纲，乃灭而亡。’又曰：‘允出兹在兹。’由己率常可矣。”①

以上预言卜辞虽言河神作怪，但楚昭王并不认为祭祀能解除这一祸患，对此孔子认为楚昭王“知大道矣”，故不失其国。在所有预言中，孔子的评价仅此一例。

最后一类评价为《左传》的直接评价，这样材料亦仅见一例：

> 邾文公卜迁于绎。史曰：“利于民而不利于君。”邾子曰：“苟利于民，孤之利也。天生民而树之君，以利之也。民既利矣，孤必与焉。”左右曰：“命可长也，君何弗为？”邾子曰：“命在养民。死之短长，时也。民苟利矣，迁也，吉莫如之！”遂迁于绎。五月，邾文公卒。君子曰：“知命。”②

---

① 阮元校刻：《春秋左传正义》，载《十三经注疏》，中华书局，1980，第2162页。
② 阮元校刻：《春秋左传正义》，载《十三经注疏》，中华书局，1980，第1852页。

虽然《左传》在最后只寥寥两字“知命”来概括邾文公的选择，但正是通过“邾子”对于“君命”的阐释与选择，使得《左传》不禁为此落笔给予邾文公以正面的评价。

除了对事件和人物的评价，《左传》“神异”预言还进一步将目光投射到国家前途上，如《左传·昭公四年》：

浑罕曰：“国氏其先亡乎！君子作法于凉，其敝犹贪。作法于贪，敝将若之何？姬在列者，蔡及曹、滕其先亡乎！逼而无礼。郑先卫亡，逼而无法。政不率法，而制于心。民各有心，何上之有？”①

《左传》把蔡、曹、滕视为国家政治的反面素材，它对这些国家“逼而无礼”的做法深恶痛绝，预言其将“先亡”，而对郑国的评价更在曹、滕之下，所以郑甚至“先卫亡”。最后，《左传》对国家前途总结评论道：若国家“政不率法，而制于心”，必将导致“民各有心，何上之有”。

还可试举一例，如《左传·昭公八年》：

晋侯问于史赵，曰：“陈其遂亡乎?”对曰：“未也。”公曰：“何故?”对曰：“陈，颛顼之族也。岁在鹑火，是以卒灭，陈将如之。今在析木之津，犹将复由。且陈氏得政于齐而后陈卒亡。自幕至于瞽瞍，无违命。舜重之以明德，置德于遂，遂世守之。及胡公不淫，胡周赐之姓，使祀虞帝。臣闻盛德必百世祀，虞之世数未也。继守将在齐，其兆既存矣。”②

当晋平公问史赵陈国为何未亡的原因时，史赵除了用天象来指明其亡日未到之外，还从陈国先祖们的盛德方面出发，给予了这些先祖们极高的评

① 阮元校刻：《春秋左传正义》，载《十三经注疏》，中华书局，1980，第2035－2036页。

② 阮元校刻：《春秋左传正义》，载《十三经注疏》，中华书局，1980，第2053页。

价："自幕至于瞽瞍，无违命。舜重之以明德，置德于遂，遂世守之。及胡公不淫，胡周赐之姓，使祀虞帝。"最终认为陈国："盛德必百世祀，虞之世数未也。继守将在齐，其兆既存矣。"《左传》通过这一评价不仅传达虞陈一脉的大德，同时更是借助这一评价，启示人们唯有德盛，家国方能长存。

因此，"神异"预言无论是对事件进行评判、对人物进行评析，还是在对国家进行评价，都是《左传》在试图实践"别嫌疑，明是非，定犹豫，善善恶恶，贤贤贱不肖"[①] 的神圣使命与历史责任。而这一教化的形式明显不同于之前史官的经验教化，也不同于同时代诸子的道德说教，它将价值的判断融于"神异"事件之中，这使得这一教化虽在阐发大传统的道义，但却能够兼顾小传统的思维习惯。

（八）历史理解的多层构建

《左传》预言对于天道人伦的历史思考，并非是抽象的概念探讨，而是借助具体史实的构建。这可举出以下三个方面的内容：

1. 天道与国家的盛衰

从现有的资料来看，对于天道的思考可追溯到商代。虽然商代并无"天道"这一词汇，卜辞中的"天"字也并未作"上天"之意，但从大量的卜辞中我们可以发现，殷民对于上帝的信仰实则代表了他们的天道观[②]，到周初，这种信奉上帝的观念得到继承与改造，进而衍生出天命的观念，这样的史料例子很多，比如《尚书·召诰》里记载召公的诰示：

---

① 司马迁：《史记》，中华书局，2010，第3297页。

② 陈梦家先生和胡厚宣先生都均曾大量地搜集过关于帝与上帝的卜辞材料，可参见陈梦家：《殷墟卜辞综述》第十七章，中华书局，1988，第561－599页；胡厚宣：《殷卜辞中的上帝与王帝》，《历史研究》1959年第9期。

(太保)曰：拜手稽首，旅王若公。诰告庶殷，越自乃御事。呜呼！皇天上帝改厥元子，兹大国殷之命。惟王受命，无疆惟休，亦无疆惟恤。呜呼！曷其奈何弗敬？

天既遐终大邦殷之命，兹殷多先哲王在天，越厥后王后民，兹服厥命。厥终，智藏瘝在。夫知保抱携持厥妇子。以哀吁天。徂厥亡，出执。

呜呼。天亦哀于四方民。其眷命用懋。王其疾敬德……①

可见，在周人心中，存在着“天”这一支配自然的力量，在上述材料中，这一力量会左右一国之命运又能怜悯天下之民，因此颇具人格的特征，同时这种力量有章可循，能够被人们发现、认识。

到东周时期，社会的剧烈动荡使得人们对于天道思考的热情有增无减，但这种思考比起先前来更进一步地分化出类似“体”与“用”的两种理路，其中以老子为代表的诸子偏重于对于天道形而上的本体解释。另外，以《左传》为代表的史家群体，并没有过多地关注于回答“天道是什么”这一究极问题，而是依循他们本有的知识特点，借用历史事件来阐释天道的内在规律。在《左传》“神异”预言中，当预言结果与天道发生关联时，这些重“实用”的天道观念便开始跃然于纸上，如见《左传·僖公二十三年》：

(重耳)及楚，楚之飨之，曰：“公子若反晋国，则何以报不谷？”对曰：“子女玉帛则君有之，羽毛齿革则君地生焉。其波及晋国者，君之余也，其何以报君？”曰：“虽然，何以报我？”对曰：“若以君之灵，得反晋国，晋、楚治兵，遇于中原，其辟君三舍。若不获命，其左执鞭弭、右属櫜鞬，以与君周旋。”子玉请杀之。楚子曰：“晋公子广而俭，

① 阮元校刻：《尚书正义》，载《十三经注疏》，1980，第211－212页。

文而有礼。其从者肃而宽，忠而能力。晋侯无亲，外内恶之。吾闻姬姓，唐叔之后，其后衰者也，其将由晋公子乎。天将兴之，谁能废之。违天必有大咎。”乃送诸秦。①

楚子对“吾闻姬姓，唐叔之后，其后衰者也”的预言深信不已，认定“天将兴之，谁能废之”。这里，“天”作为最高的意志不能有所违背，“违天必有大咎”。因此，楚子乃送晋公子诸秦。这种承天意旨的思维其实由来已久，如西周的豳公盨铭就说：

天命禹敷土，堕山，濬川，乃畴方。设正，降民，监德……②

不同于铭文中的古史传说，《左传》预言里所言天道不再远及上古，天兆异象的背景几乎都是取自于距当时人不远的春秋故事，甚至是当下之事。因此内容上更为真切；在天道内涵上，其折射的道德准则也更加地具体，如预言记述重耳及其从属时说：“晋公子广而俭，文而有礼。其从者肃而宽，忠而能力。”故天道规律在《左传》的笔下更加地细致化与形象化。

由上可知，《左传》“神异”预言中的天道观实际上并没有超越周代天道所界定的范围，而是延续以往对天道的形象认知。但同时，预言对于天道理解有所增益与发展，集中表现在它以现实的历史事件赋予“天”更多更具体的道德内涵。于是，天命的体现不仅仅局限于国运变迁，同样与事态的发展、人物的命运交织地结合在一起。周初以来的“道德”天观至此发展得更为全面。

2. 善恶与个人的存亡

心性之辨一直是儒家的核心问题，随着近年来出土竹简的大量问世，这

① 阮元校刻：《春秋左传正义》，载《十三经注疏》，中华书局，1980，第1815－1816页。
② 裘锡圭：《豳公盨铭文考释》，《中国历史文物》2002年第6期。

类的文献远比我们想象的要丰富得多，比如郭店简的《五行》《忠信之道》《性自命出》，上博简的《性情论》等篇目，均是先秦儒家人性论的典型代表。在儒家这些人性之论中，善恶又成为无可避免的核心议题，除了我们所熟知孟、荀之间对于人性善恶的争论外，这方面的出土文献材料同样众多，如郭店简《五行》篇第二章就云：

德之行五和谓之德，四行和谓之善，善，人道也；德，天道也。[①]

虽然上述《五行》篇将“善”排在“德”之后，但仍旧突出“善”作为道德行为的重要性——仁、义、礼、智四者相和方称之为“善”。同样，在与儒家有莫大关联的《左传》里，大量“神异”预言集中诠释着他对于“善”“恶”的理解，不同的是这里的善恶不是理论化的概念解释，而是与个人存亡紧密相连。其中，判断善恶的标准首先反映在性貌上，如文公元年：

元年春，王使内史叔服来会葬。公孙敖闻其能相人也，见其二子焉。叔服曰：“谷也食子，难也收子。谷也丰下，必有后于鲁国。”[②]

公孙傲对于二子的前途预言完全依据于相面之术，如“谷也丰下”的善面得到了“必有后于鲁国”的善果，这是一则依“貌”得善的材料，此外，还有因“性”定恶的例子，又如《左传·昭公二十八年》：

初，叔向欲娶于申公巫臣氏，其母欲娶其党。叔向曰：“吾母多而庶鲜，吾惩舅氏矣。”其母曰：“子灵之妻杀三夫，一君，一子，而亡一国、两卿矣。可无惩乎？吾闻之：‘甚美必有甚恶，’是郑穆少妃姚子之

① 陈伟：《楚地出土战国简册十四种》，经济科学出版社，2009，第180－182页。
② 阮元校刻：《春秋左传正义》，载《十三经注疏》，中华书局，1980，第1836页。

子，子貉之妹也。子貉早死，无后，而天钟美于是，将必以是大有败也。昔有仍氏生女，鬒黑而甚美，光可以鉴，名曰玄妻。乐正后夔取之，生伯封，实有豕心，贪婪无餍，忿类无期，谓之封豕。有穷后羿灭之，夔是以不祀。且三代之亡，共子之废，皆是物也。女何以为哉？夫有尤物，足以移人，苟非德义，则必有祸。”叔向惧，不敢取。平公强使取之，生伯石。伯石始生，子容之母走谒诸姑，曰：“长叔姒生男。”姑视之，及堂，闻其声而还，曰：“是豺狼之声也。狼子野心，非是，莫丧羊舌氏矣。”遂弗视。①

叔向之母之所以做出如此悲观的预言是因为在她心中，人的外在是其内心的真实表现，“豺狼之声”代表着“狼子野心”，因而闻声便知其恶，认定“丧羊舌氏矣”之人必是此子。然而新生之子尚未处世，恶从何来？叔向母言：“吾闻之：‘甚美必有甚恶。’”她坚信巫臣氏女正是如此，并以子灵之妻杀三夫和玄妻生伯封的历史告诫叔向勿娶此女。在《左传》看来，心性是可以遗传的，母恶促成所怀之子也为恶。然而与先天的善恶论不同，《左传》“神异”预言里的善恶没有绝对的唯一根源，善恶来源是多方面的，一方面承自上辈的德行，一方面源自后天个人修行。后者的例子如《左传·襄公二十八年》：

子大叔归，复命，告子展曰：“楚子将死矣！不修其政德，而贪昧于诸侯，以逞其愿，欲久，得乎？《周易》有之，在‘复’之‘颐’，曰：‘迷复，凶。’其楚子之谓乎？欲复其愿，而弃其本，复归无所，是谓迷复。能无凶乎？君其往也！送葬而归，以快楚心。楚不几十年，未能恤诸侯也。吾乃休吾民矣。”

① 阮元校刻：《春秋左传正义》，载《十三经注疏》，中华书局，1980，第2118页。

裨灶曰："今兹周王及楚子皆将死。岁弃其次，而旅于明年之次，以害鸟帑。周、楚恶之。"①

这则材料揭示楚子恶心的形成由他逐渐膨胀的欲念所致。楚子"不修其政德，而贪昧于诸侯"的外在表现源自于欲念——"以逞其愿"，这一欲念又本于"欲复其愿，而弃其本"的恶心。于是，恶心便与天象相应："岁弃其次，而旅于明年之次，以害鸟帑。"因此最终导致他面临"今将死"的恶果。

《左传》涉及"善、恶"内容的预言是极其丰富的。但是，对于"善""恶"事件的选材《左传》是有其倾向的。在所有预言中，我们发现善者获福的预言颇不常见，而恶者得祸的例子却屡见不鲜，这显然出自警戒世人的目的。

3. **时、势与结局的判断**

古人从"时""势"的角度来认识历史由来已久，因而瞿林东先生说："时与势两个概念，在中国古代历史观念也是很重要的。"② 反观《左传》，其"神异"预言无不牵涉到"时"与"势"。这里边，"时"是"势"的外在表现，审"时"度"势"成为《左传》寻求未来预测的重要依据。瞿先生进一步说："《易经·贲卦》说：'观乎天文，以察时变，观乎人文，以化成天下。'这表明'时'与天文有关。"③ 在《左传》中，有相当一部分的预言者也是从天象灾异中观得时变，从时变中预测结局，例如《左传·僖公五年》：

八月甲午，晋侯围上阳。问于卜偃曰："吾其济乎?"对曰："克之。"公曰："何时?"对曰："童谣云：'丙之晨，龙尾伏辰，均服振振，取虢之旂。鹑之贲贲，天策焞焞，火中成军，虢公其奔。'其九月、十月之交乎。丙子旦，日在尾，月在策，鹑火中，必是时也。"④

---

① 阮元校刻：《春秋左传正义》，载《十三经注疏》，中华书局，1980，第1999页。

②③ 瞿林东：《天人古今与时势理道：中国古代历史观念的几个重要问题》，《史学史研究》2007年第2期。

④ 阮元校刻：《春秋左传正义》，载《十三经注疏》，中华书局，1980，第1795页。

当晋侯询问克虢何时时，卜偃依据天象回答："丙子旦，日在尾，月在策，鹑火中，必是时也。"可见，"时"是决定事物发展的关键条件，只有当"时"变到相应节点时，才会触发历史事件的发生，类似之例又如：

夏四月，陈灾。郑裨灶曰："五年，陈将复封。封五十二年而遂亡。"子产问其故，对曰："陈，水属也，火，水妃也，而楚所相也。今火出而火陈，逐楚而建陈也。妃以五成，故曰五年。岁五及鹑火，而后陈卒亡，楚克有之，天之道也，故曰五十二年。"①

裨灶说："今火出而火陈，逐楚而建陈也。妃以五成，故曰五年。岁五及鹑火，而后陈卒亡。"所以五年后陈国将复国，再过五十二年国家才最终灭亡。紧接着他总结道："楚克有之，天之道也，故曰五十二年。"这里，"时"变被视作天道的运作的重要标志，以"五十二年"来作为"楚克有之"这一天道运行必然结果的时限。

我们再来看"势"，"势"是"时"变未至节点前事情发展的趋向，指事物正处在积累的量变阶段，它具有朝着质变发展的趋势。《左传》虽没有明确地将"势"的概念抽象出来，但是这一思维却无时无刻不存于预言中，若要有其"时"则必先有其"势"，比如闵公元年：

卜偃曰："毕万之后必大。万，盈数也；魏，大名也；以是始赏，天启之矣。天子曰兆民，诸侯曰万民。今名之大，以从盈数，其必有众。"②

在卜偃看来，"名"与"实"是必然相副的，他认为"万""魏"都具有"盈""大"这一内涵，所以"毕万之后必大"，因而肯定了毕万在封魏的时候就已经具有了"其必有众"的趋势——后代建魏只需静候时"变"，

① 阮元校刻：《春秋左传正义》，载《十三经注疏》，中华书局，1980，第2057页。
② 阮元校刻：《春秋左传正义》，载《十三经注疏》，中华书局，1980，第1786页。

相同之例又如《左传·庄公四年》：

> 四年春，王三月，楚武王荆尸，授师孑焉，以伐随。将齐，入告夫人邓曼曰："余心荡。"邓曼叹曰："王禄尽矣。盈而荡，天之道也。先君其知之矣，故临武事，将发大命，而荡王心焉。若师徒无亏，王薨于行，国之福也。"王遂行，卒于樠木之下。令尹斗祁、莫敖屈重除道梁溠，营军临随。随人惧，行成。莫敖以王命入盟随侯，且请为会于汉汭而还。济汉而后发丧。①

武王对夫人说"余心荡"，夫人邓曼即依此预言武王福寿将尽，因为"盈"的趋势就是"荡"，这是天之道；心荡的趋向是"禄尽"，这是事之理。天道事理加之楚国先君之意，必然将导致"王薨"的发生。

以上足见"时""势"是影响预言预测以及结果应验的极为重要的条件，这二者实际上是统一的，无"时"之功不能成其"势"，无"势"之趋无以附其"时"，"时""势"始终贯穿着、推动着、决定着整个历史的发展。在《左传》"神异"预言中，对于这些显见的"时"与暗含的"势"的把握实则代表了史家在认识社会发展规律上的实践。同时，这也是中国古代史学在发展过程中的一个重要表现。

（九）《左传》"神异"预言的史学思想特点形成的原因及其影响

从本质上来说，《左传》预言这种奇特的史学现象源自于对"巫史"传统的继承与对"道德"的重建。

在动乱的时代，人们对"弑君三十六，亡国五十二"的现象已司空见惯，对"春秋无义战"的环境已经习以为常。道德成了一纸空文，任何人

---

① 阮元校刻：《春秋左传正义》，载《十三经注疏》，中华书局，1980，第1763－1764页。

触犯它似乎都已不再需要什么代价。作为道德捍卫者，在地位上曾经比肩三公的史官愈发不受到统治阶层的重视，上博简六《竞公疟》里所反映的这段史实显然是这一地位丧失的真实写照。[①] 这篇文献大致是说齐景公长期生病，裔款、梁丘据欲将责任嫁祸给史、巫，建言杀之。这说明史官此刻成了可以轻易被猎杀的代罪羔羊，毫无地位可言。这样的例子在整个春秋战国时代绝对不在少数，如《左传·襄公二十五年》就记载崔杼为了掩盖弑君的事实，连杀两位秉笔直书的史官，这种现象背后实则反映的是：道德对于行为已经没有任何约束力，即使是用生命去捍卫它，也已不再产生什么实质的效用。

但一个很奇特的现象就是每当这个社会主流越摒弃什么，越会有那么一群文化精英竭力从各个角度寻求它的复兴，虽然这一复兴如同14世纪开始的欧洲文艺复兴一样，并不是纯粹意义上的复古，而是在思古中寻求对现状的反思。这是一种历史规律作用下不可抗拒的思想转向，就像儒家从礼教里重拾道德的信仰一样，《左传》便从“神异”思维中重塑道德的权威，于是道德便和原始的宗教信仰结合到了一起。按李泽厚先生的说法称之为“宗教性道德”似更切中肯綮，他曾解释道：

Kant和一切宗教，也包括中国的儒家传统，都完全相信并竭力论证存在着一种不仅超越人类个体而且也超越人类总体的天体、上帝或理性，正是它们制定了人类（当然更包括个体）所必须服从的道德律令或伦理规则。因之，此道德律则的理性命令，此“天理”、“良心”的普遍性、绝对性，如“人是目的”、“三纲五常”，便经常被称之为“神意”、“天道”、“真理”或“历史必然性”，即以绝对形式出现，要求“放之四海而皆准，历时古今而不变”，而为亿万人群所遵守和履行。这就是所谓绝对主义伦理学，也就是我所谓的“宗教性的道德”。它把个

① 马承源：《上海博物馆藏战国楚竹书（六）》，上海古籍出版社，2007，第166－169页。

人的“灵魂拯救”、“安身立命”即人生意义、个体价值均放置在这个绝对律令之下，取得安息、安顿、依存、寄托。[①]

虽然纯粹的道德已不再具有公信力，然而就在这个动乱的时代，神异之风却大行其道，“神异”思维越发成为大众共同的精神寄托，《左传》就由此入手，用“神异”现象去验证“道德”的存在，它明白这种结合意味着只要社会还认可“天道”“神意”“鬼魂”这些原始信仰，那么就不得不承认道德的绝对效力。于是在《左传》中，道德被披上宗教的外衣，善德者获得赐福，弃德者遭受天谴，道德由此重新确立它“放之四海而皆准，历时古今而不变”的神圣地位。

但是,《左传》不希望道德因此而屈从于“神异”，不希望人们只会在“神异”的前提下去承认道德的价值。所以，在一些预言中折射出超脱于“神异”的理性，甚至在一些地方“神异”也竟开始让位于“理性”，这些看似矛盾中的理性让《左传》作者既源自于传统的巫、史之官，又有别于巫、卜之官。

因此，在对《左传》“神异”预言根源的求索中，我们不只是见到史家对“宗教性道德”的狂热。同时，就在这种狂热里，似乎还能清晰听见史官在为重建自我价值而声嘶的呐喊声。

纵观先秦典籍，还没有一部史学作品能像《左传》那样在记史中融入如此之多的“神异”预言，然而就在此之后，中国历代史书却把这种描述方式当成了常例，例如《史记·始皇本纪》就载有谶语式的预言“亡秦者胡也”[②]，预示秦至二世而亡；三十六年又有“今年祖龙死”[③]，兆示始皇病死之日。又如《三国志》在《先主传第二》中记载刘备儿时以“神树”当天

---

① 李泽厚:《历史本体论·己卯五说（增订本)》，生活·读书·新知三联书店，2008，第51页。

② 司马迁:《史记》，中华书局，2010，第252页。

③ 司马迁:《史记》，中华书局，2010，第259页。

子车盖[1]，可见其在幼时就有继汉之余脉之征兆，后代这样的例子实在多之不胜枚举，这些预言一方面受前代记史传统的影响，另一方面又继续传承着这种记史文化。这一特性的延续对于中国传统史学的发展来说兼具正反两个方面的影响。

一是推动了道德教化的传扬，史书通过“神异”树立了道德的权威，使得贵族的统治权力受到了道德的制约，大众的生活受到了道德行为的规范。所以，历代修史、撰史都十分看重道德教化功用，重视“道德”与“神异”的结合。因为道德本身具有的“宗教性”与潜在的理性能被社会各个阶层广泛接受与实践，所以在某方面造成了整个中国古代社会的道德不需要特定的宗教也能具备长期的稳定性与延续性。

二是造成了史书“神异”内容的泛滥，后代史书每每论及重大的历史变故，尤其涉及王朝更替之事，则必言“灾异”“天命”等神异观念，这些观念不仅影响人们的历史观，也直接影响了整个时代的史学创作风貌，如东汉谶纬之风横行，人们事事都到经书、史书中寻找“神异”依据，若寻求不得，便自撰纬书谶史，牵强附会，在他们笔下，历史的发展与变革被蒙上了一层“神异”外衣，“天意”的作用被过分地夸大，从而背离了科学分析的理性精神，成为中国传统史学中的一大糟粕，长期受人诟病。但追根溯源，这些影响早在先秦时就已经奠定了基础，可以说，《左传》预言的形式实为后代史学这一特性的滥觞。

综上，我们可为之结论：预言是《左传》历史叙事中不可分离的重要部分，是中国史学发展过程中不可忽视的重要现象，它在特定的历史环境中形成并对中国古代史书的创作产生了深远的影响，最终成为中国古代史学传统的一大突出特点。

---

① 《三国志·卷三十二·先主传第二》：“先主少孤，与母贩履织鞋为业。舍东南角篱上有桑树生高五丈余，遥望见童童如小车盖，往来者皆怪此书非凡，或谓当出贵人。先主少时与宗中诸小儿于树下戏，言：‘吾必当乘此羽葆盖车。’”（见陈寿撰、裴松之注：《三国志》，中华书局，1964，第871页。）